ELOGIOS PARA *EL SUEÑO AMERICANO*

La mayoría de la gente aprende los principios del éxito durante toda una vida. El libro de Sosa acorta el proceso a unos pocos días. ¡Es muy instructivo!

—Vicky Carr, cantante ganadora del premio Grammy

Durante los próximos tres años, uno de cada tres texanos será hispano. Para tener una Texas más poderosa y un Estados Unidos mejor, debemos tener latinos más exitosos. El libro de Lionel puede hacer que eso suceda.

—Dolph Briscoe, ex gobernador de Texas

El sueño americano debe ser leído por toda persona que quiera triunfar en Estados Unidos. Debe ser un curso que se enseñe en cada universidad y abierto a estudiantes de todas las edades y los grupos étnicos.

—Lou Agnese, presidente, University of the Incarnate Word

El Sueño Americano

Cómo los latinos pueden triunfar en Estados Unidos

LIONEL SOSA

A PLUME BOOK

Publicado por Penguin Group
Penguin Putnam Inc., 375 Hudson Street,
Nueva York, Nueva York 10014, Estados Unidos
Penguin Books Ltd, 27 Wrights Lane,
London W8 5TZ, Inglaterra
Penguin Books Australia Ltd, Ringwood,
Victoria, Australia
Penguin Books Canada Ltd, 10 Alcorn Avenue,
Toronto, Ontario, Canada M4V 3B2
Penguin Books (N.Z.) Ltd, 182–190 Wairau Road,
Auckland 10, Nueva Zelanda

Penguin Books Ltd, Oficinas Registradas:
Harmondsworth, Middlesex, Inglaterra

Publicado por primera vez por Plume, una división de Dutton Signet, miembro de Penguin Putnam Inc.

Primera impresión, marzo de 1998
10 9 8 7 6 5 4 3

Título del original en inglés: *The Americano Dream: How Latinos Can Achieve Success in Business and in Life*

Sosa, Lionel.
[Americano dream. Spanish]
El sueño americano : cómo los latinos pueden triunfar en Estados Unidos / Lionel Sosa.
p. cm.
ISBN 0-452-27942-9 (alk. paper)
1. Success in business—United States. 2. Hispanic American businesspeople. 3. Hispanic American business enterprises—Management. I. Title.
HF5386.S74418 1998 97-40125
650.1'089'68073—dc21 CIP

Impreso en Estados Unidos de América—Printed in the United States of America
Texto diseñado en tipografía New Baskerville
Diseñado por Leonard Telesca

A mi esposa, Kathy,
que me ha ayudado a ser una persona mejor

A mamá y papá,
que siempre creyeron que alcanzaría
el "sueño americano"

AGRADECIMIENTOS

He recibido mucha ayuda al escribir este libro. La más grande me la dio Richard Marek, un profesional indiscutible que transformó mis ideas en palabras para que lograran expresar mis pensamientos de una manera inteligible. Este libro nunca hubiera sido escrito sin su ayuda. A ti, un millón de gracias. Mil gracias también a Madeleine Morel y a Barbara Lowenstein, dos batalladoras agentes literarias que insistieron en que este libro fuera escrito porque tendría buena acogida. Nunca se dieron por vencidas y procuraron que yo tampoco me rindiera, sin importar cuántas veces fuera necesario revisarlo. Gracias a mi investigadora, Teresa Niño, que recopiló los datos, preparó las entrevistas y compartió sus invaluables opiniones e ideas.

Gracias también a todos mis amigos y socios —pasados y presentes— cuyas historias de éxito son un ejemplo de las oportunidades que los latinos tienen y cuyos nombres usted encontrará en el libro. Deseo dar las gracias en forma especial a mis amigos, el padre Virgilio Elizondo y el doctor Lou Agnese; a mi hermano, Robert Sosa, y a John Phillip Santos, cuyos vastos conocimientos de cultura e historia sentaron las bases para este libro.

Gracias a mi familia, especialmente a mis maravillosos hijos, Anna, Rebecca, Blanca, James, Cristina y Vincent, y a mis dos extraordinarios hijastros, Mark y John, que leyeron incansablemente más borradores de este libro de lo que hubieran deseado. También a Barbie Hernández y sus amigos, que organizaron y participaron en los grupos de enfoque, y muy especialmente a mi traductora Consuelo El Hage de Translations Unlimited.

Finalmente, gracias a todo el paciente equipo de KJS, especialmente a mi esposa y socia, Kathy, que aceptó mis frecuentes ausencias de la oficina mientras escribía este libro.

Contenido

INTRODUCCIÓN

"Lionel", me dijo mi madre cuando yo tenía seis años, "tú vas a triunfar. A pesar de que eres mexicano, vas a tener éxito".

Esto era casi un mantra para ella, y lo repitió en muchas ocasiones con el paso de los años. Era una mujer muy firme, que se propuso siempre salir adelante, pues sólo deseaba lo mejor para mi padre y para ella, así como para sus cuatro hijos.

Pero para mí sus palabras eran confusas. ¿Lo que ella quería decir era que yo iba a tener éxito *a pesar de lo que era*, o *a causa de lo que era*? Es decir, ¿ser mexicano era algo que yo debía superar, como si fueran impedimento parecido a la dislexia? ¿Tendría que trabajar más porque yo *era* inferior o tendría que hacer más, pues la gente *supondría* que yo era inferior? Estos mensajes ambiguos serían repetidos por muchas otras personas que conocería más tarde. Parecían decir: si tan sólo fuera angloamericano, el éxito sería seguro. Sin embargo, yo tendría que trabajar más, pensar más y competir más para mantenerme a su nivel. Y todo porque —y *sólo* porque— yo era latino.

Los latinos en Estados Unidos tienen una larga y noble historia:

- Nuestros ancestros fueron el primer grupo inmigrante en Estados Unidos, la tierra de inmigrantes por excelencia. Nosotros llegamos aquí ciento veinticinco años antes de que los Peregrinos llegaran a Plymouth Rock. En San Agustín, Florida, llamado ahora Saint Augustine, los hispanos establecieron el primer asentamiento permanente en Estados Unidos.
- Una latina, una española, la *reina Isabel*, se convirtió en la primera capitalista cuando comisionó a Cristóbal Colón para que buscara en ultramar mercados para las mercancías españolas.
- El oro español fue la primer moneda de circulación legal en las trece primeras colonias de Estados Unidos.
- Nuestros ancestros le dieron nombre a diversas ciudades de Estados Unidos, tales como San Antonio, Los Ángeles, San Francisco, Sacramento, Las Vegas, Toledo y mil quinientas más.

Recuerde: los latinos en las naciones latinas se destacan en el manejo de negocios familiares; muchos lo hacen también en Estados Unidos. Sin embargo, en el mundo corporativo los inmigrantes de otros grupos étnicos han llegado a la cumbre, pero parece que nosotros nos quedamos atrás o somos excluidos. A pesar de que representamos el diez por ciento de la población de Estados Unidos, los negocios hispanos generan menos de la mitad del uno por ciento de los ingresos que producen los negocios en este país.

¿Podemos cambiar esto? ¿Existe una manera realista de lograr nuestra justa participación? Yo creo y sé que sí existe. Por eso he escrito este libro.

Nací en San Antonio, Texas. Mi padre era dueño de una tintorería y lavandería. Trabajaba de sol a sol, seis días a la semana, y nunca lo vi faltar a su trabajo. La familia vivía en una habitación en la parte trasera del establecimiento. Aprendí a usar la prensa de ropa y a coser a una edad muy temprana (todavía soy bueno en esos quehaceres), así que reconocí rápidamente el valor del trabajo.

A pesar de que mi padre tenía muchos clientes angloamericanos, con los que yo trataba, no aprendí inglés hasta los seis años. Mi padre solía decirnos: "Atiende al 'gringo', hijo; así es cómo se hace el dinero". Asistí a una escuela cerca de casa cuya mayoría eran estudiantes alemanes de ideas muy anglocatólicas. Mis primeras palabras en inglés fueron: "Necesito ir al baño".

También de niño supe lo que eran los prejuicios. Por ejemplo, a mis hermanos y a mí siempre se nos corría del hermoso parque público de la cercana cuidad de New Braunfels. Todavía recuerdo con tristeza un letrero en un restaurante que decía: PROHIBIDA LA ENTRADA A PERROS, A NEGROS O A MEXICANOS.

Asimismo, he aprendido que los prejuicios también existen en los negocios. Muchos nos hemos encontrado con ellos con tanta frecuencia que llegamos a pensar que estarán presentes por doquier. "No aceptan a los latinos". Este es un razonamiento muy sencillo para darse por vencido. Los prejuicios, sin embargo, no se presentan nunca con la frecuencia que creen los latinos. Los negocios son, después de todo, para hacer dinero. Si usted puede hacer que un negocio gane dinero, se sorprenderá de cuan rápidamente desaparecen los prejuicios.

La mayor parte de mi preparación inicial la realicé en un bachillerato para jóvenes mexicanos en el que maestros "bienintencionados" nos prepararon para "ser buenos con las manos". Mi habilidad era en arte comercial y diseño. No se pensaba en otra clase de educación. Los mexicanos sencillamente "no iban" a la universidad. ¡Pero qué *ideas!* Si uno aprendía un oficio como mecánica automotriz, carpintería o tapicería de muebles, era muy claro que "tendría éxito" en la edad adulta.

Mi primer trabajo fue en una compañía que fabricaba letreros llamada Texas Neon. Esto fue en 1959. Yo tenía diecinueve años y mi sueldo era de treinta y siete dólares con cincuenta a la semana, lo cual fue suficiente para casarme al año siguiente, tener una hija y encontrarme endeudado "hasta el copete".

Cinco años más tarde ya teníamos cuatro hijos, nuestras deudas eran cuatro veces más grandes y, aunque ya ganaba un dólar con setenta y cinco por hora, no podíamos hacerle frente a los gastos.

Había llegado a una encrucijada, tal como creo que les ocurre a todos los latinos. Mi dilema era decidir si debía continuar en la lucha en mi trabajo, mal pagado pero seguro, dedicarme a mi familia, salir del paso poquito a poquito o *cambiar* mi vida y montar un negocio por mi cuenta. Yo sabía que por ser "mexicano" tendría que superar ciertas condiciones psicológicas y culturales que me habían sido impuestas. Sin embargo, también creía que como hombre de negocios era ante todo una ciudadano estadounidense, merecedor como todos del éxito que alcanzara.

Así fue como a los treinta y cinco años me convertí en empresario, en un hombre de negocios. Fue entonces cuando me fijé mi primera meta: crear el estudio de diseño gráfico más grande de Texas.

Fueron necesarios cinco años, ¡pero lo logramos! Y diez años después de que hubiera alcanzado esta meta, me fijé una nueva: transformar el estudio en una agencia de publicidad con todos los servicios. Nuestro nuevo negocio sería una agencia de mercadotecnia en general, como las agencias angloamericanas. Sin embargo, era muy difícil hacer la conversión. Los clientes que yo tenía (en su mayoría agencias de publicidad) ahora eran mis competidores. Era como comenzar de nuevo. Durante varios años, mis socios, Guadalupe García y John Witherspoon, y yo luchamos por atraer nuevos clientes; pero sólo lo pudimos lograr después de cierto tiempo. Me rehusaba a despedir a nadie, aunque no podía mantenerlos ocupados a todos. Contraje deudas enormes y busqué más socios para poder continuar.

La salvación nos llegó gracias a un hombre llamado John Tower. En ese entonces Tower se había presentado para su tercer período como senador de los Estados Unidos. Estaba ansioso por obtener una mayoría del voto hispano, pues sabía que esto podría ser crucial en lo que se pronosticaba sería una elección muy reñida.

Presentamos nuestras ideas a Tower y su equipo en Washington, D.C., y estábamos seguros de haber obtenido un contrato con ellos ¡No! A la esposa de Tower le parecieron horribles nuestros diseños. Fuimos eliminados de la competencia y nuestras esperanzas se tornaron en desesperación. Sin embargo, dos semanas más tarde, los asistentes de Tower nos llamaron. Tal parecía que la señora Tower consideraba que las propuestas de las otras agencias eran peores que las nuestras. Por fin íbamos a formar parte de una de las elecciones más espectaculares de la historia de Texas.

Tower obtuvo el treinta y siete por ciento del voto hispano de Texas, cantidad suficiente para darle la victoria. Ningún político republicano había obtenido más del cinco por ciento. Nuestra agencia estaba repuntando. Muy pronto estábamos haciendo publicidad para el mercado hispano para clientes tan prestigiosos como Ron Bacardi, Dr Pepper y la cerveza Coors. Al percatarme de la magnitud de estas cuentas (de tres a diez veces más grandes que el promedio de nuestras otras cuentas), le sugerí a mis socios que tratáramos exclusivamente con clientes nacionales grandes que quisieran llegar al mercado hispano. Para mi asombro, rechazaron la idea. ¡No querían ser catalogados como "agencia hispana!"

No pudimos llegar a un acuerdo, así que en junio de 1980 les vendí mi participación en la empresa y establecí mi propia compañía: Sosa y Asociados. Mi meta siguiente fue formar una agencia dedicada exclusivamente al mercado latino, que trabajaría con empresas estadounidenses que necesitaran atraer este mercado.

Otra vez, mi primer cliente importante fue un político que se había enterado de mí gracias al éxito que tuve con el senador Tower. Se trataba de un hombre llamado Ronald Reagan. Su coordinador de mercadotecnia vino a San Antonio e hicimos una serie de comerciales en español para la televisión y la radio de Texas y California. En ellos se hacía hincapié en los valores de la familia, algo que sabíamos sería ideal para la audiencia latina. "Puede que usted no lo sepa", decían los anuncios, "pero usted es conservador en sus valores y piensa como un republicano. Ronald Reagan cree en lo que usted cree. Ambos creemos que la oportunidad se basa en la iniciativa, en la ética del trabajo, en los valores de la familia y en nuestra fe".

La campaña dio resultado. Reagan nos volvió a contratar en 1984, y George Bush lo hizo en 1988. Tuvimos un éxito enorme. Nuestra agencia alcanzó a facturar 40 millones de dólares al año y en poco tiempo nos convertimos en una de las tres agencias más grandes del país. En 1990 vendí el cuarenta y nueve por ciento de la agencia a mis socios y a D'Arcy Masius Benton & Bowles por una cantidad lo suficientemente grande para garantizar mi bienestar económico de por vida.

Pero seguía soñando, seguía fijándome metas. Hoy, estoy en el proceso de alcanzar mi meta siguiente: crear una agencia de publicidad multicultural, junto con Kathy, mi esposa y socia. Nuestro propósito es servir a los clientes de este país tan cambiante. Nos enfocaremos en todos los grupos étnicos de Estados Unidos: latinos, afroamericanos y asiáticos.

Mi objetivo al escribir este libro es compartir mis casi cuarenta años de experiencia en el campo de la publicidad. Al leerlo ustedes aprenderán de mi éxito y del éxito de docenas de latinos que han logrado destacarse en diversos campos. Aprenderán las lecciones que se aplican a aquellos que quieren tener éxito en los negocios. Aprenderán, también, de mis errores, los cuales han sido tan graves como los de cualquiera. Como dijo el gran escritor afroamericano James Baldwin, eso es parte del precio del boleto.

Hasta la fecha mi éxito no ha sido tan glorioso como debió haber sido. ¡Ay!, esos demonios internos que nos impiden gozar plenamente del placer del éxito. Durante años creí que no merecía el éxito. Durante mucho tiempo no me sentí igual a los angloamericanos con quienes había hecho negocios. Usted debe *valorarse* y quererse. El éxito es un trofeo muy merecido y cuesta trabajo obtenerlo, especialmente a nosotros los latinos, lo cual nos hace suponer que existen pocos latinos prósperos.

Sin embargo, hay miles. He aquí algunos ejemplos en el gobierno del país: Henry Bonilla es un respetado nuevo miembro del congreso; Henry Cisneros ocupó hasta hace poco el puesto de Secretario de Vivienda y Desarrollo Urbano y luego pasó a ser presidente de Univisión, la cadena de televisión hispana de más éxito en el país; Federico Peña fue Secretario de Transporte y actualmente es Secretario de Recursos Eléctricos; José Martínez fue asesor de George Bush; Maricarmen Aponte es asesora del presidente Clinton; Antonia Novello fue cirujano en jefe durante la presidencia de Bush; Loreta Sánchez fue elegida recientemente al congreso, en representación de California. (Las mujeres latinas han alcanzado el éxito de una manera mucho más lenta y dolorosa que los hombres latinos pero, afortunadamente, las cosas han mejorado con el tiempo. He dedicado un capítulo a este hecho tan trascendente). Roberto Goizueta es presidente de Coca-Cola a nivel mundial; Eduardo Caballero ha ganado millones con un negocio de comunicaciones de proporciones gigantescas; Ric Cervera ganó tres millones de dólares a la edad de treinta y ocho años con su famosa cadena de restaurantes Taco Cabana; el doctor Louis Agnese fue elegido como una de las diez personas más sobresalientes del mundo entero por los Jaycees; Nely Galán es una afamada productora de televisión en Hollywood; Rita Moreno, Gloria Estefan, Jennifer López, Geraldo Rivera, Edward James Olmos, Andy García y Jimmy Smits son estrellas del mundo del espectáculo.

Conozco a la gran mayoría de ellos y usted podrá encontrar sus historias en las páginas siguientes. Encontrará elementos que ellos tienen en común, con los cuales quizá usted también se identifique. Asimismo, hallará los medios para alcanzar el éxito a nivel personal y general. También le daré consejos prácticos sobre planeación, comunicación y negociación. Le explicaré cómo transformar su herencia cultural y sus valores más arraigados en invaluables armas para lograr el éxito. Para cuando haya terminado de leer este libro, sabrá cómo competir —¡y ganar!— tanto en los negocios como en la sociedad estadounidense.

Usted puede superar sus inhibiciones, deshacerse de sus inseguridades, competir al mismo nivel y prosperar de acuerdo con lo que es. He delineado el camino para usted porque yo mismo lo he caminado. He logrado sobreponerme a los obstáculos con los que se encontrará, he vivido los problemas que viven los latinos en el mundo de los negocios y me he entrenado para encarar las barreras psicológicas y sociológicas que impiden que los latinos progresen. He aprendido a competir y a ganar.

Modestia aparte, soy considerado uno de los empresarios latinos más exitosos de Estados Unidos, tanto por latinos como por angloamericanos. He sido miembro de consejos directivos de bancos y universidades; he sido presidente de United Way y de la orquesta sinfónica de San Antonio; he dado conferencias en todo el país y he participado en innumerables programas de radio y televisión locales y nacionales. Mi seguridad económica me permitiría retirarme en el momento que yo quiera. Soy amigo de gerentes de grandes corporaciones, estrellas de cine y presidentes.

Le digo esto no para hacer alarde, sino para comprobarle que un latino puede triunfar y llegar a la cumbre del mundo de los negocios en Estados Unidos. La historia de mi vida es una historia de trabajo, dinamismo, ambiciones, acometividad, tenacidad y coraje.

Mi historia bien podría ser la de cualquier latino. Con el paso de los años, me he dado cuenta de que el triunfo no tiene valor alguno si no se comparte. Este libro es mi manera de compartir como latino y como hombre de negocios estadounidense. Para terminar: puede que a algunos lectores les parezcan mis ejemplos un tanto insensibles, estereotipados y sentenciosos. Si los he ofendido, de antemano les pido perdón.

CAPÍTULO 1

ROMPER LOS GRILLETES CULTURALES

Cada vez que leía estadísticas negativas sobre la situación de los hispanos en Estados Unidos y veía titulares sobre la pobreza de estos, me daba rabia. "Esto no tiene sentido", gritaba. "¿Cómo diablos reúnen esas estadísticas? ¡Deben estar chiflados!" La gente que me oía creía que yo estaba loco por la forma cómo reaccionaba.

Así pues, después de investigar el asunto, me enteré, para mi asombro, que quienes escribían esos artículos no estaban locos y que los números no mienten. He aquí la situación de los latinos en cifras:

En proporción:

- Menos se están educando académicamente
- Más viven en la pobreza
- Menos ocupan puestos administrativos

- Menos avanzan en el mundo corporativo
- Menos prosperan en negocios grandes
- Más jóvenes forman parte de pandillas y están en prisión

Dada nuestra firme ética de trabajo, nuestro gran sentido de familia y comunidad, esas cifras no concuerdan. Los latinos son tan inteligentes como cualquiera. Nos *preocupamos* como cualquiera. Los latinos *quieren triunfar* como cualquiera. Por generaciones hemos arriesgado nuestras vidas y nuestro futuro para alcanzar el sueño americano.

Entonces, ¿qué es lo que pasa? Creo que el problema tiene dos partes. La primera es la existencia de la discriminación, el racismo, la intolerancia y los estereotipos. La segunda, que es la más importante, es que *podemos* hacer algo sobre esto. Yo la llamo "la alienación de los latinos" y es nuestro completo desconocimiento de nuestras raíces y cómo ellas impiden nuestro éxito, fenómeno que no ha sido estudiado del todo.

Al igual que los afroamericanos, somos esclavos. No, no fuimos raptados y traídos aquí contra nuestra voluntad pero, de igual manera, fuimos hechos esclavos por los conquistadores españoles que colonizaron nuestra tierra, violaron a las indígenas y crearon los mestizos —los "hijos de la chingada"—, a quien Octavio Paz llamó "los hijos bastardos de esa violación". Esa situación preparó el terreno para nuestro comportamiento.

Los españoles nos enseñaron servilismo en nombre de las buenos costumbres. "Como usted mande", contestábamos. Las cosas no pararon ahí. Si cuestionábamos lo que hacían, nos enviaban a donde sus sacerdotes que, en el nombre de Dios", nos ponían en nuestro lugar. "Ser pobres", predicaban, "es merecer el cielo. Ser ricos es merecer el infierno. Es bueno sufrir en esta vida porque en la otra encontraréis la recompensa eterna".

¿La educación? "No la necesitáis", decían. "Las niñas no la necesitan. Se van a casar, de todas maneras. ¿Y los niños? Es mejor que vayan a trabajar y ayudar a la familia. El trabajo es virtud".

En mi opinión, los conquistadores españoles crearon deliberadamente una clase oprimida cuya psique colectiva estaba definida por la pasividad y el bajo rendimiento. Ahora cargamos esas psiques heridas a través de la frontera para competir en un país que está definido por el alto rendimiento. ¿No es de esperarse que nos tropecemos una y otra vez tratando de llegar a la cumbre? ¿No es de esperarse que no cuestionemos al sistema, que sucumbamos a la autoridad, que no luchemos por un pedazo de lo que nos pertenece?

Como otros inmigrantes, vinimos a esta "tierra de oportunidad" en busca del éxito. Pero encontramos obstáculos que no esperábamos y barreras culturales que hacen que nos quedemos atrás cada vez más.

Déjenme darles un ejemplo de cómo este comportamiento, pasado de generación a generación, se manifiesta en la vida contemporánea.

En Los Ángeles, dos impresores acaban de recibir una petición para presentar una propuesta a una editorial que necesita un trabajo para una serie de revistas sobre la naturaleza. Uno de ellos es Joe Gómez, cuyo padre inmigró de la ciudad de México a Los Ángeles en 1949, poco antes de que Joe naciera; el otro es Robert Masur, cuyo padre inmigró de Leipzig, Alemania, años antes de que empezara la Segunda Guerra Mundial. Gómez y Masur desean este trabajo; ambos tienen la misma preparación y quien lo obtenga llevará a cabo una labor sobresaliente.

En la mayoría de los casos como éste, un hombre como Masur obtendría el trabajo, no porque el editor tuviera prejuicios, ni porque Gómez tuviera un acento extranjero (él y sus padres solamente hablan español en casa), sino simplemente por que el editor evaluará objetivamente las propuestas de ambos.

He aquí cómo estos dos impresores se prepararon para sus presentaciones:

Masur pasó dos semanas estudiando todo lo que pudo sobre la editorial. Escribió una propuesta con fechas de entrega precisas, costos y la descripción de todo lo que haría, e incluyó muestras de trabajos previos. Sus conocimientos sobre impresión eran amplios, pero esta presentación significaba un gran reto para él. Así pues, leyó un libro sobre cómo hacer presentaciones y propuestas, ensayó la suya con un amigo, y la escribió y la revisó hasta el cansancio. Estaba convencido de que era el hombre ideal para este trabajo. Y sabía que esto significaría una gran oportunidad para darse a conocer con otras casas editoras a nivel nacional. Cuando se reunió con la editora fue muy efusivo en su saludo y demostró gran seguridad en sí mismo.

Hizo su presentación de manera cortés y en ningún momento se mostró tímido. Contestó todas las preguntas en tono seguro y firme. Cuando no supo la respuesta a una pregunta, lo admitió y le aseguró a la editora que la buscaría y que se comunicaría con ella lo más pronto posible. Averiguó los precios de trabajos similares y pidió una cantidad razonable por el suyo.

Al terminar la reunión, se puso de pie rápidamente, se despidió de todos con un fuerte apretón de manos, preguntó cuándo podría esperar una respuesta, le agradeció a la editora por su interés en su trabajo y salió con paso firme.

"Parece que todo salió bien", le comentó a su esposa esa noche. Ella le contestó: "Espero que te den el trabajo; te lo mereces".

La actitud de Gómez fue diferente. El primer pensamiento que entró en su mente fue: "¿Por qué me habrán escogido a *mí*? Ni siquiera los conozco. Seguramente tienen que contratar a alguien de una minoría". Conocía muy bien su negocio y también llevó a la presentación muestras de sus trabajos previos. Sin embargo, no llevó una propuesta escrita, pues pensó que sus trabajos serían su mejor recomendación. "Si me lo van a dar, me lo darán, y si no, pues ni modo", pensó. Averiguó lo que más pudo sobre la editorial, revisó otras revistas publicadas por ésta, pero en ningún momento ensayó su presentación. Es más, no quiso hacerlo. "Probablemente ya decidieron darle el trabajo a alguien más. Además, no estoy capacitado para manejar un trabajo de tal magnitud", pensó. "Lo mejor será que me dedique a atender a mis clientes latinos". Con todos cstos tcmorcs c inscguridadcs, fuc a la entrevista.

Llegó temeroso a la oficina de la editora. Saludó a los presentes y esperó a que le ofrecieran una silla para sentarse. Se dirigió a la editora con enorme cortesía, siempre llamándola "señora", y jamás hizo alarde de sus conocimientos; al contrario, se mostró muy modesto. Al tratar lo referente al precio del trabajo, se sintió muy incómodo, le preguntó qué presupuesto tenía en mente y le aseguró que se limitaría al mismo. Al despedirse, le agradeció el honor de presentarle su propuesta. No preguntó cuándo podría darle una respuesta y salió de la oficina pensando que probablemente le darían el trabajo a alguien más, aunque se sabía capaz de hacerlo. "Seguramente se lo darán a una agencia angloamericana", pensó.

—Estoy seguro de que la editora odia a los latinos —le dijo a su esposa esa noche al regresar a casa.

—Tienes razón —contestó ella—. Además, ya tienes bastante trabajo.

Ambos se sintieron complacidos de saber que él había hecho lo correcto.

Si vemos estos dos casos objetivamente, nos daremos cuenta de que ambos son factibles. Pero el hecho que se debe destacar aquí es que Joe Gómez no obtuvo el trabajo porque fuera incapaz o inferior, sino por las diferencias que existen en su herencia cultural y social, en su manera de presentar el trabajo y en cómo se ve a sí mismo y al mundo. Su *actitud* le llamó la atención a la editora. Tal actitud está moldeada por su cultura, la cual le fue inculcada por sus padres y acentuada a través de años de tratar únicamente con clientes latinos.

Una de las películas mexicanas más famosas de los años cincuenta es *Nosotros los pobres*, estelarizada por Pedro Infante, un actor muy carismático. En ella Infante hace el papel de un hombre que nace pobre y que las circunstancias adversas lo convierten en víctima. Al final de la película, el personaje de Infante ha pasado por todas las desgracias imaginables: su hijo muere, su casa se incendia, pierde su negocio y, por si esto fuera poco, su esposa lo abandona.

Esta es una de las películas clásicas del cine mexicano y nos ofrece una representación fidedigna del alma del latino. Esto se debe a que hemos sido enseñados a aceptar la adversidad con estoicismo y estamos convencidos de que el sufrimiento y las desgracias son inevitables. En cierta forma, nos regocijamos ante la adversidad, pues nos resulta tan familiar que nos ofrece cierta seguridad y hasta cierto punto forma parte de la esencia misma de los latinos.

Pero la adversidad puede romperse y no tiene que ser un factor determinante en nuestras vidas. Mi amigo, el padre Elizondo, dice que sufrir es necesario, pero no indispensable. Se puede ser virtuoso y pobre, pero también se puede ser virtuoso y tener dinero, para beneficio propio, de la familia, de los amigos y de la sociedad.

Una que otra vez he escuchado las siguientes frases de labios de latinos, deseosos de triunfar, pero seguros de fracasar. Dicha certeza emana de la ambivalencia que surge del choque que se da entre las oportunidades que se presentan en el mundo de los negocios en Estados Unidos, donde predomina el deseo de obtener éxito, y nuestra herencia de esclavitud y abnegación, que no alienta el deseo de salir adelante:

"Soy hispano, soy diferente".

"Hablo diferente, me veo diferente".

"La pobreza ennoblece".

"Lo que va a pasar es inevitable. Así lo quiere Dios".

"Pertenezco a una minoría. La gente me ve como inferior".

"Mis padres nunca fueron a la escuela".

"Mis padres nunca aprendieron a hablar inglés".

"Nunca terminé la secundaria".

"Nunca fui a la universidad".

"Ser humilde es una virtud".

"Los ricos no son felices".

"La ambición no es una virtud".

"Ser orgulloso no es digno".

"Soy pobre, pero honrado".

"No hay nada como ganarse el pan con el sudor de la frente".

"Me conformo con que mis hijos sean buenos".

"Debo darle gracias a Dios por lo poco que tengo".

"Me conformo con lo poco que he logrado en la vida".

Lo esencial al leer estas frases es convencerse de que son falsas, no importa cuántas veces las hayamos escuchado o si en alguna ocasión las hemos repetido. ¡No son ciertas!

Existen dos fuerzas principales que impiden que los latinos triunfen en los negocios: los valores que nos enseñaron nuestras familias y los que nos enseñó la Iglesia. "¡Un momento!", se dirá usted. "La familia y la Iglesia son los pilares de nuestras vidas". Esto es cierto, pero debemos darnos cuenta de que las "verdades" que nos enseñaron nuestros padres y los sacerdotes tal vez no sean tan ciertas.

He asistido a muchas misas en iglesias angloamericanas y latinas (voy a misa todos los domingos) y en ambas el mensaje ha sido radicalmente diferente, aunque emana de la misma Iglesia y del mismo catolicismo. Una asegura que existe la esperanza, la otra predica la abnegación como virtud. Los latinos, especialmente en México, en América Central y el norte de Sudamérica, donde el indígena fue esclavizado por los conquistadores españoles, tienen una tradición de servilismo muy arraigada. "Sí, señor", y "mándeme usted", son equivalentes al "sí, mi amo", que usaban los esclavos negros. Después de todo, el esclavo puede ser de cualquier raza.

"Lo que ha de ser, será" y "Dios mediante" son sólo dos de las diversas frases que denotan la creencia de los latinos en lo inevitable. Dichas frases fueron repetidas por nuestros padres, que las aprendieron de los *suyos,* los esclavos de los conquistadores, y por nuestros sacerdotes, que las aprendieron de sus sacerdotes. Tal parece que el "plan celestial de mercadotecnia" que los latinos tienen en mente es el siguiente:

- Meta: Lo que Dios quiera.
- Estrategia: Como Dios quiera.
- Medición del éxito: Así lo quiere Dios.

Este tipo de enseñanza les dio muy buenos resultados a los conquistadores españoles, pues así mantenían a los indios en el lugar que les correspondía: el del esclavo. Cabe mencionar que todo esto fue hecho en el nombre de Dios y por el bien de los indios. Estas son las enseñanzas morales que inculcaron en los indios para mantenerlos sumisos y "conformes". La iniciativa propia, la confianza en uno mismo, la ambición y la competividad resultaban inútiles, ya que sabemos de sobra que no había que desafiar la voluntad de Dios (la voluntad del "dios español").

Dichas virtudes, tan esenciales para alcanzar el éxito en el mundo de los negocios en Estados Unidos, son vistas como 'pecados' por la Iglesia hispana católica. Ser muy ambicioso no es visto como una cualidad, puesto que denota avaricia. Ser muy orgulloso es despreciable, puesto que indica una arrogancia inaceptable. Si se hace alarde de triunfos personales, se cae en el error de ser presumido, algo que la misma Iglesia se ha empeñado en borrar de la mente de sus fieles. Es aceptable no tener éxito y ser conformista. Lo contrario significa ser desconsiderado y poco prudente. La riqueza y el triunfo no son todo en la vida; no se debe dar rienda suelta a la ambición. Notemos cómo todo esto fomenta la idea de mantenernos humildes y sumisos. La pobreza es una virtud y los sufrimientos ennoblecen el alma, lo cual nos garantiza la entrada al cielo. El sólo hecho de atreverse a desafiar la voluntad de Dios es un pecado en sí mismo. La Iglesia nos enseña obediencia y sumisión a toda costa. Al decir, "Señor, no soy digno . . ." estamos demostrando nuestra humildad, que tarde o temprano se convierte en una actitud que se traduce en "yo sólo soy tu pobre y humilde servidor". (Yo mismo pienso así en *muchas ocasiones.* Durante muchos años me resultaba imposible disfrutar el éxito alcanzado en algún proyecto o negocio que emprendiera. No me sentía "digno" de él.)

En las pequeñas aldeas de México, las iglesias se encuentran repletas de feligreses que constantemente escuchan que el trabajo manual es el único que dignifica el alma, que aunque sean pobres son honrados y deben de conformarse con su destino y que la verdadera felicidad la alcanzarán en el reino de los cielos. Yo quisiera gritar y decirle al párroco: "¡Basta! ¿Por qué dice eso? ¿Por qué quiere hacernos creer que estamos destinados a vivir en la pobreza?"

En las iglesias católicas angloamericanas jamás he oído

decir que la pobreza sea una virtud. El mensaje es diferente. Mi amigo, el padre Elizondo, que fue párroco de la catedral de San Fernando, en San Antonio, es un hombre muy culto; habla cinco idiomas y tiene dos doctorados. Él predica que los latinos debemos luchar por alcanzar el triunfo y que lo merecemos. La riqueza, el poder y los lujos son aceptables siempre y cuando los utilicemos para ayudar a otros y no hagamos daño a nadie. Él está convencido, al igual que yo, que no debemos dejar todo en manos de Dios y que debemos también usar las nuestras para superarnos.

La ambición es una virtud y debemos estar orgullosos de nuestros logros. Dios nos creó, somos sus hijos y no nacimos para ser esclavos. Si llevamos una vida honesta, virtuosa y cabal, seremos bien recibidos en el Reino de los Cielos, seamos pobres o ricos.

La moraleja es que si usted desea ser un empresario exitoso, deberá hacer a un lado este servilismo inútil y aprender a ser usted mismo el que forje su destino. Es posible lograrlo y, aunque le cueste trabajo creerlo, es permisible. Tendrá que ser decidido, sentirse seguro de sí mismo e incluso competitivo. Aprenderá que tiene que hacerle frente al sistema, a luchar por sí mismo, a competir y a ganar. Los hombres de negocios angloamericanos de éxito hacen esto a diario, y siempre y cuando no roben, mientan, engañen o causen daño alguno, le recomiendo que los imite. Compita honestamente con ellos y se dará cuenta de que lo que antes consideraba como prejuicio no es más que un *sentimiento* de inferioridad inculcado.

En 1985 hice una presentación ante Coca-Cola con el fin de conseguir esta cuenta. El director de publicidad para las minorías, Chuck Morris, es afroamericano y confieso que me desconcerté cuando lo vi por primera vez. Sabía muy poco sobre los afroamericanos y, francamente, no había pensado mucho en ellos. Me sentía inquieto y no sabía qué esperar.

Me encontré con un hombre brillante que no sólo conocía

su trabajo a fondo, sino que además me ayudó enormemente a planear mi estrategia de mercadeo entonces y durante varios años. Muy pronto me di cuenta de que yo *necesitaba a este hombre* si quería obtener más trabajo. Morris era mi jefe y podría abrirme muchas puertas. Sin duda alguna, me abrió muchas y muy pronto nos hicimos amigos. Poco a poco me di cuenta de que nuestros pasados culturales y nuestras familias tenían infinidad de cosas en común. Rápidamente llegué a la conclusión de que, en asuntos de negocios y en los lazos que unen a la gente, todos somos iguales. Somos parte de una familia.

¡La familia! Pocos pueblos la valoran tanto como los latinos, que harán cualquier cosa por mantenerla unida, por proteger a sus integrantes y por perpetuar sus tradiciones.

Estas son virtudes encomiables, pero en el mundo de los negocios resultan un verdadero estorbo.

Los latinos dependen de la familia. Los esposos, las esposas, los hijos, los padres y los abuelos son las personas en las que podemos confiar, con las que podemos hacer negocios. El padre espera que sus hijos aprendan su oficio para dejárselo al morir. Sin duda alguna, heredar el negocio del padre es el fundamento de la economía latina, es la promesa de una vida mejor que la del padre mismo; pero no siempre es el camino apropiado para un empresario.

Nuestras familias siempre están unidas, tanto económica como físicamente. Nos causa gran pesar tener que dejar el lugar donde vivimos, aunque se presente una muy buena oportunidad de trabajo, ya que esto significa alejarnos de nuestros parientes (y al decir parientes me refiero a hermanos, tíos y primos). Los estudiantes latinos generalmente asisten a una universidad cercana a su hogar, aunque sus calificaciones meriten su ingreso a otras universidades más prestigiosas pero lejanas.

Una familia cualquiera, llamémosla los Morales, abrió un pequeño restaurante en la sección hispana de Albuquerque. Rápidamente se dieron a conocer, ya que la señora Morales era una magnífica cocinera y el señor Morales un anfitrión de primera. La hija mayor le ayudaba a su madre en la cocina, y el hijo, que aún cursaba la secundaria, era el único mesero. Debido a que el restaurante contaba con unas cuantas mesas y sus precios eran económicos, las ganancias eran escasas. Todos trabajaban en exceso. El señor Morales se dio cuenta rápidamente de que era nocivo para su salud tener que comprar todo lo necesario, llevar las cuentas y ser el capitán del restaurante. Siempre se sentía fatigado.

Un inversionista angloamericano que conocía la reputación del restaurante decidió hablar con el señor Morales para proponerle un negocio: si la señora Morales accedía a seguir siendo la cocinera y el señor Morales el capitán, él se comprometía a ampliar el restaurante, situándolo en un local céntrico. Se concentrarían en la clientela angloamericana y abrirían para el almuerzo y la comida. Contratarían la gente que el señor Morales necesitara. La hija podría irse o quedarse, y el hijo tendría las tardes libres para dedicarse a sus estudios. Todo esto se haría con el capital del inversionista. El señor Morales no tendría que invertir un solo centavo y recibiría el veinticinco por ciento de las ganancias.

El señor Morales en ningún momento tomó en serio sus palabras. Rechazó rotundamente la propuesta. Aunque creía que era un tipo agradable, nunca confió en él. "Sólo Dios sabe lo que quiere este hombre", le dijo a su esposa. "Seguramente se quiere adueñar de todo y en un descuido nos quedamos sin nada". Además, ellos estaban muy bien así, conocían a sus clientes, el restaurante era manejado por la familia, eran los únicos dueños y algún día podrían dejárselo a sus hijos. "Lo que es más", pensó el señor Morales, "mi hermano Diego necesita trabajo y él es ¡contador!" Le podría ayudar con las compras y las cuentas, y le aligeraría el trabajo enormemente. Pero, más que todo, Diego era su hermano, era *de la familia*. En él sí podía confiar plenamente.

Sin duda alguna, Diego era de confiar. Era un buen hombre, pero no era el mejor contador del mundo. Muchas veces cometía errores al pagarles de más a sus proveedores y las cuentas no siempre le salían bien. Se esforzaba por hacer las cosas bien y se arrepentía sinceramente de sus fallas. Al señor Morales no le quedó otro remedio que hacerlo su ayudante. ¿Cómo lo iba a despedir? Volvió a hacerse cargo de las compras y las cuentas, y siguió pagándole un sueldo a su hermano.

El restaurante de la familia Morales es todavía muy conocido y ha duplicado su tamaño. Pero el señor Morales sigue trabajando como siempre, aunque su edad y su salud ya no se lo permiten. Tiene a casi toda su familia trabajando con él y no gana más de lo que ganaba años atrás.

Tengo un amigo que aconseja estudiantes latinos de secundaria para entrenamiento de trabajo. Siempre empieza sus conferencias escribiendo dos frases en el tablero y les pide a los alumnos que escojan una:

1. "Voy a triunfar en la vida".
2. "No voy a triunfar en la vida".

Si los alumnos escogen la primera, están en lo correcto. Si escogen la segunda también están en lo correcto. Usted se convierte en lo que cree.

Él tiene razón. Todos nos situamos —angloamericanos, latinos, asiáticos, afroamericanos —en el camino del triunfo o del fracaso de manera consciente o inconsciente, ya seamos angloamericanos, latinos, asiáticos o negros.

Como latinos, creemos que somos buenos padres, poetas, mecánicos, carpinteros, músicos, cocineros, beisbolistas, maestros y amantes. Nos regocijamos en la unión de la familia, en el amor por nuestra patria y en nuestra ética del trabajo. Creemos en Dios y en la Virgencita. Todas éstas son creencias muy importantes y debemos conservarlas.

Pero en el mundo de los negocios siempre titubeamos. Las dudas y los temores nos dominan. Constantemente recordamos las cosas que no merecemos. Así llegamos a la conclusión de que la humildad y el servilismo son indispensables para sobrevivir. Creemos rápidamente que tenemos que saber cuál es nuestro lugar, y éste no es en la cima.

La mayoría de los latinos en Estados Unidos creen esto, mas no los cubanos. La mayoría de ellos, que estaban bien educados, se vieron forzados a huir de la represión del régimen de Castro. No llegaron buscando un mejor nivel de vida puesto que ya lo tenían en su país. Siempre he dicho a manera de broma que no conozco a ningún cubano que tenga complejo de inferioridad, ni tampoco a un mexicano que no lo tenga. Los latinos europeos, descendientes de españoles y portugueses, son también gente segura de sí misma. Son sólo los latinos mestizos, es decir los latinos que tienen poco de europeo y mucho de indígena como yo, los que son "obsequiosos". Ellos forman el ochenta y cinco por ciento de la población hispana de Estados Unidos.

La historia de mi amigo Eduardo Caballero es la de un inmigrante cubano triunfador. En la Cuba de antes de Castro, él y su esposa Raquel eran dos abogados jóvenes y prósperos que se habían hecho millonarios. Cuando Castro tomó el poder, perdieron lo que tenían. Llegaron a Estados Unidos con un dólar que Eduardo había escondido en su calcetín y con lo que traían puesto. Unos primos de Miami los recibieron. Durante un tiempo Eduardo trabajo de mesero para pagar sus gastos. Pero aunque añoraba su tierra, miraba siempre hacia el futuro, no hacia el pasado. Tenía una meta.

—Vamos a ser millonarios otra vez —solía decirle a Raquel—. Todavía no sé cómo, pero de un modo o de otro lo lograremos.

Ella no sólo estaba de acuerdo sino que lo alentaba entusiasmadamente. Con el tiempo se mudaron a Nueva York y él obtuvo trabajo como vendedor de anuncios para una estación de radio de habla española. Él logró atraer a un gran número de clientes y, alentado por su éxito, se dirigió a otras estaciones de radio similares en todo el país, convirtiéndose en el vendedor más exitoso de la cuidad. Compró tiempo para publicidad en la radio a precios sumamente bajos y cuando tuvo más de cien compañías, se dirigió a varias de las que la revista *Fortune* incluye en su lista anual con la siguiente propuesta: "Hagan publicidad conmigo", les dijo. "Les puedo ofrecer que hagan publicidad en cien estaciones de radio dirigidas al mercado latino a nivel nacional. No tienen que preocuparse de nada. Yo les daré el precio más barato. Únicamente tendrán que preparar su anuncio y yo me encargaré de difundirlo ampliamente".

Las compañías aceptaron su propuesta y compraron más y más al ver que sus ganancias aumentaban. Eduardo y Raquel trabajaban como socios y ganaron medio millón de dólares en comisiones. Así se hicieron millonarios nuevamente. ¿Se sienten miembros de una minoría? Por supuesto que sí, pero se sienten iguales a cualquier angloamericano. ¿Creen que merecen el éxito? Indiscutiblemente.

Para alcanzar su meta, Eduardo utilizó su iniciativa y su acometividad y dejó de lado la autocompasión. No tenía complejo de inferioridad; no creía que no era lo suficientemente capaz. No tenía impedimentos; sólo tenía la firme convicción de que lo lograría.

Para triunfar en los negocios y, sin duda alguna en la vida, los latinos debemos de imitar las cualidades de Eduardo. Al recorrer el país me he dado cuenta de que cada día son más y más los latinos que tienen dichas cualidades. Sin embargo, nos falta mucho por lograr.

Tomemos el ejemplo del congresista Henry Bonilla. Fue criado en San Antonio en el seno de una familia pobre y admirablemente unida. Henry nunca se había alejado de su familia antes de terminar la carrera en la Universidad de Texas, recinto de Austin. Durante su infancia, su única ventana al mundo fue la televisión. La veía día y noche. "Yo podría trabajar en la televisión", pensaba, y su padre le dio ánimo. "Si deseas algo, podrás lograrlo". "Si crees que puedes, podrás". Henry se había fijado una meta: ser el productor de noticieros más reconocido en la estación de televisión más importante de Estados Unidos en aquel entonces, WABC de Nueva York. Su primer trabajo fue como reportero del Canal 5, la estación filial de CBS de Nueva York en San Antonio. Su gran oportunidad vino en 1980 cuando quiso entrevistar a Ronald Reagan, para lo cual asistió a la Convención Republicana. No logró entrevistarlo, pero entrevistó al nuevo candidato a la vicepresidencia, George Bush. ¡Imagínense! "Les dije que lo lograría", dijo Henry. Al poco tiempo él y su esposa, Deborah, se mudaron a Filadelfia, donde ella consiguió un trabajo en un noticiero de televisión. Con su meta en mente, él solicitó trabajo en la estación WABC de Nueva York (lo suficientemente cerca para viajar todos los días al trabajo) y fue contratado de inmediato. A los seis meses ya era productor del noticiero de las cinco de la tarde, y al año producía el noticiero de las once de la noche, cuya audiencia era de dos millones de televidentes. Muy pronto, sin embargo, su jefe le llamó la atención:

—No lo estás haciendo muy bien que digamos —dijo su jefe.

—¿Qué estoy haciendo mal? —contestó Henry.

—Tus reportajes son muy largos. Debes de apegarte a los hechos. Debes de escribir oraciones concisas que tengan un principio y un final marcados —agregó su jefe.

Estos comentarios no lo desanimaron en absoluto. Aceptó la crítica y mejoró su trabajo. Al poco tiempo se le ocurrió una idea para una nueva serie titulada *How to Be a More Interesting Person,* que logró tal popularidad que WABC la utilizó para promocionar el noticiero nocturno. Había alcanzado su meta: a los treinta años era el productor del noticiero número uno en Estados Unidos en el mercado televisivo más grande del país, lo cual no estaba mal para un "pobre muchacho mexicano" (Tom Snyder era el comentarista principal y después de superar algunos desacuerdos, se volvieron grandes amigos).

Después de cuatro años y medio, cansado de viajar todos los días, Henry ya no quería continuar viviendo en el norte del país y regresó a San Antonio con Deborah; ella trabajó ahí como comentarista de la estación de televisión KENS-TV y él como director de relaciones comunitarias de la misma. Henry decidió postularse para el congreso de los Estados Unidos en 1992. Aunque no tenía experiencia, lo hizo con el mismo entusiasmo y acometividad que lo habían caracterizado siempre. Ganó el cincuenta y cinco por ciento de los votos y fue a Washington, donde se convirtió en uno de los miembros más jóvenes y sobresalientes de la institución. Se volvió tan famoso que Newt Gingrich le pidió que pronunciara el discurso de nominación cuando se postuló para presidente de la Cámara de Representantes.

A mi parecer, la historia de Henry tiene un triple significado. Primero, si uno sabe *exactamente* lo que desea, lo obtendrá. Segundo, muchas veces es necesario superar condiciones adversas (hostilidad e incomodidades) para alcanzar una meta. Tercero, ser latino no es un factor determinante. Henry no se convirtió en productor *a pesar de ser mexicano* (aunque ser latino probablemente le haya ayudado en su carrera en el Congreso). Obtuvo el trabajo porque era la persona ideal.

~

Yo creo que si usted se dice "soy valioso" y "merezco el éxito" varias veces al día durante un año, esto se volverá algo consciente en su mente. Su inconsciente y su *alma* acabarán por convencerse.

Pero para los latinos es una lucha constante. Para *mí* ha sido una batalla en muchas ocasiones.

Poco antes de la campaña para la reelección de Ronald Reagan fui nombrado asesor del presidente para el electorado hispano. Un asistente suyo con quien yo trabajaba, me hizo una pregunta que me llegó a lo más hondo de mi amor propio:

—¿Qué tal si el presidente Reagan te pide que vayas a la Casa Blanca a hablarle de la campaña publicitaria? —me dijo.

—Pues me sentiría muy honrado —le contesté muy seguro de mí mismo.

—Pero, ¿qué pasaría si tan sólo te llamara para hablar contigo por una hora para que le hablaras de ti?

Sentí enrojecerme ante dicho prospecto. Estaba agobiado. "Por qué querrá que hablemos de *mí*", pensé. "¿Qué interés podrá tener?" "¿Qué le voy a decir?"

Todos nos hemos encontrado en reuniones o situaciones sociales en las que ni nos hemos sentido a gusto ni como si fuéramos parte del grupo. Deseamos huir, meternos abajo de una silla, salir corriendo so pretexto de tener "otro compromiso" y refugiarnos en la seguridad de nuestro hogar.

Lo único que se debe hacer en esta situación es darnos

cuenta de lo que estamos sintiendo y *enfrentarnos* a nuestras inseguridades para analizarlas. Si no las niega pasarán y si recuerda que todas y cada una de las personas que están en esa reunión, o esa fiesta, se han sentido como usted alguna vez. Todo el mundo tiene momentos de inseguridad y dudas. Todo el mundo, en un momento u otro, se ha sentido indigno, sin importar su pasado o su raza.

Pero el hecho es que los latinos somos tan merecedores como cualquiera de competir, ganar y triunfar. Somos iguales. El empresario latino deberá considerar su extracción como motivo de orgullo, utilizarla como un elemento a su favor y usar su herencia cultural como el cimiento para su autoconfianza. El orgullo en uno mismo y en los suyos es un elemento esencial de la autoestima. En los capítulos siguientes, le mostraré cómo adquirir esa confianza, cómo descubrir su propio yo y, lo que es más, cómo convertir esa dignidad que acaba de descubrir en un arma para lograr el triunfo en los negocios.

Recuerde, los conquistadores españoles crearon, para beneficio suyo, una clase de oprimidos cuya psique colectiva estaba definida por la pasividad y el bajo rendimiento. Debemos liberarnos de esos grilletes culturales, pues sólo existen en nuestra mente. El primer paso hacia nuestra libertad es reconocer que solamente nosotros tenemos las llaves para abrirlos. Todo lo que debemos hacer es darle vuelta a la llave y hacer uso de nuestro deseo de ganar.

CAPÍTULO 2

EL TREN SE VA: ¿SE SUBE O SE QUEDA?

Es un gran momento para ser hispano en Estados Unidos. Mire lo que está sucediendo en este momento:

- Hay más hispanos (más de 30 millones) en este país que canadienses en Canadá.
- Si los hispanos formáramos una nación, seríamos la quinta más grande y rica en Latinoamérica.
- Para el año 2010, los hispanos formarán la minoría más grande del país.
- Aun sin un sistema de cupo limitado, las universidades se sienten con el compromiso moral e intelectual de atraer a grupos minoritarios. Una vez que los hispanos logran ingresar a ellas, su desempeño académico es casi siempre más alto que el promedio.
- La mayoría de los latinos viven en Texas, California,

Florida, Nueva York, Nueva Jersey e Illinois. Estos estados tienen el mayor número de votos electorales (210, 60 menos de los que se requieren para ser presidente), y a raíz de mi experiencia con Tower, Reagan y Bush, aprendí cuán poderosos somos como grupo político. La planilla electoral está aumentando de manera exponencial. Quinientos mil latinos más votaron en 1996 que en 1992. Es casi seguro que en el año 2000 el voto latino determine quién ocupe la presidencia. En 1996 decidió varias contiendas electorales para el congreso.

- Los latinos tienen 300 mil millones de dólares de ingreso disponible. No en balde este enorme mercado de consumidores se convierte cada vez más en el objetivo de todas las compañías que la revista *Fortune* incluye en su lista anual.
- Las corporaciones estadounidenses gastan ahora más de 2,000 millones de dólares para atraer este mercado, cifra que se duplicará en menos de cinco años.
- Los hispanos desempeñarán papeles cada vez más importantes en Latinoamérica, puesto que las compañías latinoamericanas desean cada vez más adoptar prácticas de negocios como las de los estadounidenses. ¿Y quién más indicado para ayudarlas?
- Para el año 2050, los asiáticos, los afroamericanos, los hispanos y otros grupos de "no blancos", formarán el cincuenta por ciento de la población del país.
- Mientras que continuemos con esta tendencia hacia el "mestizaje" del país, los hispanos serán contratados cada vez en mayores proporciones.
- Las compañías estadounidenses ya están reclutando un gran número de egresados de instituciones como la Universidad de California, en Los Ángeles, la Universidad de Harvard, la Universidad de Miami y la Universidad de Michigan.

- Las contribuciones hispanas en diversos aspectos de la vida estadounidense, como el arte, el gobierno, la política, los deportes y los negocios, son reconocidas por propios y extraños. Nadie dice: "Para ser de un latino, ese trabajo es muy bueno". Se espera de nosotros un buen desempeño y se da por hecho que triunfemos.

El tren se encuentra sobre la vía y va corriendo. Hay un número ilimitado de asientos y de vagones. Su velocidad va en aumento y será mayor durante los años por venir. Sin embargo, nunca irá tan rápido para que no podamos subirnos en él.

"¿Es el tren para mí?", nos preguntamos. "Me da gusto que esté ahí. Espero que mis amigos y mis colegas lo aborden. Pero, *¿yo? ¿Qué hago yo?*"

"¿Qué tal si me subo y después me caigo? ¿Qué tal si me lleva a una tierra extraña donde no conozco a nadie, no entiendo el idioma, ni haya un mapa para orientarme si me pierdo? ¿Qué tal si no tengo el boleto correcto? ¿Y qué si el resto de los pasajeros merecen ir a bordo, pero yo no?"

Después de todo, todavía existe discriminación en muchas partes de Estados Unidos (la ley del seguro social que se aprobó en 1996, que castiga a los inmigrantes legales, es una confirmación de ello pues la mayoría de los inmigrantes son latinos). Sí, existen gerentes de empresas (y gerentes de algunos clubes sociales) que ni siquiera voltean a ver a los hispanos. Por supuesto, jamás les permitirían trabajar ni desenvolverse a gusto en su territorio. También es muy cierto que para algunos angloamericanos la piel morena o un acento significan "extranjero", y "extranjero" significa "de afuera". Los estereotipos existen, fomentados por las imágenes que muestran de nosotros el cine y la televisión (simpáticos, pero no muy inteligentes). Muchos latinos todavía se encuentran confinados a hacer "trabajos de inmigrante", ganando sueldos inferiores al salario mínimo. El trabajo doméstico, de jardinería y de recolección de fruta se consideran "adecuados" para los hispanos, siempre y cuando no nos salgamos del lugar que nos corresponde.

Así pues, es muy natural que nos sintamos cautelosos o, lo que es todavía peor, que valemos poco. Sin embargo, nuestro primer paso para poder abordar el tren (o al menos para subirnos a la plataforma) es admitir que esos sentimientos existen. Sólo reconociéndolos y aceptándolos podremos superarlos, y sólo superándolos podremos abordar el tren.

El psicólogo y consejero familiar Irv Loev considera que lo que motiva a la mayoría de la gente a triunfar en los negocios es el miedo: miedo al fracaso, a la pobreza, al desprecio de la sociedad, a ser considerados "de segunda clase" y a no vivir de acuerdo a modelos autoimpuestos, como lo quisieron lograr sus padres y sus abuelos. Sin embargo, estos son miedos de los angloamericanos, que no son necesariamente compartidos por los latinos.

Para los angloamericanos, la derrota significa frecuentemente derrota *monetaria*, o sea, simplemente, no ganar el dinero suficiente para vivir como uno quiere. He escuchado a ejecutivos que, aun ganando medio millón de dólares anuales, se quejan de que se están quedando atrás porque sus amigos están ganando un millón. La pobreza, por su parte, también tiene un sinnúmero de significados; cualquiera le teme a encontrarse sin techo o sin comida. Sin embargo, los angloamericanos lo llevan aun más lejos. Son "pobres", creen, si no tienen el dinero suficiente para comprarse un auto nuevo cada tres años. Además, se imaginan que sus amigos se burlarán de ellos (y tal vez en algunos casos así suceda) y se consideran a sí mismos de "segunda clase". El verdadero éxito viaja en "primera clase".

Cuando los Puritanos llegaron a este país durante los siglos diecisiete y dieciocho para huir de persecuciones religiosas, encontraron una tierra hostil, enemigos entre los nativos y también oportunidades ilimitadas. Por medio de trabajo arduo, construyeron granjas, caminos, ciudades y pueblos. En fin, edificaron "una gran sociedad" pero, sobre todo, dejaron un legado que para los estadounidenses es casi inamovible: "Estados Unidos es el número uno".

Considere los dogmas en los que se basan los puritanos de hoy en día:

"No desperdicies el tiempo".

"El tiempo es dinero".

"Las manos ociosas son las herramientas del diablo".

"No dejes para mañana lo que puedas hacer hoy".

"Un centavo ahorrado es un centavo ganado".

"Has logrado bastante, amigo, pero todavía puedes lograr más".

"El sueño americano es tuyo si lo quieres".

"Puedes tenerlo todo".

"Haz las cosas ya, simplemente".

En la actualidad, se considera una virtud desempeñar varios trabajos al mismo tiempo. Así es como nos rodeamos de facsímiles, correo telefónico, correo electrónico, velocidad láser, sofisticada tecnología digital y, en fin, de todo lo que sea necesario en nombre del progreso material. La computadora del esposo puede hablarle a la de la esposa mientras que los dos asisten a una reunión para tratar de dilucidar por qué las ganancias bajaron un .05 por ciento durante el último trimestre en comparación con las del año anterior.

Los empresarios nacidos después de la Segunda Guerra Mundial y los nacidos en el decenio de los setenta (conocidos como *generation X*) están acostumbrados a llevar sus teléfonos celulares a la playa, a enviar fascímiles a su oficina desde un restaurante en París y a tomar fotografías de una pirámide en

Uxmal sin necesidad de salir del automóvil. (Vi esto con mis propios ojos y no lo podía creer.)

De ninguna manera pretendo burlarme del éxito; sólo me burlo de los excesos que los "americanos" están dispuetos a pagar por él. Por supuesto que existe un camino intermedio entre el trabajo y la familia, entre el estrés y una vida relajada, entre la ambición y el altruismo, entre la adoración a Dios y la adoración a Mamón. Y me parece que los latinos nos encontramos en una posición única para encontrar ese camino y definirlo.

Los latinos no tienen los miedos que llevan a los angloamericanos hacia el éxito.

¿La pobreza? Nuestra Iglesia nos enseña que es una bendición.

¿La derrota? No hemos fracasado si hemos provisto de alimento y hogar a nuestras familias.

¿La escoria de la sociedad? La hemos experimentado tantas veces que ya no nos parece dañina. Si la aceptamos como nuestro destino, el miedo a la derrota y a la pobreza disminuye aun más.

¿Condición de segunda clase? Constantemente vemos esto alrededor nuestro y nos parece lo más natural. ¿Cuándo fue la última vez que un latino contrató a un angloamericano para que podara el pasto o que una latina empleó a una angloamericana como nana de sus hijos?

Puesto que no tenemos una tradición como la puritana, no compartimos la ética de triunfar que ésta engendró. Nuestras raíces, como las de los afroamericanos, se remontan a la esclavitud, así que nos parece natural trabajar con las manos, ganar el sustento con el sudor de la frente y los músculos de la espalda. Sin embargo, no creemos que desempeñando "mejor" estos trabajos podamos llegar a ninguna parte. "Cualquier trabajo honesto es trabajo bueno."

Hacemos lo más que podemos. Trabajamos tan arduamente como podemos, no porque esperemos ninguna recompensa material (después de todo, somos recompensados por Dios), sino porque debemos sobrevivir y mantener a nuestras familias.

Las grandes ocasiones de nuestras vidas —bodas, funerales, nacimientos, días festivos, fiestas religiosas —son celebraciones realmente gloriosas y minuciosas, que representan el balance de la vida latina. No recuerdo haber visto un teléfono celular en una boda hispana, ni haber escuchado el pitido de un *pager* durante una misa.

Como lo dije anteriormente, los latinos tenemos miedos diferentes que, en lugar de lanzarnos hacia el éxito, limitan en muchas ocasiones nuestra visión. Nos colocan en un sitio seguro que, una vez alcanzado, representa el tope de nuestra ambición y nos da tranquilidad, pero dudamos para continuar; inclusive nos detenemos y no seguimos adelante.

La mayoría de los latinos consideran que el éxito es posible en Estados Unidos, "el país de las oportunidades". ¡Por esa razón es que la mayoría nos encontramos aquí! Sin embargo, nuestra definición de éxito puede ser diferente a la del estadounidense, y lo que para nosotros representa el final del camino, para él es apenas el comienzo.

Examinemos los miedos de los latinos:

El primero es el miedo de no ser un buen sostén económico. En nuestra cultura, la meta más importante —es más, para algunos es la *única* meta— es cuidar de nuestras familias, proveerles con suficiente alimento y proporcionarles un hogar decoroso. Pero este deseo, básico y sincero, es también muy sencillo. Muchos de nosotros hemos aprendido a limitar nuestra visión porque nuestra cultura ha invalidado, de manera sistemática, nuestro deseo de riquezas y nuestra voluntad de convertirnos en verdaderos triunfadores. Así es que no consideramos ser el sostén económico de la misma manera que los angloamericanos. Ellos quieren "proporcionar" las cosas de la buena vida: "cuatro recámaras, tres coches". Para el latino se trata sólo de proveer las necesidades básicas, es decir, "sólo lo necesario".

Un segundo temor entre los latinos es el de no ser un buen padre de familia. Nuestros hijos son nuestro legado y queremos para ellos más de lo que nosotros tenemos: una vida mejor, una educación mejor y mayores oportunidades. Nos preocupa no poder darles esto. ¡No podemos permitirlo! Lograr que nuestros hijos prosperen más que nosotros, aunque sea "un poquito más", es nuestra definición de éxito.

Sin embargo, ¡cuán frecuentemente atentamos este deseo tan natural! "¡¿Qué?! Enviar a nuestros hijos a una universidad lejos de casa? ¡Ni lo mande Dios!" "Se sentirían muy solos y nosotros también". Una verdadera familia sólo puede estar a gusto si está rodeada de cosas y personas conocidas. ¿Enseñarles una profesión diferente a la nuestra? Sería muy peligroso. ¿Qué tal si logran tener éxito sin que nosotros mismos les hayamos enseñado? Si trabajan con nosotros en la tienda o en el taller (o, en mi caso, en la lavandería) harán que el negocio crezca y de esa manera tendrán más éxito que nosotros. Existe menos riesgo en esta ruta, menos mala suerte, menos probabilidades de que nuestros hijos fracasen. Esta seguridad que creamos alrededor de ellos les asegurará que sean un buen sostén económico y así no tengan que enfrentarse a las viscicitudes a las que nos enfrentamos.

Nuestros motivos son buenos, sin lugar a dudas. Recuerde, "así lo quiere Dios". Sin embargo, existe un narcisismo inconsciente y subversivo que parece decir: "Ustedes van a triunfar, pero será sólo a través de mí y sólo en lo que yo les pueda enseñar". La unidad familiar se mantiene intacta; el negocio crecerá de manera lenta, pero segura. Si preparamos a nuestros hijos para que sean una versión un poco mejorada de nosotros mismos, la tradición perdurará.

Un tercer temor es el de ser rechazado. La humillación es anatema para los latinos (lo es para todo el mundo pero, sinceramente, creo que somos más sensibles) y para evitar ser rechazados, evitamos el riesgo. Si solicitamos un empleo y no lo obtenemos, nuestro ego sufre severamente y es muy probable que no volveremos a tratar de conseguir uno similar cuando surja la oportunidad. Dos rechazos serían algo imposible de soportar.

Por eso inventamos excusas frecuentemente ("No les gustan los latinos" y "aunque estoy mejor preparado, el angloamericano obtendrá el puesto") y no nos preparamos adecuadamente para la entrevista. Si dejamos nuestro destino en las manos de Dios (o en las manos de los angloamericanos) entonces, en caso de que nos rechacen, no será un rechazo a nosotros mismos. Dios tenía otros planes, nos decimos, y en realidad los angloamericanos no saben quiénes somos y no vale la pena mostrárselo porque, de todas maneras, tienen prejuicios contra nosotros.

El siguiente temor es el de ser dominados. Sus orígenes son fáciles de hallar. Nadie que tenga antepasados esclavos puede dejar de sentirlo. Pero proviene también de los sermones de los sacerdotes, que condenan la desobediencia a "la voluntad de Dios", y a veces de las monjas que, en los viejos tiempos, nos dieron nuestras primeras lecciones a golpe de regla. Nuestro temor es, pues, muy natural. Sin embargo, tiene repercusiones negativas en el mundo de los negocios.

Por alguna razón, este temor nos hace que queramos agradar excesivamente. Así pues, si nos mostramos humildes, somos buenos para trabajar y nos mantenemos alejados de la controversia, seremos aceptados o, lo que es mejor, ignorados. Nuestro comportamiento no será criticado, ni nuestros jefes serán duros con nosotros. En cierta forma, preferimos dominarnos a nosotros mismos en vez de permitir que alguien más lo haga.

Para nuestros ancestros la revolución trajo consigo represión. Para nosotros, la revolución, aunque sea pequeña, como decirle a nuestro jefe que está equivocado cuando lo está, tiene que ser evitada. Eso sería falta de educación y de respeto. Si desobedecemos, si protestamos, si no realizamos nuestro trabajo de manera paciente, siguiendo al pie de la letra las instrucciones, entonces seremos aplastados.

Nuestro temor hace que la mayoría de nosotros trabajemos con gusto en el negocio de la familia. Esta es una de las razones por las que nos rodeamos de quienes conocemos mejor, aunque, en muchas ocasiones, ellos no sean los mejores para el trabajo.

Corremos riesgos en la lotería, pero somos muy cautos en nuestras vidas. Un trabajo estable, una familia encantadora, muchos amigos con quienes pasar un buen rato, una elaborada fiesta de "quince años" para nuestras hijas, un sitio en el negocio para nuestros hijos, la oportunidad de regresar con cierta regularidad a nuestra "tierra madre," ¿qué más podríamos desear?

Lo digo yo: está bien desear mayor éxito y mayor reconocimiento, éxito y reconocimiento que nos llevarán más allá de la mediocridad y que nos harán formar parte de ese cinco por ciento al que pertenece la clase "alta" de este país, éxito y reconocimiento que nos darán control sobre nuestros destinos y el de nuestros hijos, éxito y reconocimiento que nos convertirán en personas influyentes, capaces no solamente de cambiar nuestras vidas sino la vida de nuestros compatriotas, y éxito y reconocimiento que nos den poder político, económico y social.

Este es el destino del tren. Una vez que se suba en él viajará cuesta arriba sin parar. Hasta llegar al cielo.

Desde luego, el miedo no es el único factor que impulsa a los angloamericanos hacia el éxito, ni el único que evita que los latinos lo logren.

También existen la ambición y los sueños.

Desde que yo tenía diez años, me gustaba dibujar y pintar. Recuerdo que mi misterioso y sofisticado tío, que fue deportado de San Antonio a México por bígamo, venía a visitarnos en su reluciente Mercedes Benz y me decía que yo tenía "las manos de un gran pintor". Yo le creía por completo. Hacía bocetos de personas y pintaba paisajes, bodegones, en fin, lo que fuera. Cuando cursaba el séptimo año, mi maestra, Eldah Burke, nos permitía a mí y a otros treinta y un niños, todos mexicanos, que pintáramos durante los cincuenta y cinco minutos más sagrados del día lo que nuestro corazón nos dictara. Ella enseñaba durante cuatro horas adicionales los sábados por la tarde. Por supuesto, yo no me perdía ninguna clase. ¡Yo iba a ser el próximo Picasso! Después de todo, el tío Fernando ya había plantado la semilla en mí; ¡él ya había "visto" mi grandeza!

Me alisté en la Marina después del bachillerato, pero me di cuenta inmediatamente que el mundo militar no era para mí. Creía que estaba destinado a ser rico y famoso. Sabía que si podía poner mi talento al servicio de mi gran inspiración, el hombre que me hipnotizaba a través de la televisión cada domingo por la noche, Walt Disney, me contrataría. Una vez que viera mi trabajo, ¿cómo podría negarse?

Solía pasar mis horas libres en Camp Pendleton, California, preparando un portafolio de mis dibujos. Cuando dejé el servicio militar, compré un boleto de autobús para Burbank. Me estaba preparando para conocer a mi héroe. Pero, ¡oh sorpresa!, una huelga de autobuses locales hizo que fuera imposible llegar al estudio de Disney. No podía pagar un taxi, pues todo mi dinero era para regresar a casa. Le envié por correo el portafolio que había preparado, compré mi boleto de regreso y esperé la oferta de empleo de Disney. (Tal vez, inconscientemente, necesitaba agradar a mamá y papá y regresar a la familia.)

Dos semanas después regresó mi portafolio con una nota de rechazo formal con una firma ilegible. Tal parecía que el señor Disney no necesitaba de mis servicios.

"No hay problema", pensé. Él era quien perdía.

Entonces opté por la mejor alternativa: pintar letreros. Puse un letrero que decía ANUNCIOS, que se alzaba orgulloso en el prado frontal de nuestra casa. Fue mi primer intento como hombre de negocios.

Dio resultado. El anuncio fue leído por un vendedor de seguros muy conocido llamado O. P. Schnabel, que hacía publicidad a su negocio poniendo su nombre en todos los botes de basura de San Antonio. Hacía esto como parte de un servicio público para mantener limpia la ciudad. Me pidió que los pintara con uno de dos mensajes. Uno rezaba: NO TIRE BASURA. EMBELLEZCA EL AMBIENTE. El otro decía: UNA CIUDAD LIMPIA ES UNA CIUDAD SANA. Ambos estaban seguidos de uno en letras pequeñas que decía: "Cortesía de O. P. Schnabel, Jefferson Standard Life". Pinté quince botes a la semana por un dólar con setenta y cinco centavos cada uno. Mi trabajo fue visto en toda la ciudad. Para mí era como ser Picasso. Era mi trabajo, para que todos lo vieran, y a ¿quién le importaba si estaba sobre botes de basura? Pero, aunque ser visto por todos y ganar dinero eran cosas maravillosas, necesitaba un trabajo permanente. Lo encontré en Texas Neon, una compañía que fabricaba letreros. Gané lo suficiente para pagar la cuota inicial de un auto y casarme un año más tarde.

En Texas Neon, un "gringo" llamado Leonard Dyke se convirtió en mi mejor amigo. Él, al igual que mi tío, se convirtió en otra fuente de inspiración y de sueños.

—¿Cuánto quieres ganar? —me preguntó un día, así sin más—. ¿Cien dólares por semana? ¿Doscientos? ¿Quinientos?

Me quedé pasmado.

—No tanto. Por lo menos, no tan pronto.

Me miró con fuego en los ojos.

—Sabes —me dijo—, aquí en San Antonio hay gente que no es más inteligentes que tú y ganan mil dólares por semana, ¡y hasta el doble!

—¡Estás bromeando!

—¡Mil! ¡Diez mil! —continuó diciendo—. Lo que es más, miles de personas a nuestro alrededor ganan esa cantidad de dinero. Tú puedes ganarla. Tienes el potencial dentro de ti.

A duras penas podía imaginarme esas sumas. Sin embargo, Dyke había plantado la segunda semilla en mi cabeza. No sé si usted lo llamará ambición. (Ya era ambicioso antes, pero mis ambiciones, a la manera de los latinos, querían alcanzar metas muy bajas. En Burbank me di por vencido y regresé a casa cuando me enfrenté con el primer obstáculo: la huelga de autobuses). El reto al que Leonard me enfrentaba me llegó muy profundo: a mi autoestima. Yo tenía un sueño basado en una habilidad, no obstante lo ocurrido con Disney. Podía pintar lonas y letreros. Podía utilizar mis talento no sólo para mi satisfacción sino también para la de otros y, además, me pagarían por ello.

Pero el dinero no es lo único que motiva a los latinos. Existen al menos otros cinco factores, cada uno ilustrado con un relato.

1. *Los latinos se sienten motivados para demostrarle algo a alguien.* Recientemente, Nely Galán fue nombrada por la revista *Entertainment Weekly* como "una de las personalidades con más posibilidades de influir sobre Hollywood y en el mundo del entretenimiento del mañana". (*The New York Times* ya la había

llamado "pequeña magnate" y la había descrito como "un tifón tropical".)

Nelly nació en Cuba. Vino a Estados Unidos cuando tenía cuatro años y, al igual que Henry Bonilla, pasó gran parte de su niñez pegada al televisor. Era su "jardín secreto", ya que le servía de puente entre el mundo latino y el angloamericano. Su programa favorito era *The Brady Bunch* y el de su madre una novela en español llamada *María Teresa*. El sueño de Nely era poder ir un día a Hollywood y producir un programa en el que Marcia Brady y María Teresa vivieran juntas.

Comenzó a escribir y a los quince años de edad entregó a su maestra un ensayo tan bien escrito que las monjas de la escuela católica a la que asistía la acusaron de haberlo plagiado. "Pero si yo sola lo escribí", insistió Nely. "Lo copiaste", le dijeron y la expulsaron.

Nely decidió entonces enviar su ensayo a los editores de la revista *Seventeen*. Les gustó tanto que la contrataron como reportera para cubrir temas juveniles. Se mudó a Nueva York a los dieciséis años y se convirtió en productora de CBS y PBS, y continuó soñando con Hollywood, aunque éste se encontraba tan lejos como la tierra de la fantasía. A los veintidós años obtuvo un trabajo en Newark, Nueva Jersey, como gerente general (su responsabilidad era, entre otras cosas, producir y ser presentadora de un programa) en una estación de habla hispana. En este trabajo comenzó, al menos, a hacer "lo suyo": dirigirse a una nueva generación de latinos.

Perdió la esperanza de ir a Hollywood. Pero, en 1992, la programadora HBO la contrató para dirigir su propia división latina. Ahí trabajó con todos los actores hispanos más importantes y en 1994 la cadena de televisión Fox creó una compañía productora de televisión para producir y vender programas para Estados Unidos y América Latina. ¿Dónde estaba localizada la compañía productora? ¡En Hollywood, por supuesto!

"Ya verán esas monjas", pensaba Nely en sus primeros años. Y así sucedió.

2. *Los latinos se sienten motivados a superar su pasado.* Johnny Gabriel, a quien mencionaré de nuevo más adelante, es el vendedor de licores más importante del sur de Texas. Su madre era dueña de varios bares en el sector oeste de San Antonio. Ella era una mujer muy astuta y habilidosa, pero Johnny se crió decidido a convertirse en alguien mejor. Juró que su esposa Rosalee y sus hijos vivirían en un lugar mejor y tendrían una vida mejor. No he conocido a nadie que haya trabajado de manera más diligente para alcanzar una meta que Johnny y Rosalee. Vi aumentar sus tiendas de licores no sólo en número, sino también en belleza. Creció tanto su compañía que ahora él es dueño del mercado. Sus tiendas cuentan con bodegas excelentemente surtidas y salones especiales para fumar puros. Los vinateros le rinden pleitesía. Y ahora que está tan bien establecido, ha dedicado su atención a servir a la comunidad y a pasar más tiempo con su familia. Miembro prominente de la Cámara Hispana de Comercio, ha establecido también el Fondo de Becas Gabriel para niños latinos necesitados. Ha colocado el nombre y el honor de su familia en un lugar mejor. Ha superado su pasado, mas no lo ha olvidado.

3. *Los latinos se sienten motivados a ganar reconocimiento por parte de sus amigos.* Bill Gonzaba tenía una gran ambición: quería ser el mejor doctor, latino o angloamericano, pero quería servir a la comunidad latina. Comenzó en una oficina modesta y pequeña en el sur de San Antonio y luego, junto con su esposa, que es un genio para organizar, construyó una serie de clínicas que muy pronto adquirieron fama porque los pacientes podían obtener la mejor asistencia en ellas. Recientemente vendió por 25 millones la empresa que él y su esposa habían forjado. El año pasado sólo sus acciones le produjeron

una ganancia neta de cinco millones de dólares ¿Probó a sus amigos que era tan bueno o mejor que todos? ¿Cuántos otros doctores han logrado ahorrar 30 millones de dólares? Es, ciertamente, el único doctor latino en San Antonio que lo ha logrado.

4. *Los latinos se sienten motivados por complacer a sus padres.* Un contratista de construcción del sur de California llamado Carlos Cardona quería que su hija siguiera la carrera musical que él tanto había deseado, pero que nunca pudo seguir. "Tú puedes llegar a ser una de las cantantes más famosas del mundo", le dijo cuando ella era joven. Ella le creyó. Durante treinta y ocho años se ha presentado a todas sus actuaciones utilizando su nombre completo, el cual muy pocos en la audiencia conocen: Florencia Vicenta de Casillas Martínez. A los dieciocho años su padre le permitió irse de casa porque consiguió un trabajo como cantante en en el Hotel Holiday, en Reno, Nevada. Pronto empezó a cantar en el mismo programa con Wayne Newton o los Hermanos Smothers, pero ahora utilizaba un nombre más corto: Carlita. Trabajaba largas horas y ganaba $200 dólares semanales, de los cuales enviaba $170 a casa para ayudar a su padre, que no podía trabajar cuando el clima era inclemete.

Grabó un disco de muestra con cinco canciones tradicionales y lo llevó a las compañías disqueras. Después de pasar largas horas sentada esperando ahí, se convenció de que nadie lo oiría antes de decirle que "no la necesitaban". Finalmente, logró gran éxito en Australia con una canción titulada *He's a Rebel.* Después grabó *It Must Be Him,* pero no podía escucharse en Estados Unidos porque la letra decía, "Oh Dios, debe ser él". En aquellos días (1966) no se podía utilizar el nombre de Dios en ninguna canción. Sin embargo, en Inglaterra sí se podía, así que partió para allá y de inmediato la canción se convirtió en la número uno de la radio inglesa. Encontró luego una compañía disquera estadounidense, Liberty, cuyo presidente, Al Bennett, creyó que el éxito entre los ingleses permitiría que la canción se oyera en Estados Unidos. "Va a ser un éxito", prometió, "o caerán muchas cabezas".

No cayó ninguna cabeza. La canción se convirtió en la número uno también en Estados Unidos, seguida de otras tan exitosas como *Can't Take My Eyes off You* y *With Pen in Hand.* Por supuesto, la joven cantante abrevió su nombre para su nueva y enorme audiencia. Mucho antes de Gloria Estefan o Mariah Carey, Vicky Carr fue la primer latina en convertirse en estrella en el mercado. Todo debido a su padre. Todo porque él hizo que creyera en sí misma.

5. *Los latinos se sienten motivados por el deseo de hacer lo correcto.* Cuando abrí mi agencia, un joven llamado Ernest Bromley, comenzó conmigo. Él era nuestro investigador y la información que nos proporcionaba me ayudó a escribir anuncios suficientemente buenos para que la agencia, formada entonces por cinco personas, fuera creciendo. Cinco años más tarde ya contábamos con dieciocho personas y Ernest estaba ganando un buen sueldo: $24,000 al año.

En una ocasión vino a mi oficina para decirme, en tono de disculpa, que la agencia de publicidad más grande de San Antonio le ofrecía un sueldo de $40,000.

—Por favor no te vayas —le supliqué.

—Lo siento —dijo, y en realidad lo sentía.

—Ya acepté. Mira, Lionel, yo sé que esta agencia no tiene el dinero suficiente para ofrecerme un sueldo así. Además, no sería justo para el resto de tu personal si me ofrecieras ese sueldo. Deséeme suerte. Somos buenos amigos. Continuemos así.

—Está bien, amigo mío —dije, sabiendo que él tenía razón—. Le diré a los demás que te vas.

Después del almuerzo reuní al personal e hice el anuncio. La reacción fue una de las más asombrosas que jamás he visto.

La mitad lloró. La otra mitad tenía lágrimas en los ojos. Modesto y discreto, Ernest Bromley era un hombre de una imparcialidad innata y honestidad total. Me di cuenta de que era el "pegamento" que mantenía la oficina unida. Sabía que este tipo de personas son irreemplazables. Esa tarde, le ofrecí un sueldo de $60,000, un Mercedes nuevo y un nuevo cargo: vicepresidente ejecutivo.

Negó con la cabeza.

— No puedo aceptar —dijo—. Ya me comprometí con ellos.

—Pero la gente de aquí te quiere y te necesita. No te quedes por mí. Quédate por ellos.

Finalmente, este argumento lo convenció. En unos años Ernest se convirtió en mi socio. Sin él, sin su talento y su carisma, no hubiésemos logrado el grado de éxito que logramos y mi vida sería más pobre emocionalmente.

Al mantener a Ernest en la agencia rompí muchas de las reglas que usted encontrará en este libro. La lección, por supuesto, es que todas las reglas tienen excepciones, pero tiene que existir una razón de peso para romperlas.

Pero antes de que le hable de las reglas, antes de que espere ser como Ernest Bromley, quiero describir a algunas personas a quienes usted *no* debe emular: los estereotipos que encontrará en su carrera de negocios.

CAPÍTULO 3

LOS OCHO ESTEREOTIPOS LATINOS: NO SEA UNO DE ELLOS

Tenga cuidado al leer este capítulo. Podría pensar al llegar a la mitad: "¡Esto es demasiado! Los latinos no son tan malos". Aunque le parezca que abundan los estereotipos, no deje de seguir leyendo, ya que encontrará cómo evitar ciertos errores. Y le prometo que los demás capítulos serán más positivos.

De alguna forma, usted conoce a alguien que tiene las características de alguno de estos estereotipos. Si tiene un negocio propio, seguramente trata con ellos a diario. Si trabaja en alguna compañía, probablemente podrá reconocer a su jefe entre ellos. Si apenas empieza su negocio, puede encontrarse emulando involuntariamente a alguien a quien crea que debe admirarse.

Somos quienes somos por el origen que tenemos, por lo que hemos aprendido y por lo que nos rodea. Muchas veces he visto latinos caer en estas categorías sin saber la razón. Los roles son fáciles de adoptar y difíciles de cambiar pues nuestra cultura dicta nuestras acciones.

Pero tenga mucho cuidado si usted se asemeja a alguno de los ocho estereotipos que a continuación describiré. Estudiar el comportamiento de los angloamericanos no resulta de mucha utilidad. Muchos caen en las mismas categorías. Como latinos, parece que reunimos estas características más fácilmente y nos resulta difícil reconocerlas cuando nos las señalan.

1. El "patrón"

Es el hombre (o la mujer) que está al mando. Es el comandante supremo. "Se deben hacer las cosas a mi manera", dice el "patrón". "Hazlo así, no asá". "Esta es la forma correcta porque así lo digo yo". "Mi palabra es ley". "Mis órdenes se deben acatar". "No piense por sí mismo; no le pago para que piense". "Yo soy el único que piensa".

El estereotipo del "patrón" se encuentra en cualquier negocio, ya sea grande o pequeño. Lo único que tienen en común estos negocios es que no son tan prósperos como deberían ser.

En América Latina la gran mayoría de los negocios tienen un hombre que los maneja (y en el noventa y nueve por ciento de los casos *es* un hombre). La gente que lo rodea corre de prisa, trata de cumplir sus mandatos, esforzándose por complacerlo y temerosa de que cualquier equivocación le pueda costar un regaño en el mejor de los casos, o su trabajo, en el peor de ellos.

Primordialmente, el "patrón" gobierna a través de la intimidación. Su negocio es su reino y muchas veces (inconscientemente) siente que el miedo es su mejor arma para mantener el orden.

Sus empleados piensan que la mejor manera de lidiar con él es obedecer ciegamente. Si acaso el jefe comete un error, es mejor "hacerse de la vista gorda" o justificarlo. Si el negocio tiene éxito, se debe solamente a su talento.

Me encontraba recientemente en una agencia latina en Dallas y durante una reunión el "patrón" interrumpió para pedirle a un joven ejecutivo de cuenta que fuera a recoger a su hijo a la escuela porque estaba enfermo; la madre del pequeño se encontraba de compras y no podían localizarla. "De regreso", le dijo el "patrón", "pase a la tintorería a recoger mi esmoquín. Hay una cena de gala esta noche y como la reunión va para largo, voy a tener que cambiarme aquí en la oficina".

El joven salió de la sala a toda prisa a cumplir las órdenes de su jefe. Era muy claro que no resentía dichas órdenes. Parecía, ciertamente, que se sentía honrado de haber sido escogido.

Si este mismo incidente ocurriera en una agencia angloamericana, seguramente las órdenes hubieran sido acompañadas de "por favor", ya que el jefe sabría que estaba pidiendo demasiado y pocos empleados angloamericanos lo hubieran aceptado de buena gana. Pero en una agencia en América Latina, y en la gran mayoría de los negocios de latinos en Estados Unidos, no existe la desobediencia y si a un empleado se le encarga algo, sabe perfectamente bien que esto es un signo de favoritismo y lo hará cuantas veces sea necesario. "Como usted mande". "Si hago todos los mandados que me ordene el jefe, muy pronto seré indispensable", creen. En ningún momento piensan en pedir un aumento o una promoción, ya que saben bien que la generosidad del jefe no es tan grande. La idea de los estadounidenses de reparto de utilidades es casi desconocida en muchas agencias latinas. Todas las ganancias son para el "patrón".

Movido por la certeza de que muchos de los preceptos

seguidos por agencias angloamericanas resultan beneficiosos para los negocios (tales como los incentivos y la delegación de autoridad), el presidente de una compañía distribuidora de revistas y periódicos muy importante en la ciudad de México me llamó para asesorarlo. Se preguntaba por qué el negocio no crecía, aunque era el distribuidor más grande y eficiente en una ciudad con abundancia de publicaciones de toda clase (existen doce diarios y cientos de revistas populares), y por qué no podía conservar a sus clientes. ¿Por qué muchos de sus empleados se iban a trabajar a otras compañías? Mi misión era decirle cómo se hacen las cosas en Estados Unidos.

Me simpatizó de inmediato. Era abierto en sus preguntas, sincero, directo y amigable, tanto conmigo como con sus socios.

Le pregunté sobre la naturaleza de su compañía. Me dijo que a las tres o cuatro de la mañana sus camiones iban a los varios periódicos de la cuidad y recogían los periódicos del día, además de algunas revistas. Los camiones llevaban luego las publicaciones a una bodega en el centro de la ciudad y alrededor de las cinco los dueños de puestos y pequeñas tiendas (que a su vez eran pequeños empresarios que trataban de salir adelante) recogían las publicaciones en carritos que ellos mismos tiraban para llevarlas a vender.

Le sugerí a mi nuevo amigo que debería darle a su negocio un carácter propio, una personalidad. Lupe García y yo diseñamos un logotipo para él y le presentamos un plan de negocios con un modesto programa de incentivos económicos para los vendedores y los distribuidores (los dueños de los puestos y tiendas de periódicos y revistas), basado en metas de ventas para el personal y resultados de ventas para los dueños. Cabe mencionar que dichos incentivos eran muy *modestos* y por debajo de lo que serían en Estados Unidos, destinados más bien a levantarles la moral y aumentar sus ganancias.

Mi amigo quedó muy complacido con el logotipo y lo adoptó de inmediato. Pero aunque admitió que el programa de incentivos sería exitoso, no podía tolerar la idea. "Eso", nos dijo, "lo haremos después". Le pareció que iba contra su naturaleza, su cultura, sus enseñanzas y su esencia misma.

Profundamente arraigada en su subconsciente y remontándose a la época de los conquistadores se encontraba esta noción: "Alguien me va a tratar mal, alguien me va a traicionar, así que mejor me aprovecho ahora que puedo". Desgraciadamente, mucha gente en México piensa de esta manera (y por buenas razones históricas). Así pues, todo el mundo se aprovecha de alguien antes de que se aprovechen de él.

Dicha actitud, como la del "peón" o la del esclavo, se deriva de las sociedades esclavistas que existían en el siglo diecisiete en América Latina. Si se es amo, no se puede ser esclavo. No existen términos medios.

El "patrón" se ve a sí mismo como el conquistador (haz lo que yo mando) y el cura (haz lo que digo porque "así lo quiere Dios"). Aun el observador más superficial puede ver en la política de América Latina la actitud de "patrón" en los líderes de países como México, Brasil, Venezuela, Argentina y Perú. Tomamos lo que podemos, dicen con sus actos, ya que ahora es nuestra oportunidad y no va a durar para siempre. Debemos entender que los líderes estadounidenses también abusan del poder; Nixon lo hizo, Huey Long lo hizo, Oliver North lo hizo y las actividades de Clinton en Whitewater parecen decir que el poder es para hacer negocios. La diferencia está en que en América Latina, en la mayoría de los casos, este tipo de actividad es casi de esperarse.

Los hombres de negocios estadounidenses pueden ser autocráticos, pueden recurrir al miedo para controlar a sus empleados, pueden ser ambiciosos, crueles con sus empleados, necios, egoístas e incluso corruptos. Sin duda alguna, muchos de ellos ven el estereotipo del "patrón" como un ejemplo para imitar. Pero en general, la mayoría no tiene la actitud del "patrón" como la tienen los hombres de negocios latinos. No conozco a ningún empresario estadounidense que rechace un plan de negocios para aumentar sus ganancias, aunque esto significara compartir las utilidades con las personas que trabajan para él y con él.

A medida que los negocios en Latinoamérica se expanden mundialmente, que se introducen nuevas ideas de Europa y Estados Unidos y que las compañías dictatoriales fracasan, los ejecutivos latinos adoptarán prácticas como las estadounidenses cuando se trata de negocios. Es más, muchos ya han cambiado, especialmente los que han asistido a universidades en Estados Unidos. Pero esta transición ha sido difícil para un gran número y más difícil en América Latina que en este país, pues aquí estamos rodeados de compañías que delegan el poder y prosperan porque buscan nuevas ideas, confían en sus empleados como miembros de un equipo, reconocen sus propias debilidades y emplean personal con capacidades que ellos no tienen. Para que los latinos tengan éxito, tienen que seguir este ejemplo. Y así será.

Podrá decirse a sí mismo que nunca actuará como un "patrón" pero ser como él, inconscientemente. Si en alguna ocasión dice o piensa cualquiera de las frases que a continuación enumeraré, tenga cuidado. Usted tiene una actitud que deberá cambiar para poder tener éxito.

1. "La única manera de hacer bien las cosas es si las hago yo mismo". Lo que está diciendo, por supuesto, es que solamente usted es inteligente o eficiente y quienes lo rodean son incompetentes. La única manera correcta es la suya y no considera que hay decenas de otras maneras de hacerlo. No tiene sentido pedir consejos, puesto que nadie lo puede aconsejar. Después de todo, ¡es su negocio!

Sí, en efecto, es su negocio, pero piense qué tanto mejor podría ser si usted aprendiera a decir: "¿Qué te parece?" "¿Cómo crees que se puede hacer?" "¿Cómo piensas que se podría mejorar?" "No sé de eso, ¿podrías explicármelo?" Deberá darle más libertad a sus empleados y aprender a escucharlos. Luego pensará: "La única manera de hacerlo es si trabajamos en equipo". Esta es la actitud que le llevará al éxito.

2. *"Hoy en día no se puede encontrar gente eficiente".* Esto es totalmente falso y si así lo cree, tendrá problemas. Sin duda alguna, si se refiere a la gente que trabaja con usted como "mis empleados", ya tiene la actitud errónea; esto implica una relación jefe-sirviente, no de equipo. Siempre encontrará gente talentosa si la busca y siempre podrá emplear gente eficiente si sabe atraerla. Es más, deberá buscar gente que tenga más experiencia que usted en algunas áreas, que esté mejor preparada en algunos aspectos del negocio y que sea más inteligente, más objetiva y tenga mayor visión. Esas personas existen en grandes cantidades y pueden ayudarle a ser más exitoso.

Nunca la encontrará si cree que no existe. Pero la realidad es que sí existen y que sí las encontrará, pero deberá desear esto verdaderamente. Debe querer ayuda, no ayudantes. Debe creer que necesita un equipo, que necesita a otros para compartir su visión y para que le ayuden a expandirse. Es más, ésta es la única manera de expandirse.

3. *"¿Quién es el responsable de este desorden?"* Los "patrones" siempre piensan que si algo sale mal es porque alguien más tiene la culpa. ¿Cuántas veces ha oído decir a algún gerente? "Alguien metió aquí las manos y echó todo a perder, ahora yo tengo que arreglarlo".

Pero, en la mayoría de los casos, la culpa la tiene el mismo "patrón". Después de todo, si los empleados no pueden estar en desacuerdo y si se les exige que hagan todo como autómatas, aunque sepan que existe una mejor manera de hacerlo, ¿cómo pueden ser culpados si cometen errores? Por otra parte, el "patrón" no acepta cuando otra persona toma la iniciativa, especialmente, si ella tiene razón. El "patrón" da por hecho que todo el mundo está equivocado, de otro modo, ellos serían los "patrones", así que lo que dice es la ley.

El director de una firma de arquitectos tenía que supervisar la construcción de un edificio que había diseñado en Tampa, Florida. Le entusiasmaba el proyecto y quería que se construyera precisamente de acuerdo a sus especificaciones, y estaba dispuesto a supervisar el trabajo en persona para cerciorarse de que todo saliera bien. El problema era que esto le tomaría tres veces más de lo planeado y le costaría tres veces más, pues "tenía" que tomar todas las decisiones. Por ejemplo, el "patrón" quería un color especial para las paredes interiores. Al verlas, dijo que el tono era demasiado claro, así que insistió en que se pintaran otra vez (un socio le había dado instrucciones al pintor después de haberle enseñado las muestras al "patrón" en la oficina). El nuevo color era tan parecido al anterior que sólo él notaba la diferencia.

Muchas cosas fueron construídas y demolidas, pues él nunca estaba presente cuando se tomaban las decisiones. Después decidió que sólo se podría construir cuando estuviera presente, así que los trabajadores, a quienes se les pagaba por hora, deberían esperarlo hasta que llegara y diera el visto bueno. El edificio fue terminado finalmente y es uno de los más atractivos de Tampa, puesto que el "patrón" es un experto y tiene buen gusto. Pero las ganancias fueron mínimas y su compañía sigue igual desde que la construcción terminó hace cinco años.

4. "Esta gente no entiende". Esta frase denota una actitud amo-esclavo, ya que en realidad lo que el "patrón" quiere decir es: "Esta gente no entiende nada. Son inferiores intelectualmente porque soy el mejor". El trabajo en equipo resulta imposible cuando el egocentrismo de la persona que está a cargo domina, no existe la armonía y las sugerencias de gente que tal vez sea la mejor no son tomadas en cuenta.

Existen otras señales de la mentalidad de "patrón", no menos importantes. Pregúntese lo siguiente durante el día:

- ¿Le pide a su asistente que le traiga café en vez de ir por él?
- Si usted es hombre, ¿les dice a las mujeres con las que trabaja lo bonitas que están?
- ¿Le pide a sus asistentes que le hagan mandados, tales como recoger su ropa en la tintorería o llevar el perro al veterinario?
- ¿Tiene un conductor para la compañía y para usted?
- ¿Tiene un asistente que le lleva sus asuntos personales (impuestos, correspondencia personal, etc.) pagado por la compañía?
- ¿Se queda con todas las utilidades o las reparte entre sus empleados en forma de bonos o incentivos?
- ¿Insiste en que no haya reuniones sin su participación?
- ¿Cree que elogiar a un empleado está por debajo de usted? (Después de todo, al empleado se le paga para que haga un buen trabajo.)
- ¿Ha criticado a un empleado frente a otros?

Cualquier persona que haya estado a cargo de alguna compañía, o que haya trabajado en una, ha caído en el error de decir algo indeseable. No existe nada de malo en pedirle ocasionalmente a un empleado que va a salir que le traiga algo de comer. A lo que me refiero es a una actitud general. Si no considera que esas frases anteriores son erróneas, si *está de acuerdo* con ellas, entonces la mejor gente nunca trabajará para usted y las grandes corporaciones no apreciarán sus aportes, no se expandirá, no tendrá éxito y terminará solo, sentado en un rincón acompañado de una cerveza o una copa de vino, preguntándose por qué si es tan eficiente no obtiene más clientes.

2. El "peón"

Los "peones", como los de las dos categorías siguientes (el "trabajador" y el "pobrecito") son descendientes de los esclavos, no necesariamente por su nacimiento sino por sus actitudes. De inmediato, se dará cuenta que son el complemento del "patrón", ya que sin "peones", "trabajadores" o "pobrecitos" no existiría aquél.

El "peón" se cree muy virtuoso. Obedece órdenes, no tiene opiniones propias, trabaja con diligencia, jamás se queja (si lo hace es sólo con su familia) y siempre está disponible cuando su jefe lo necesita: después del trabajo, los fines de semana o a media noche. Los "*peones*" se resignan a tomar órdenes y asumen el papel de esclavos. Piensan: "Haré cualquier cosa que mi jefe me mande" y jamás conciben cambiar de actitud.

Desafortunadamente, existen millones de latinos en Estados Unidos que creen que actuar como "peón", o ser "peón", es la mejor manera de salir adelante en cualquier negocio. Harán cualquier cosa por conservar su trabajo y en ningún momento ven el papel de "peón" como humillante, sino como un designio de Dios.

Esto me recuerda a un joven escritor de una agencia de publicidad que tenía un deseo imperioso por complacer. Estaba convencido de que todos eran sus jefes: el cliente, el dueño de la agencia, el director creativo y el director de arte. Trataba tan deseperadamente de satisfacer a quienes lo rodeaban que terminaba redactando anuncios con tantas ideas diferentes que nadie podía descifrarlos.

Una vez más, hágase las siguientes preguntas:

- ¿Se dirige a sus superiores como "señor" o "señora", seguido del apellido y nunca por su primer nombre?
- ¿Cuando recibe una orden, contesta siempre: "Sí, señor(a). Como usted mande"?
- ¿Alguna vez ha dicho: "Solamente ordene"? Muchos latinos dicen esta frase por bromear ahora, pero antes era dicha en serio por peones. (Hay tanta historia encerrada en ella que me resulta difícil entender por qué alguien pueda creer que es graciosa.)
- ¿Alguna vez ha pensado que su jefe está equivocado, pero ha obedecido sus órdenes de todas maneras, sin pensar seriamente en expresar su propia opinión?
- ¿Le da satisfacción hacerle mandados a su jefe?
- ¿Alguna vez ha trabajado horas extras haciendo algo trivial, pero cree que tuvo mucha suerte de que le hubieran asignado dicho trabajo?
- ¿Se siente conforme con lo básico: seguridad, poca responsabilidad, casa, comida, una esposa y unos hijos obedientes? (Todo esto me parece muy bien, pero creo que si está leyendo este libro es porque hay algo más que desea en la vida).
- Y lo más importante, quizá: ¿cumple órdenes en su trabajo sin quejarse, pero cree que en su hogar es el "patrón", donde sólo su palabra es la que cuenta? Esto es muy común en la mentalidad del "peón", ya que todas sus frustraciones tienen que ser desahogadas en algún lugar.

Evidentemente, no tiene nada de malo seguir órdenes, trabajar con ahínco y hacer lo más que pueda por su cliente o su jefe (los "peones", como veremos más adelante, también pueden ser "jefes") aunque no reciba ningún reconocimiento. Es la mentalidad lo que me preocupa, la cual debe cambiar si quiere competir y triunfar.

El primer paso hacia el cambio, aplicable a todas las categorías, es reconocer su actitud. Después haga una prueba. Escoja un momento para expresar su opinión, así sea rehusase a trabajar durante un fin de semana, sugerir otra forma de hacer algo o presentar una idea nueva. Obtendrá varias respuestas: frustración, enojo, burla, sorpresa, aprecio. Pero no va a ser despedido, ni perderá a su cliente. Y cuando haya logrado calmarse (la desobediencia, la confrontación o la agresividad no son actitudes fáciles de manejar) verá que el mundo no se acabó. Es más, tendrá tanta seguridad en usted mismo que la próxima vez que difiera con su jefe o su cliente será más fácil y hará sugerencias sin temor.

Y empezará a ascender en el mundo de los negocios.

3. El "trabajador"

El "trabajador" vive según lo que dice una expresión estadounidense: "Un día de trabajo honrado por una paga honesta". Descendiente de una tradición agrícola, el "trabajador" cree en el sudor porque con frecuencia ha desempeñado labores manuales como campesino, albañil, costurera (aunque sea en fábricas en Nueva York y Sudamérica), jardinero, mesero, sirvienta y niñera. Ciertamente, cuanto más suda y más duro trabaja, más virtuoso se siente. "Hay que trabajar duro, el trabajo ennoblece". Le da menos importancia a la inteligencia, al talento y a la educación. Está convencido de que va por el camino correcto si trabaja arduamente en cualquier trabajo, siempre y cuando sea honrado. ¿El camino hacia dónde? Es difícil saber, mas no importa. El dinero y la capacidad de ser el sostén económico son las metas del "trabajador" y la manera de lograrlo es con el sudor de la frente.

Estas son las preguntas que deberá hacerse para saber si tiene mentalidad de "trabajador":

- ¿Alguna vez le ha preguntado a sus hijos por qué pierden tiempo asistiendo a la escuela y no van a trabajar para ganar dinero?
- ¿Alguna vez le ha dicho a un compatriota o compañero de trabajo: "Trabaje tanto como yo. Es muy satisfactorio. La semana pasada trabajé muchas horas extras"?
- ¿Alguna vez se ha jactado de decir: "Me levanto al amanecer. Siempre soy el primero en llegar al trabajo y el último en irse"?
- ¿Empieza un trabajo apenas termina otro?
- ¿Le ha dicho a sus hijos que si trabajan con diligencia todo irá bien? ¿Es ésta la filosofía que quiere inculcar en ellos?

Créame, no tengo nada contra el trabajo arduo. Yo mismo tengo muchas de las características del "trabajador". Mis compañeros angloamericanos piensan que trabajo demasiado. Incluso mi esposa, que trabaja mucho, me pide constantemente que deje de trabajar tanto. No tengo necesidad de hacerlo, pero me sentiría infeliz si no fuera así. Simplemente, me gusta trabajar.

Sin embargo, el trabajo no es todo en la vida. Y trabajar sólo para buscar seguridad y ganar dinero, sin ninguna satisfacción personal, sin reconocer que el trabajo debe ir acompañado de una meta o un plan de acción, resulta contraproducente a la larga. Trabajar arduamente es necesario para triunfar. Pero esto deberá ir acompañado de una educación, de una filosofía de la vida y de períodos de descanso y reflexión.

Hay otra expresión que dice: "Sólo trabajo y nada de recreo convierten a cualquiera en una persona aburridora". Yo agregaría que convierten a cualquiera en un pendejo.

4. El "pobrecito"

Aunque no seamos "pobrecitos", sabemos muy bien quiénes sí lo son: los agoreros, los eternos mártires, las víctimas, los empresarios cuyos negocios, y vidas, nunca alcanzan a llenar sus propias expectativas, excepto cuando fracasan.

Los "pobrecitos" empiezan un negocio sin haberlo pensado detenidamente. No tienen un plan de acción, (¿para qué, si de todos modos van a fracasar?), nunca piensan en grande, no quieren expandirse demasiado (eso seguramente significa el fracaso) y sólo piensan en el presente (¡uf!, pasó un día más y no sucedió nada grave). Como los "peones", pueden ser los jefes de sus propios negocios. Pero mientras que estos tratan a sus clientes con desdén y ahuyentan a muchos, los "pobrecitos" consideran que la ambición es fútil, experimentar es riesgoso y planear para el futuro sólo trae ruina.

He aquí cómo piensa el "pobrecito":

"Trabajaré hasta caerme muerto, pero nunca triunfaré".

"La vida es un continuo sacrificio".

"El negocio está difícil y nunca mejora".

"Es mejor no volver a invertir en el negocio. Sería como tirar el dinero".

"Ahora las cosas parecen estar bien, pero no durarán así mucho tiempo".

"Habrá recesión económica".

"Habrá depresión económica".

"Es la competencia".

"Es la economía".

5. El "aventurero"

Al igual que los angloamericanos, los "aventureros", dicen: "¡Arriésgate!". Pero el problema es que lo hacen sin pensar, planear o analizar. Siempre buscan un negocio nuevo y mejor, y una forma nueva y mejor de hacerlo. Para el aventurero la planeación no tiene valor alguno, un estudio de mercadotecnia es un gasto de dinero que podría usarse para ampliar la oficina y hacer planes para los próximos cinco años es como estar soñando. "Sueña ahora", parece decir el aventurero. Algo bueno va a pasar. ¡Si no es ahora será la próxima vez! Ojalá que tenga a un aventurero frente a mí en un juego de póquer.

Mi hermano Dan, que tiene más de cincuenta años y debería de tener más sentido común, es un "aventurero". Lo quiero mucho. Siempre me ha pedido consejos, pero termina haciendo lo que quiere. Siempre busca la manera de ganar dinero. Hace poco decidió abrir una verdulería y compró un pequeño edificio situado en una vía transitada y junto a varios negocios de reparación de autos. El edificio no le costó mucho y me explicó así su plan:

—Piensa en todo el tráfico que hay.

—¿Por qué crees que se van a detener los autos? —le pregunté.

—Porque a todo el mundo le gustan las verduras frescas —me dijo.

—¿Qué los va a atraer?

—Pues ver las frutas y verduras frescas. A todo el mundo le gusta el color.

—¡Pero los carros van a pasar a 60 kilómetros por hora! Además, hay un supermercado a medio kilómetro de aquí.

—Claro, ¿pero a quién le gusta comprar en los supermercados?

"A mí", pensé, "especialmente si puedo comprar todo bajo

un mismo techo", pero no me atreví a decírselo porque era evidente que haría lo que tenía pensado, sin importar lo que yo opinara. Le dije simplemente que, según mi manera de pensar, sería difícil que tuviera éxito. Y, como lo sospeché, procedió con sus planes.

Así pues, abrió la verdulería y cuando le iba bien ganaba $20 al día, pero en general ganaba entre seis y doce. La mayoría de las frutas y las verduras se pudrían y tenía que venderlas a precios muy bajos para deshacerse de ellas.

Al poco tiempo, la tienda se convirtió en un "mercado de pulgas". Cuando esto no dio resultado, alquiló el local a una iglesia y su esposa lo convenció de que trabajara como vendedor. Dan es una de las personas más agradables que conozco; tiene una personalidad y una sonrisa sin igual. Su esposa le había sugerido el trabajo perfecto. Pero siempre ha sido un "aventurero". La última vez que lo vi me dijo que estaba estudiando derecho para especializarse en daños personales. "Ahí está el dinero", me dijo.

"Sé que puedo lograrlo. Lo siento en el corazón", piensa el "aventurero".

"No necesito de cifras. Yo sé que así se hace".

"Esto sí que va a dar resultado".

"Mis hijos y mi familia lo necesitan. Lo voy hacer por ellos".

"La comunidad se va a beneficiar también. Lo haré por ella".

"Este es el punto clave para un buen negocio. Es una zona de mucho tráfico".

6. El "romántico"

El "romántico" y el "aventurero" tienen mucho en común. Ambos son soñadores y fantasiosos. Pero el "romántico" es muy sensible: es artista, poeta, compositor y actor. Los "románticos" trabajan con el corazón en la mano. Están convencidos de que su talento y una oportunidad para demostrarlo les garantizarán el éxito. Su éxito estará asegurado una vez el mundo sepa de su talento.

Sin duda, algunos tienen talento y muchos de ellos triunfan, pero aun los que triunfan necesitan asistentes, contadores y administradores. Tienen el corazón y la cabeza en otra parte.

La mayoría nunca sigue las reglas. He entrevistado a muchos con portafolios de trabajo incompletos y desordenados. Un ejecutivo de publicidad entrevistó a un escritor que esperaba obtener un buen trabajo sólo por su gran personalidad. Creía que sus ideas eran tan buenas y su entusiasmo tan contagioso que ni siquiera llevó muestras de los anuncios que había escrito. Muchos compositores, artistas, e incluso escritores, que no se resignan a aceptar que tal vez no son suficientemente talentosos, desperdician su vida soñado con "la oportunidad de su vida" o "el trabajo ideal". Muchos no tienen visión para los negocios y se dejan explotar.

Los "románticos" me gustan. Mi sueño de ser el próximo Picasso no ha muerto; sólo descansa. La creatividad y el talento son dones extraordinarios, pero se debe trabajar en ellos mientras se tiene un trabajo estable.

"Mi talento es una bendición de Dios", dice el "romántico". "Sería injusto no compartirlo con el mundo entero".

"Nací para cantar".

"Prefiero morirme de hambre que trabajar para una compañía".

"Todos los hombres de negocios son perversos".

"Nunca me venderé".

"El multimillonario ese, Emilio Ascárraga, tuvo mucha suerte o tal vez sea traficante de drogas".

"No necesito un representante".

"¿Tomar un curso de redacción? No lo necesito. El verdadero artista no necesita aprender técnicas".

"Si Gloria Estefan logró triunfar, también yo puedo lograrlo".

"Soy tan talentoso como Diego Rivera".

"Confío en mis instintos. Todo lo que he compuesto es muy lindo".

El "romántico" y el "aventurero" han sido formados por su legado esclavista y huyen de él muchas veces debido a un miedo inconsciente. Juran que no quieren dejar que su pasado los atrape. Harán todo por evitarlo . . . menos aceptar la realidad.

7. El "soy una minoría"

De todos los estereotipos, éste es el más triste. Los que así piensan, creen que el mundo les debe algo simplemente porque son de origen latino. Si existen dos candidatos para un mismo trabajo, el "soy una minoría" cree que el latino debe ser escogido porque si se escogiera al angloamericano el "prejuicio" sería evidente. Aunque el angloamericano esté más calificado, haya preparado una presentación más convincente o si, simplemente, causó mejor impresión en la entrevista, no sería "justo" que le dieran el trabajo sólo por ser angloamericano. En otras palabras, creen en un racismo a la inversa que hace muy poco por favorecer la imagen del latino en Estados Unidos y que perpetúa, ciertamente, un estereotipo. Así pues, retrasan a otros latinos que están convencidos que pueden triunfar gracias a sus habilidades.

Muchos de ellos dependen de subsidios del gobierno y se enfurecen cuando les son retirados. ("¿Ya ves? Teníamos razón, sin los subsidios nunca nos hubieran dado el trabajo") aunque muchos no hacen nada por dejar de depender de "papá gobierno".

Estos latinos niegan tener una mentalidad de esclavos, pero la dejan ver. Utilizan el servilismo de sus antepasados como una muleta y como una excusa, como la razón para merecer favoritismos.

"Voy a aprovechar las ventajas que me ofrecen", piensan. "¿Por qué esforzarme tanto si el trabajo no me corresponde"?

"¿Por qué competir por un trabajo? Tarde o temprano la subvención llegará y obtendré el trabajo sin ningún esfuerzo".

Estas son algunas de las actitudes del "soy una minoría":

"Todos los angloamericanos son racistas. Aunque esté más calificado, no obtendré el trabajo".

"Nunca trabajaré en una firma propiedad de 'anglos'." No hay ninguna oportunidad para los latinos".

"Los que más tienen me deben dar algo".

"Quizá todos los hombres son iguales, pero hay unos más iguales que otros, y yo no soy uno de ellos".

8. El "sonso"

Una vez más, su pasado moldea su carácter. Los "sonsos" son gente demasiado temerosa de competir y demasiado vulnerable para alejarse del lugar donde nacieron. Se sienten a gusto entre "mi propia gente" y seguros con otros "sonsos" para quienes el énfasis es en la seguridad y no en la oportunidad.

En muchas ocasiones, son trabajadores e inteligentes, pero prefieren hacerse los tontos para evitar que la gente piense que son acometedores, innovadores o que tienen iniciativa propia. La idea de buscar una oportunidad o de enviar a sus hijos a estudiar lejos les resulta aterradora. Después de cualquier fracaso, aunque hayan sido culpables, fingen ignorancia. "Pero es que yo no sabía", suelen decir. "No es mi culpa".

Esto es lo que posiblemente el "sonso" piensa:

"No me culpen".

"¿La oportunidad de un trabajo en Nueva York? No, gracias, estoy muy bien aquí en mi pueblo".

"Se puede aprender lo mismo en cualquier universidad que en Harvard o en otra de esas universidades encopetadas".

"Allá en mi tierra todo era sencillo. No sé por qué a mis viejos les dio por irse para venir aquí".

"Me conformo con lo que tengo".

"Cuando te busque tu jefe, desaparécete".

"Cuando la oportunidad te toque a la puerta, no la abras".

¿Se reconoce usted en alguno de estos estereotipos? Estoy seguro que sí, puesto que somos humanos y en algún momento de nuestra vida nos hemos sentido poderosos, impotentes, confiados en nosotros mismos, tímidos, vacilantes, perezosos, trabajadores, arrogantes, a la defensiva, despreciables, importantes e insignificantes. Pero si está convencido de que cae en uno de los estereotipos mencionados anteriormente —y que es un "patrón" o un "trabajador" y no es solamente alguien con esas características —entonces deberá tratar de cambiar.

¿Cómo cambiar estas actitudes?:

- Examínese a conciencia y con honestidad para ver si, en efecto, pertenece a uno de esos estereotipos. Pregúntele a su familia (aunque esto resulte difícil), a sus compañeros de trabajo y a sus amigos. Se sorprenderá de cuán útiles pueden ser sus opiniones si lo hace de una manera sincera y no se pone a la defensiva cuando hablen.

- Entrénese a conciencia para ser lo contrario de lo que es. Conténgase cuando caiga en un hábito.
- Observe el comportamiento de otros para ver lo que está haciendo o dejando de hacer.
- Internalice su entrenamiento para que verdaderamente pueda cambiar su actitud y recurra a la que sea más adecuada para el momento preciso. Cuanto más conozca los diferentes tipos de personalidades, más fácil le resultará ser tolerante con la gente.
- Crea en usted y en la humanidad. Usted no es diferente a los demás. Nadie es perfecto. Nadie tiene el monopolio sobre la bondad, el poder y la autoestima. La mayoría de sus colegas saben bien que si cambia positivamente, ellos también se beneficiarán. Cuanto más dispuesto esté a trabajar con otros, más dispuestos estarán ellos a trabajar con usted y para usted.
- No copie ninguno de los estereotipos que he descrito antes. Consulte el capítulo cuatro, donde hablo de las características de un latino triunfador, y sígalas al pie de la letra.

CAPÍTULO 4

LOS DOCE RASGOS DE LOS LATINOS TRIUNFADORES: USTED PUEDE SER COMO ELLOS

Cuando concebí *El sueño americano*, era precisamente este capítulo el que más quería escribir. He pasado aproximadamente cuarenta años en el mundo de los negocios y he conocido innumerables hombres de negocios exitosos. Todos ellos comparten algunas, o la mayoría, de las características que describiré en este capítulo. He tratado de entender y emular tantos de estos rasgos como me ha sido posible en mi propia vida. Para ser verdaderamente exitoso, usted también deberá emularlos. Si lo hace, mi libro habrá cumplido con su objetivo fundamental.

Las características de éxito son, por supuesto, compartidas tanto por angloamericanos como latinos. Sin embargo, aquellos no desmayan en su carrera hacia el éxito. Ellos, no nosotros, desarrollaron la mística del éxito sobre cualquier otra cosa. Es su creación. Si queremos competir, debemos adaptarnos. Debemos querer ser el número uno. La filosofía de los negocios del estadounidense es "acabar con la competencia", "ganar es todo", y "el primer lugar es el único que vale". Como ya se dijo, la diferencia radica en que fuimos acondicionados para no rendir al máximo. Nosotros, descendientes de esclavos y conquistadores, tenemos una actitud de supervivencia ante los negocios. En Estados Unidos esto no es suficiente. Usted tiene que tomar la decisión entre competir o no competir. Si quiere competir, continúe leyendo.

I. Los latinos exitosos saben lo que quieren, creen en su capacidad para obtenerlo y creen que merecen triunfar

Todo comienza con creer que usted merece triunfar. Luego debe fijarse una meta. Para lograr sus metas, primero debe creer que es posible alcanzarlas. Debe creer en esta realidad con tanta pasión que nada lo pueda disuadir. Sus metas tienen que ser mucho más específicas que "quiero muchas riquezas" o "quiero ser feliz". Todo el mundo quiere esas metas, pero son tan generales que prácticamente carecen de significado. Formule las suyas de forma clara, específica y definida —exclusivamente para usted—, haga que emanen de su pasión por la vida y de sus deseos más fervientes. Deben ser metas que tengan un determinado límite de tiempo ("Voy a obtener Y en X años") y que, una vez alcanzadas, lo lleven tras otras metas en los años por venir.

Las metas no tienen que ser necesariamente monetarias —el dinero no es todo—, pero pueden ser para mejorar otras vidas. Pueden ser para usted mismo, sus hijos, sus amigos o la comunidad. Es probable que en muchas ocasiones no vea el camino que lo conduzca a la realización de su sueño. Pero éste aparece repentinamente, como si alguien lo hubiera construido para usted por arte de magia. Una vez lo conozca, el camino hacia el éxito puede dar giros insospechados y vueltas antes de que usted llegue a su destino; pero si la meta permanece constante, ésta será el faro que lo mantenga en rumbo. Mi primera meta en los negocios fue ganar suficiente dinero con mis habilidades artísticas para poder sostener a mi familia. La segunda fue crear el estudio de diseño más grande del sur de Texas. La tercera fue crear la agencia de publicidad hispana más grande de San Antonio. La cuarta fue crear la agencia de publicidad hispana más grande de Estados Unidos. Las logré todas dentro del tiempo que les había asignado. La meta en la que me estoy concentrando ahora es establecer la primera agencia multiétnica de Estados Unidos que se dirija específicamente a latinos, asiáticos y afroamericanos.

En cada caso, me di cinco años para lograr mis metas; después me dediqué durante un corto tiempo a fijarme una nueva. Cinco años me parecen los adecuados, pero tal vez usted quiera darse plazos más o menos cortos. Esos períodos deben ser lo suficientemente largos para asegurarse de que la meta es "grande", pero no tan largos que parezcan una eternidad. Unas vacaciones para el verano próximo o un guardarropa nuevo son buenas metas, pero no son las grandes metas que estoy describiendo. No son de la categoría que sirva de "faro".

Cuando hablo de metas con gente de éxito, todos están de acuerdo en que también tenían una en mente mucho antes de alcanzar las posiciones que tienen hoy:

- Henry Cisneros, ex Secretario de Desarrollo y Planeación Urbana y actual presidente de Univisión, tenía el deseo imperioso de ser el mejor servidor público en la política estadounidense antes de cumplir cuarenta y cinco años.

- La novelista y poeta Sandra Cisneros (no tiene ninguna relación con Henry) estaba resuelta a publicar su primera obra literaria antes de graduarse de la universidad. Después quiso ser la escritora latina más conocida de Estados Unidos.
- Johnny Gabriel, uno de los negociantes más generosos y exitosos de San Antonio, se ha fijado varias metas con su esposa Rosalee: hacer que su compañía ocupe un lugar destacado, ayudar a que los jóvenes se eduquen y conducirse con total integridad para honrar a su familia, a sus hijos y a su apellido.
- Al Aguilar, mi ex socio, quería estar en la cumbre del campo publicitario hispano antes de llegar a los cuarenta años. Al se siente sumamente orgulloso de su ascendencia y su herencia latinas. A él le parecía injusto que los latinos fueran tratados de forma diferente a otros en publicidad o que los presupuestos para ellos fueran menores que los de los angloamericanos ("¡Un latino vale lo mismo que un gringo!"). En una ocasión obtuvo un presupuesto de $930,000 de Coca-Cola para producir un comercial que mostraría a latinos tomando la bebida en Nueva York, Texas, Florida y California. Él aducía que se necesitaban cuatro equipos para la filmación para poder lograr autenticidad, y Coca-Cola aceptó. El anuncio fue considerado como el más hermoso y efectivo jamás hecho para una audiencia latina. Para la agencia Bromley Aguilar es motivo de orgullo. Para Al fue sólo un día más de trabajo.

Mi ejemplo favorito de una meta hecha realidad es el de Lou Agnese. Lou es nacido en Brooklyn, pero ha vivido tanto tiempo en el sudoeste que dice ser más latino que los latinos. Su caso ilustra exactamente el tema de este capítulo.

Lou había sido nombrado presidente del Incarnate Word

College, en San Antonio. Era una universidad pequeña y, al igual que muchas instituciones privadas, el número de estudiantes que se matriculaban había disminuido paulatinamente durante los últimos ocho años. Lou se hizo el propósito de cambiar completamente esa tendencia. Creía, con todo su corazón, que podía hacerlo y sabía que la publicidad era la clave. Todo lo que necesitaba era una campaña publicitaria de un millón de dólares ¡y los estudiantes vendrían en tropel!

Por supuesto, no tenía un millón de dólares. Es más, no tenía nada. Pero tenía una meta y una idea. Vino a verme en busca de ayuda.

—Vamos a intercambiar tiempo en los medios informativos por becas —me dijo—. Un canal de televisión me da tiempo de emisión por valor de $250,000. Ellos, a cambio, se quedan con becas por el mismo valor. Necesito que me ayudes a hablar con los canales.

—La idea es pésima, Lou —dije—. !Estás bien loco! ¿Para qué querría un canal de televisión todas esas becas?

—Para dárselas a estudiantes que las merezcan y que no tengan recursos. ¿Qué hace uno con las becas?

—¿Dónde van a encontrar a los estudiantes?

Lou sonrió.

—Ellos no tendrían que hacerlo. Yo lo haría. Eso es lo mejor de todo. Ellos obtendrían la gloria, la buena publicidad y yo encontraría a los estudiantes.

Yo no estaba convencido y se lo dije.

—Vaya —dijo Lou—. Así lo hice en Sioux City. A la prensa les encantó la idea y dupliqué el número de matrículas de la universidad que dirigía.

Yo no lo podía creer.

—¿Dio resultado en Sioux City?

—Así es.

—De acuerdo —suspiré—. Te ayudaré.

Dio resultado en San Antonio también. El número de matrículas se duplicó en cinco años; en diez, se triplicó. Por sus logros, Lou fue invitado a la Casa Blanca. Tiempo después, mientras nos felicitábamos mutuamente por el éxito, me hizo una confesión: "Jamás hice eso en Sioux City. Necesitaba que me creyeras, así que te dije una mentira piadosa. Me creíste y salvamos la universidad".

No soy partidario de las mentiras (aunque lo que hizo no fue algo tan terrible), pero admiro el sentido común, la determinación y la objetividad de Lou. Él sabía exactamente con cuánto tiempo contaba. Sabía en qué proporción quería aumentar las matrículas, y lo logró. En ese entonces, me parecía una meta inalcanzable. Pero para él era totalmente realista. Por eso lo logró.

Si usted conociera a estas personas se daría cuenta de que todas ellas se fijaron metas en campos en los que previamente ya habían demostrado talento, que las alcanzaron con mucho esfuerzo y que sus metas nacieron de una pasión interna, de un fuego que los llevó de la adversidad al éxito.

Según lo expresado anteriormente, no es suficiente decir "quiero ser feliz", "quiero estar saludable" o "deseo que mis hijos crezcan en mejores condiciones que yo".

Aquí cito algunos ejemplos de mis metas específicas. Prepare una lista similar para usted:

- "Voy a establecer la agencia de publicidad hispana más grande de Estados Unidos antes de que termine 1995".
- "Voy a transferir el manejo a mis socios, asegurándome así un ingreso seguro de por vida y estabilidad para mi familia".
- "El año próximo estaré más saludable y más robusto que en el actual. Me someteré a un chequeo médico cada doce meses. Voy a mejorar mi fortaleza física, mi flexibilidad y mi resistencia cardiovascular. No comeré más de

30 gramos de grasa al día, tomaré con moderación y practicaré la meditación para reducir el estrés".

- "Voy a participar en las actividades escolares de mis hijos, alentándolos a cada paso. No los criticaré. Me propongo amarlos y ayudarles a forjar su autoestima. Les forjaré raíces".

Si su meta es realista, seguramente la alcanzará. Permita que su faro lo guíe. Su luz irradia verdad.

2. Los latinos exitosos no son "profesionales hispanos"

Aquí tenemos la antítesis al "*soy una minoría*". Estas son personas que se sienten genuinamente orgullosas de ser latinos y que utilizan su ascendencia no como un pretexto o una muleta sino como una fuente de inspiración. Existe una gran diferencia entre querer ser, por ejemplo, el escritor latino más conocido y ser un escritor que cree que merece que sus obras sean publicadas por el mero hecho de ser latino.

Henry Cisneros, por ejemplo, utilizó su ascendencia latina como un trampolín para su ascenso político, pero para el presidente fue obvio que nadie estaba mejor calificado, no importa cual fuera su raza. Fue una ventaja que Henry pudo también representar al diez por ciento de la población estadounidense en el gabinete. Roberto Goizueta, presidente de Coca-Cola, no dependió de los subsidios gubernamentales para las minorías. Confiaba en los aspectos del carácter latino que le eran naturales: trabajo duro, lealtad, honestidad, devoción por la familia y valores cívicos. Estas características eran parte de su herencia y convencería a la gerencia para que lo ascendieran. Una vez que fue ascendido, demostró ser capaz —el más capaz —y así llegó a la cima.

Los latinos de éxito no están resentidos por su etnicidad. No necesitan "títulos". No se quejan de prejuicios —"pobre de mí" —o de "la participación de las minorías" (aunque no están ciegos al prejuicio y luchan con denuedo para que haya una presencia latina en el mundo de los negocios) y no consideran que tendrán éxito o fracasarán debido a su etnicidad.

Ellos triunfan porque tienen determinación y son capaces de competir en un mundo real, aunque sea un mundo angloamericano. Alcanzan su posición por su confianza y entereza, no gracias a que el gobierno o alguna compañía que debía llenar una "cuota minoritaria" se le cedió. Se proponen ser los mejores en su campo. Saben quiénes son y de dónde vienen. Quieren que su éxito sea una fuente de motivación para otros latinos; quieren dar un ejemplo.

3. Los latinos exitosos no llevan el peso del mundo sobre sus hombros

Ellos se han despojado de los fantasmas de su pasado, mas no de sus glorias. Si acaso hablan con acento, ¡lo hacen con orgullo y con clase! Si su tez es morena, la exhiben con honor. No piensan en los desaires, sino en las posibilidades. Creen que los prejuicios no son importantes para su propia situación. Si se encuentran con alguien prejuicioso, sienten pena por él, mas no por ellos mismos. "Pobre alma ignorante", me decía un compañero cuando un sargento nos llamó "spics" en un campo de entrenamiento. El epíteto racial no lo doblegó; es más, él se esforzó más que nunca y se graduó con honores. Conscientes a profundidad de su herencia, los latinos de éxito saben que cuando las raíces son profundas, también lo es el orgullo.

Un elemento esencial para el éxito del latino es saber que

cuando el bagaje cultural que portamos se vuelve muy pesado, debemos descartar las partes negativas y dejar las positivas para desplazarnos más rápido y poder llegar más alto. Una vez que las descartemos, somos libres para alcanzar nuestras metas, de tener confianza en el futuro y en nosotros mismos.

4. Los latinos exitosos son optimistas

Mateo y Angela García llegaron de Cuba sin un céntimo hace más o menos treinta años. Él montó un pequeño negocio de muebles usados, aunque tenían que limitarse en extremo para poder salir adelante. Ella se hizo cargo del hogar, tal y como se acostumbra entre los latinos. Juntos llenaron de amor y de sueños a sus hijas, Elizabeth y Felicita.

Él era un optimista nato, ella una pesimista (los opuestos se atraen). Cuando llegó el momento en que Elizabeth ingresara a la universidad, Angela dijo que su hija no debía estudiar lejos de casa. "Ni Dios lo quiera", dijo. "Podría sufrir en un mundo hostil; además, puede aprender lo mismo en una universidad estatal que lo que aprendería en una de esas universidades lujosas que no tienen nada sino estudiantes ricos y esnob". Sin embargo, Mateo insistió en que aceptara la beca que le había otorgado una universidad que se encontraba a 3,000 millas de distancia.

Mateo se salió con la suya y Elizabeth ingresó a Stanford, y luego asistió a la Facultad de Derecho de la Universidad de Yale. Se convirtió en una prestigiosa abogada, especializada en fusiones y adquisiciones. Ganaba $500,000 al año y en una Navidad sorprendió a sus padres con un gran regalo: una casa nueva cerca a Miami Beach.

Angela estaba horrorizada. Para ella, eso no estaba bien. "Nosotros no merecemos esta casa", se lamentó. "No podemos aceptarla. No quiero aprovecharme del éxito de otra persona, ni siquiera del de mi hija".

"Por supuesto que sí la merecemos", dijo Mateo. "Nosotros la educamos. Ahora ella ha podido mostrarnos lo orgullosa que está por la forma como lo hicimos. Por supuesto que nos ganamos la casa. Su éxito es nuestro éxito".

Para mí, este caso representa la diferencia básica entre el optimismo y el pesimismo. Ambos padres compartían la misma historia y habían vivido la misma vida, pero sus puntos de vista eran completamente diferentes. Uno era positivo, el otro negativo. Cuando su hija menor, Felicita, abandonó la universidad para montar su propio negocio, Angela pensó que era una tragedia; Mateo consideró que era una oportunidad. "Significa que tiene un espíritu independiente", dijo. "Trabaja por su cuenta haciendo lo que más le gusta. Va a tener tanto éxito como Elizabeth; sólo espera y lo verás". Así pues, esta niña es ahora una alta ejecutiva en el mundo del espectáculo. "Te lo dije", afirma Mateo.

La actitud influye en los resultados finales. ¿Recuerda a Lou Agnese? Su optimismo continúa mucho después de haber alcanzado su meta. Incarnate Word es ahora una universidad de prestigio y Lou ha convertido parte de su recinto, que ha sido expandido, en un centro educativo de confluencia internacional. La universidad, siempre en ascenso, es ampliamente reconocida. Es más, la revista *Business Week* la catalogó como la número uno de la nación en su categoría.

La revista *Psychology Today* publicó un reciente estudio que dice que el optimismo es parte de nuestra estructura genética, es decir, que está predeterminado en el momento de nacer. Quienes nacieron con él lo llevan durante sus años escolares ("Me fue mal en este examen, pero en el siguiente saldré muy bien"), en sus relaciones ("Esta es la esposa para mí. Tendremos un feliz matrimonio"), en la adversidad ("Hoy perdimos, pero ganaremos mañana") e incluso en la vejez

("Más sabe el diablo por viejo que por diablo"). No importa lo que suceda, siempre encuentran el lado positivo; para ellos el vaso siempre está medio lleno, no medio vacío.

Pero no estoy convencido de que la única manera de que puede ser optimista es heredando esa característica. Puede ser aprendida; es más, debe ser aprendida, si queremos tener éxito. Considero que es el más importante de todos los rasgos enumerados en este capítulo, pues sin ella usted no puede empezar a planear, no puede mostrar una actitud positiva en una reunión o una entrevista, no puede atraer clientes, no puede competir en los negocios y es difícil que se recupere ante el fracaso.

Al principio, debemos forzarnos prácticamente a tener una mentalidad optimista, practicando el optimismo como practicaríamos golf o un idioma extranjero. Puede que al principio sea difícil, pero el optimismo se puede volver constante y natural a tal punto que no pensemos más en él.

Conocimos a un tipo de optimista en el capítulo anterior: "el aventurero". Sin embargo, ahora me refiero a un optimismo basado en la realidad, no en sueños. Los verdaderos optimistas ven una situación y reaccionan de manera positiva ante ella, ya sea buena o mala. El éxito en la vida es la prueba de una personalidad optimista, tanto en los estudios, en una carrera, en las relaciones sociales o en la vida personal.

Los pesimistas siempre hablan de las cosas que no andan bien en la vida —"Nunca puedo avanzar"—, de lo mal que fueron tratados por otros, de las injusticias de la vida, de la recesión venidera, de la inevitabilidad de la guerra, de la difusión de las enfermedades. Se recrean en las desgracias de los demás. Si un cliente se enoja con ellos, buscarán otro cliente, convencidos de que de todas maneras perderán el negocio.

Los optimistas creen que el mundo es justo, que la humanidad es benévola, que tienen buenas oportunidades como los demás, que la economía es buena y, además, mejorará. Asimismo, están convencidos de que la diplomacia puede evitar el conflicto armado y de que se encontrará un remedio para las enfermedades. Se regocijan con el éxito de los demás. Si un cliente se enoja con ellos, aprovecharán la oportunidad para aclarar el asunto, redoblar sus esfuerzos para agradarle y utilizarán ese diálogo para acercarse más a él. Están convencidos no sólo de que mantendrán al cliente, sino también de que aumentarán los negocios con él.

Herb Kelleher, presidente de Southwest Airlines, evita darle trabajo a alguien que se queja de no haber sido tratado bien por su jefe anterior. "Nuestros solicitantes deben tener sentido del humor", afirma. "Deben tener una actitud positiva, una actitud que resuelva problemas. Los detalles técnicos se los podemos enseñar; la actitud adecuada, imposible. Así que debemos buscar eso".

5. Los latinos exitosos confían en los demás

Este es el rasgo más controversial y sobre el que más disienten mis amigos cuando lo comento con ellos. La mayoría dice "no, señor, antes de confiar en alguien, ¡estúdialo, investígalo!", como si se tratara de las investigaciones que el gobierno lleva a cabo con frecuencia con empleados potenciales. "Se puede confiar en algunas personas, no en otras", dicen, "¿y cómo saber en quién confiar y en quién no? Es mejor ser cauto que lamentarse".

Aparentemente, este parece ser un enfoque razonable y sensato. Sin embargo, es contraproducente a la larga. Demasiada precaución y desconfianza producen más precaución y desconfianza hasta tal grado que todo el mundo se vuelve desconfiado. Yo creo que el 99.9 por ciento de las personas quieren ser dignas de confianza y honestas. Si uno es honesto y digno de confianza, la gente le corresponderá. Pensar lo peor trae como consecuencia obtener lo peor. Es más productivo emplear el tiempo que uno gasta sospechando lo peor para planear empresas futuras. No estoy diciendo con esto que no deba leer muy bien un contrato antes de firmarlo o que no pida recomendaciones antes de emplear a alguien. Pero si supone que puede confiar, entonces ¡*puede* confiar! Nos estamos refiriendo aquí a la *actitud*. Usted lee un contrato para obtener más detalles, no para ver si alguien quiere aprovecharse de usted. Solicita referencias para tener una perspectiva más amplia de una persona o, sencillamente, para confirmar una impresión favorable que se formó de ella.

Empecé a ser confiado durante mis primeros años como empresario. Acabábamos de abrir un estudio de diseño en una oficina en un sótano en la esquina de las calles Brooklyn y St. Mary, en San Antonio. La oficina que estaba localizada encima de la nuestra era ocupada por un fotógrafo. Él y yo nos hicimos buenos amigos. Una mañana, cuando me invitó a tomar café, me percaté de algo curioso. La puerta principal de la oficina tenía protección triple: una cerradura corriente, un candado y un cerrojo. Cada cajón del escritorio tenía candado; el teléfono estaba en uno de los cajones, también con candado. Supuse que eso era para evitar que alguien —tal vez de *nuestra* oficina —hiciera llamadas de larga distancia a escondidas cuando él se encontraba fuera. En muchas ocasiones, el teléfono timbraba mientras él se encontraba en el cuarto oscuro y cuando abría el cajón para contestarlo, enmudecía. Para él todo esto no era más que "tener *precauciones*". Perder algunos clientes, decía, era parte del precio que había que pagar si quería estar protegido.

La paradoja es que le robaron su oficina tres veces en un mismo año, mientras que la nuestra —mucho más accesible, dejada con frecuencia sin llave y con equipo igualmente valioso —permaneció intacta. Dedicaba casi la misma cantidad de tiempo en hacer reclamos a los seguros que a su oficio. Con el tiempo, se retiró del negocio. Me dijo que no quería continuar cuidando un equipo tan valioso. Ahora trabaja en reparaciones y seguramente también cuida sus herramientas con celo. Mientras tanto, nuestra agencia floreció. Este hecho significa que la confianza engendra confianza y la desconfianza engendra desconfianza.

He conocido jefes que desconfian tanto de sus empleados que están seguros de que si no los tienen bajo una vigilancia cuidadosa robarán o perderán el tiempo. Por otra parte, he conocido a otros que confian por completo en sus empleados y consideran que una actitud de cooperación, de comunalidad de metas y de *confianza* son los caminos más seguros para lograr el mayor rendimiento. En todos los casos, un jefe confiado tiene más éxito. Una atmósfera buena produce trabajo de calidad y la confianza engendra lealtad. Siempre obtenemos lo que esperamos. Si confiamos, tendemos a esperar lo mejor, y ésta es nuestra recompensa.

6. Los latinos exitosos son flexibles

Todo en la vida cambia. Lo inesperado ocurre. Aparecen sucesos insospechados y fuera de nuestro control en los negocios. El buen ejecutivo puede verse transtornado momentáneamente por un infortunio repentino o un fracaso inesperado. Sin embargo, hay que enfatizar la palabra *momentáneamente.* Ningún plan de negocios puede ser tan rígido que no tome en consideración las fluctuaciones; el hombre de negocios exitoso debe estar preparado para cambiar, si las circunstancias lo demandan, o a recuperarse de la adversidad si ésta se presenta.

La flexibilidad está basada en el optimismo. Por otra parte, la habilidad de responder rápidamente ante situaciones cambiantes es la clave de un negocio exitoso. ¿Un cliente reduce repentinamente sus pedidos a la mitad? Que no cunda el pánico. Llame primero para averiguar qué está sucediendo. Aproveche la situación para acercarse. Fije nuevos precios y un nuevo horario. ¿Qué sé yo? Probablemente el pedido se duplique para la próxima vez. ¿Por qué no? Si usted le da servicio a pesar de las difíciles circunstancias, sus pedidos podrían duplicarse en la siguiente orden.

Otro ejemplo: el precio de la mercancía ha aumentado en un cinco por ciento desde que se firmó el contrato. No se preocupe. Manténgase firme en las condiciones que ofreció originalmente; absorba la pérdida en esta ocasión. Le aseguro que habrá creado un cliente.

O digamos que ese trabajo que parecía tan "seguro" desaparece repentinamente . No se desespere. Llegará otro.

Cuando mi agencia tenía unos cuantos años de operación, mi cliente más importante era el Ejército de los Estados Unidos. Éramos subcontratistas y trabajábamos para una agencia general de mercadeo, N. W. Ayer. Teníamos la responsablilidad de "promocionar" el ejército entre el mercado hispano. El ejército representaba cincuenta por ciento de nuestro negocio. Le ofrecíamos un servicio creativo y de la mejor calidad. Pero no todo estaba bien. N. W. Ayer nos informó un lunes negro que el ejército los había despedido, lo que significaba que nosotros también estábamos despedidos. En un esfuerzo por continuar prestando el servicio, fui directamente al ejército para ver si todavía podíamos ser subcontratistas de su nueva agencia. Fui rechazado. La nueva agencia ya tenía una división hispana.

Teníamos que reorganizarnos. La solución fue reducir el número de empleados, dieciséis, a la mitad. Me reuní con mis socios y, a nuestro pesar, preparamos una lista de nombres. Unos, los que considerábamos que no eran indispensables, fueron fáciles de despedir. Los que estaban en las posiciones más delicadas fueron más difíciles de eliminar, así que decidimos hacerlo según su antigüedad. Los más recientes se irían, el resto se quedaría.

Becky Arreaga, una ejecutiva de cuenta, era una de nuestras empleadas más recientes. Sin embargo, me costaba mucho trabajo despedirla pues, con apenas veintritrés años, ya había demostrado ser brillante, resuelta, capaz y creativa. No podíamos retenerla; hubiera sido injusto con los demás.

Entré a su oficina, le expliqué las circunstancias, le entregué el cheque de su liquidación y le aseguré que ella sería la primera que contrataríamos cuando consiguiéramos otro negocio y que le daría una buena recomendación cuando buscara trabajo. Ella entendió, me agradeció y continuó con su trabajo.

Al siguiente día llegué al trabajo esperando encontrar ocho empleados. ¡Había nueve! Becky estaba en su escritorio, como si nada hubiera ocurrido.

—¿Qué estás haciendo aquí? —pregunté —. No te puedo pagar.

—Ya lo sé —dijo tranquilamente—. Pero ésta es una buena compañía. Aquí estoy bien; además prefiero trabajar aquí que en otra parte. Puedo aguantar sin que me pague por un tiempo. Haremos nuevos negocios y cuando lo logremos, me pagará de nuevo. Es más, es probable que me aumente el sueldo.

Me quedé pasmado. Se había adaptado a nuestras nuevas circunstancias con mayor optimismo que yo. ¡Y yo que me creía un modelo de optimismo! Yo creía que nadie me superaba fijando metas. Ella tuvo razón. Después de tres semanas, conseguimos la cuenta de Domino's Pizza y la empleé de nuevo . . . con un aumento. Tiempo después llegó a formar parte de los altos ejecutivos de Sosa, Bromley, Aguilar, Noble y Asociados. Ahora trabaja por su cuenta y le va mejor que nunca.

7. Los latinos exitosos visualizan el éxito

Si usted tiene una meta clara, le recomiendo que visualice exactamente cómo será su vida cuando la alcance (cómo será físicamente y cómo será el mundo a su alrededor). Es como trazar un dibujo en su mente, sin olvidar ni un solo detalle: color, forma, textura.

Aprendí esta técnica cuando Leonard Dyke me dijo que miles de personas a mi alrededor ganaban más de $40 dólares por semana. En ese entonces, yo había sido contratado para diseñar un aviso para una nueva escuela comercial. Me pedían que anunciara un curso extensivo llamado "La técnica de Napoleon Hill para alcanzar logros personales". Después de enterarme de lo que ofrecían, decidí inscribirme. Las clases no eran dadas por el famoso Hill, sino por una mujer llamada Sally Pond. Si Hill tenía más inspiración que ella, entonces seguramente podía mover montañas.

Ella decía que algunas personas pueden visualizar fácilmente. Pueden verse a sí mismas, a su familia y sus posesiones en el futuro. Sin embargo, la mayoría lo tienen que aprender y entrenarse. Le pedía a los alumnos que se imaginaran a ellos mismos después de cinco o diez años (la diferencia en el tiempo no es tan importante, pero, como en el caso de la fijación de metas, debe ser un lapso concebible.)

Busque un lugar tranquilo, aislado y siéntese solo. Desconecte el teléfono; puede poner música suave, pero no encienda el televisor o la radio. Cierre los ojos. Si usted tiene treinta años, imagínese a los cuarenta. Después, visualice un día *completo.* Comience por la mañana. ¿Quién está junto a usted en la cama cuando despierta? ¿Cómo es su habitación? ¿De qué tamaño es la cama? ¿Cómo es el tapete? ¿Los muebles? ¿Los cuadros? Ahora levántese mentalmente. Camine hacia el cuarto de baño. ¿Cómo se ve su cara? ¿Ha cambiado de color su pelo? ¿Hay arrugas alrededor de sus ojos? Camine por el corredor. ¿Hay más habitaciones a los lados? ¿Hay niños en ellas? ¿Cómo es la cocina y qué desayunará? ¿Irá al trabajo en auto? Si es así, ¿qué color y qué clase de auto es? ¿Cómo es su oficina? ¿Es usted el jefe, un ejecutivo o sólo un empleado?

Continúe con su visualización hasta que termine con las actividades de un día. Tal vez terminará haciendo el amor y quedándose dormido después de haber cenado fuera y asistido al teatro. Lo importante es que ésta es *su* visualización. Le enseñará lo que desea, cuáles son sus sueños y hacia donde debe enfocarse. Todo el proceso le llevará aproximadamente una hora (recomiendo que lo haga por la noche, antes de irse a la cama, pero cualquier momento es adecuado, siempre y cuando lo practique regularmente y sin interrupciones.)

Al principio el ejercicio puede parecerle difícil, "estúpido" y que es una pérdida de tiempo. Pero le aseguro que no lo es. Hágalo dos veces por semana y, después de un par de semanas, se volverá parte de su rutina. Además, le ayudará a estar más alerta, a establecer metas concretas, a hacer que desee algo, le dará tema de inspiración cuando las cosas anden mal y de regocijo cuando anden bien. Cuanto más lo practique, más claro será el futuro para usted y será más factible que las cosas se realicen como desea. Créame. Todavía lo hago.

8. Los latinos exitosos producen más de lo esperado, de forma consistente y con gusto

Realizar más trabajo que el asignado es un arte; es un arte que muestra una actitud, un desempeño y una perspectiva. Una expresión muy conocida dice que "se debe brindar servicio con una sonrisa". Sin embargo, estoy hablando de algo que va más allá de una sonrisa. Si entrega el trabajo solicitado un día antes de lo requerido, si proporciona tres métodos cuando debe entregar dos, si agrega un "toque especial", si añade un regalo de sorpresa, si se esfuerza al máximo para proporcionar más de lo que se espera de usted y lo hace *con gracia, con placer y con orgullo,* le garantizo que su negocio florecerá. Mantendrá los clientes que ya tiene y, además, hará que quieran comprar más (tal vez éste sea el aspecto más importante del crecimiento exitoso en los negocios.)

Durante años, mi agencia anterior trabajó con una compañía productora de comerciales para televisión llamada Match Frame. En KJS también trabajamos con ellos. Para ellos ninguna responsabilidad es demasiado grande, ninguna petición desmedida, ninguna tarea demasiado onerosa. Nos tratan como si fuésemos los únicos clientes (aunque tienen muchísimos). En caso de una emergencia durante la noche, los fines de semana o en un día festivo, sus dueños, Don White, Ken Ashe y Mike Bowie, así como sus representantes, están disponibles para nosotros.

Esta no es la compañía de producción más barata de la región, pero sus precios son razonables y la calidad de su trabajo es óptima. Siempre entregan los trabajos a tiempo y dentro del presupuesto acordado y, además, nos ofrecen *con gusto* más de lo que esperamos. Es muy común que nos sugieran técnicas de producción y ligeros cambios que puedan ahorrarnos dinero. Invierten constantemente en equipos nuevos, lo que ha hecho que la calidad de nuestros comerciales televisados también haya mejorado. Finalmente, siempre nos atienden con una actitud amistosa, innovadora y dispuesta a oír sugerencias. Como resultado, no cambiaremos de compañía, sin importar lo que la competencia ofrezca. No hay una buena razón.

Es fácil hacer más y añadir detalles que hagan que usted se destaque. Después de un tiempo, esta actitud se vuelve un hábito. Todo lo que se requiere es imaginación y entusiasmo.

Si le gusta su trabajo, lo hará fácilmente. Tendrá a sus clientes encantados y nunca lo dejarán.

9. Los latinos exitosos siempre hacen lo que dicen

En las oficinas del Superintendente de las Escuelas de San Francisco hay un letrero que dice DWYSYWD, cuyo significado en inglés es *Do What You Say You Will Do* ("Haga lo que dijo que haría"). Todos en la oficina saben lo que significa, así lo lean al derecho o al revés. Esto equivale a lo que nosotros conocemos en español como "dicho y hecho".

Buen consejo. Aun si usted no puede proporcionar ningún detalle "extra" al entregar su trabajo (y es obvio que en ocasiones resulta imposible dar nada adicional), asegúrese de que está cumpliendo con lo convenido en el contrato inicial, con su responsabilidad y con su promesa.

Tal vez le parezcan conceptos estereotipados, pero lo cierto es que es muy común entre nosotros los latinos prometer y no sentirnos culpables si no cumplimos. Esto se debe, en parte, a la renuencia inicial a decir un simple "no" y, además, porque se ha vuelto una "costumbre" en nuestros países de origen. Por ejemplo, un empresario le dice a otro: "Vamos a cenar el próximo miércoles a las ocho". "Claro", contesta éste. Los dos saben, que en el mejor de los casos, este compromiso fue superficial; es decir, que a lo mejor cenarán a las 9:30 o tal vez no cenarán. Todo depende de las circunstancias que pesen sobre el compromismo. Vemos así, que a pesar de tantas especificaciones, no es más que un intercambio de frases amables, equivalente a lo que los angloamericanos dicen vagamente: "Almorcemos algún día".

En sus países de origen, frecuentemente los latinos llegan con retraso a las reuniones de negocios. La primera vez que yo (nacido y educado en Estados Unidos) fui a una cita a las nueve de la mañana en la ciudad de México, llegué diez minutos más temprano; el hombre con quien tenía la reunión llegó 45 minutos más tarde, sonriente y sin ninguna disculpa. Yo estaba furioso (un colega angloamericano, me había aconsejado que me fuera si la otra persona llegaba más de 20 minutos tarde). ¿Es un flojo?, me pregunté. ¿O estará loco? Tal vez es dcsconsiderado, simplemente. Yo conocía algunos angloamericanos que utilizaban el recurso de llegar tarde como una forma de control; sin embargo, son muy pocos y generalmente poco exitosos. Mi enojo disminuyó cuando entendí que lo que sucedía era simplemente que mi paisano estaba aplicando a la perfección el dicho que dice que "a la tierra que fueres haz lo quc vicrcs", pero me prometí que cuando regresara a Estados Unidos sería aun más cuidadoso. No sólo sería puntual sino que también me aseguraría de cumplir al pie de la letra hasta la mínima promesa de trabajo que ofreciera: fechas de entrega, especificaciones, costos. Dicho y hecho.

Ya sabía que no debía prometer lo que no podía ofrecer. Es mucho mejor decir sencillamente "no puedo" que intentar hacerlo después de que ya se ha ofrecido un servicio. La razón por la cual muchas compañías han perdido una gran cantidad de clientes es por no cumplir lo prometido. El prestigio de que usted cumple con lo que promete es el mejor que pueda adquirir.

Lo confieso: todavía caigo en el error de ofrecer más de lo que puedo proporcionar. Este libro es un buen ejemplo; en algunas ocasiones entrego tarde los capítulos con los que me había comprometido, irritando así al editor. No soy perfecto cuando tengo que asumir nuevas responsabilidades. Predico una cosa y a veces hago otra.

Si usted se va a retrasar en la entrega de un trabajo, o va a dejar un pedido incompleto, déjeselo saber a su cliente cuanto se percate de ello. Los angloamericanos están mucho más acostumbrados que los latinos a dar malas noticias. Nosotros tenemos una renuencia profundamente arraigada a no hablar de nada que consideremos desagradable. Creemos en milagros y los milagros, si es que ocurren, se dan con muy poca frecuencia. Así pues, si algo sale mal, hágalo saber de inmediato. En muchas ocasiones su cliente le ayudará a encontrar una solución. Las circunstancias hacen que, a veces, sea imposible cumplir con lo prometido. Las personas razonables entienden eso. Le ha ocurrido a todo el mundo. Tómelo con calma.

Sólo tenga presente lo siguiente: haga lo que dijo que haría. Haga frente a los problemas de inmediato, si le obligan a faltar con lo convenido. De esta manera recuperará a sus clientes. No cumpla y sus clientes buscarán a alguien que sí lo haga.

10. Los latinos exitosos mantienen un equilibrio entre la familia y el trabajo

Hace una semana fui con mi esposa, Kathy, a ver un partido de fútbol en el que jugaba mi hijastro John. Cuando terminó el partido, vi a un niño, de no más de cuatro años, que estaba sentado solo en las graderías. Estuvo contento durante el juego, pero se puso a llorar cuando los espectadores comenzaron a marcharse al final. Era obvio que estaba asustado. Mucha gente trató de consolarlo. Sin embargo, estaba demasiado asustado para consolarse y lloraba cada vez más fuerte.

Justo entonces, su padre apareció al final de las graderías y echó a correr hacia él. El niño lo vio, gritó y se dejó cargar hasta donde estaba su padre. Él lo sentó, puso sus brazos a su alrededor y sencillamente lo abrazó hasta que terminó de llorar.

Yo estaba lo suficientemente cerca para escuchar. "Lo siento", dijo el hombre. "Todo está bien". "No pude salir del baño. No sabía que ya había terminado el partido o si no hubiera regresado mucho más rápido. Tú sabes que yo nunca te dejaría. Jamás te dejaría solo por mucho tiempo. Fuiste un buen niño al haberme esperado".

Durante esos cuantos minutos vi un padre amoroso. Hubiera podido hacer el papel de "macho" y decir: "No llores. Pórtate como un hombre". Hubiera podido sentirse avergonzado de su propia falta y desquitarse con su hijo. En lugar de ello, permitió que su hijo manifestara su miedo y esperó pacientemente a que se calmara. Sencillamente, le dio a su hijo el apoyo que necesitaba y lo consoló.

Fue un pequeño incidente, pero me conmovió mucho. Ese hombre era, primero que todo, un padre de familia. No era la clase de padre que yo fui con mis hijos cuando apenas había pasado de los veinte años y me iniciaba en mi oficio. Yo era entonces demasiado ambicioso, estaba demasiado preocupado y demasiado enfocado en tener éxito para darme cuenta de que el *verdadero* éxito se encuentra tanto en la familia como en el trabajo. Las riquezas que yo haya logrado no compensan haber estado alejado de mis primeros cuatro hijos durante años. (No cometí el mismo error con los dos últimos). Hoy llevamos una relación cercana, pero nos ha costado años de terapia familiar para sanar las heridas que yo les causé.

La compasión, el amor, el entendimiento y la importancia de la familia están plasmados en el alma latina. Irónicamente, cuando nos iniciamos en los negocios, tendemos a pasar por alto estos valores. "Compensamos" en exceso la falta de ellos, entregándonos a nuestro trabajo y sacrificando a la familia por el éxito en los negocios.

Es el error más costoso que usted puede cometer y si no

aprende nada más de este capítulo, al menos aprenda eso. Mi amigo, el doctor Fernando Ávila, es un maestro en el arte de saber combinar el trabajo y la familia. Es un anestesista de gran reputación y su trabajo es muy solicitado; sin embargo, él y su esposa Beverly saben encontrar tiempo para sus tres hijos, todos en bachillerato. Los llevan a la escuela por las mañanas, planean vacaciones, fiestas familiares y reuniones a las que son invitados todos los amigos de ellos. Designan tiempo por las noches para ayudarles con las tareas y durante los fines de semana para dedicarse a una actividad que ellos y sus amigos quieran hacer. Esta es una familia verdaderamente unida.

Lo exhorto a que anote en su calendario las "citas familiares" que debe cumplir, sin importar la índole de su negocio, y cumpla con ellas como si fueran citas de negocios. Stephan Rechtschaffen, que escribió un libro sobre la importancia de cambiar la distribución del tiempo en nuestras vidas, recomienda dedicar un día o un fin de semana para que la familia ordene lo que desea hacer, a lo cual usted debe obedecer, sin importar qué otra cosa haya planeado. Asimismo, recomienda un juego llamado "te rapto", en el que el cónyuge se lleva a su pareja sin anunciarle a dónde van.

No importa cuál sea el método que utilice, pero asegúrese de que su familia y su trabajo estén balanceados. No cometa el error de creer que podrá entregarse a su negocio por el momento y dedicarse a sus hijos cuando se jubile. Si piensa así, tal vez termine criando hijos que, como usted, sean distantes y fríos, y que otorguen más valor a "otros compromisos" que a la intimidad o las gratificaciones emocionales.

Créame. Yo transité por el camino donde sólo el negocio importa y me tomó años reparar la grieta que había causado en el corazón de mis hijos.

11. Los latinos exitosos saben delegar

Los empresarios son controlados por los negocios y se obsesionan con ellos; probablemente sea esa la razón por la que usted está leyendo este libro. Muchos de nosotros comenzamos desde abajo, sin ningún negocio heredado ni ninguna tradición de negocio a la cual seguir. Al principio lo hacemos todo nosotros: la fabricación, la venta, la negociación, la contabilidad, la solicitud de préstamos e, incluso, *barremos y trapeamos.* Pero cuando el negocio empieza a crecer, contratamos a otros para que nos ayuden.

Si pertenecemos a la categoría de los "patrones", todavía continuamos queriendo hacerlo todo. No estamos satisfechos con la gente que contratamos. "Sencillamente, no saben hacerlo bien", pensamos. Les damos órdenes y esperamos que hagan todo exactamente como les indicamos. Cuando añaden su propia creatividad al trabajo, los criticamos y los reprendemos. Es probable que sí los dejemos actuar pero, en muchas ocasiones, lo que sucede en realidad es que somos *nosotros* los que no sabemos delegar.

Sin embargo, delegar responsabilidades es un acto de esencial importancia si quiere triunfar realmente. Este factor, reconocer que usted no puede hacerlo todo y que *los otros pueden hacerlo de manera diferente a la suya,* es fundamental en su carrera de negocios.

Es natural que quiera continuar controlando. Después de todo, el negocio es su creación, su visión, su meta, *¡es todo suyo!* Al asignarles responsabilidades a otros, está permitiendo que alguien más (o que algunos más) sean parte de su sueño; usted se convierte más en una fuente de aliento que en un trabajador, se convierte en el capitán del equipo, no en el único jugador.

Recuerde: no importa qué tan específico sea usted en la manera de asignar responsabilidades a su equipo, el trabajo *jamás* se realizará exactamente de la manera que usted lo planeó. Seres individuales tienen métodos individuales y *ojos* individuales, y si tienen un poco de capacidad, forzosamente pondrán un poco de sí mismos en la tarea.

Aprender esto fue para mí un proceso doloroso. Cuando abrí mi agencia de publicidad, yo era el escritor, el artista, el productor, el contador y el vendedor. Cuando floreció la agencia, tuve que solicitar ayuda de los demás (aunque, de todas maneras, estaba dejando de lado a mi familia para poder hacer la mayor cantidad de trabajo por mi cuenta) y delegar la responsabilidad de lo que yo amaba más: la parte creativa. Mi objetivo primoridal en ese momento era conseguir nuevos clientes.

Por supuesto, yo enseñaba y supervisaba. Casi invariablemente, *detestaba* lo que el equipo creativo había producido y los hacía repetir el trabajo una y otra vez. "¡Incompetentes!", pensaba yo. Pero, ¿qué han hecho?

En una ocasión, no tuvimos el tiempo de hacer cambios. Un cliente nos había pedido que presentásemos una nueva campaña deprisa. Así que, aunque no me gustaba lo que el equipo había producido (probablemente porque no había sido *mi* idea), no tuve otra alternativa que aceptar.

—Ustedes vendrán a la junta de trabajo conmigo —dije malhumorado —. Es su trabajo. Y ya que creen que es tan bueno, lo presentan *ustedes.*

Curiosamente, en lugar de sentirse acobardados, se sintieron entusiasmados por la idea. Yo permanecí en silencio durante la reunión y ellos presentaron lo que yo consideraba era un trabajo inferior. Cuando terminaron, me volví al cliente, esperando lo peor.

—¡Maravilloso! —dijo —. Es la mejor propuesta que haya visto. ¿Dónde conseguiste a estas personas, Lionel? ¡Son fantásticos!

En ese momento crecí. Era la lección de negocios más

poderosa que pudiera aprender. Supe que, en el futuro, mi trabajo sería completamente diferente. Me dedicaría a la planeación de nuevos negocios a largo plazo y dejaría el resto a los empleados tan capaces que había contratado. Me di cuenta de que eran tan eficaces como yo aunque, tal vez, de manera diferente y también de que un equipo es mucho más efectivo que un solo individuo.

Si usted es un gerente maduro, se dará cuenta de que su trabajo principal consiste en motivar e inspirar. Se convierte así en un jefe estratega, no en un jefe artesano.

Mi héroe, el gurú de la publicidad, David Ogilvy, dijo en una ocasión: "Emplea a personas más brillantes y más talentosas que tú. Si es necesario, págales más de lo que tú te pagas a ti". He tratado constantemente de emplear a personas más talentosas que yo. Tal vez algún día les pague más. Pero todavía no.

12. Los latinos exitosos perseveran después de la derrota

El equipo de mi hijastro perdió el partido de fútbol (donde vi el niño que lloraba) por marcador de 42 a 6. Después del partido, vino con nosotros en el auto. Yo esperaba que estuviera desolado por tan penosa derrota. Sin embargo, estaba encantado. Su desempeño había mejorado mucho con respecto al partido jugado una semana antes.

El sueño de John es el de jugar como mariscal de campo para el equipo de Alabama. Este era su segundo partido como tal para su equipo. En realidad, 42 a 6 era un poco mejor que el resultado de la semana anterior, cuando el equipo perdió por 40-0. Él había sido interceptado dos veces y derribado cuatro; además, el equipo no había logrado ninguna "primera oportunidad" durante el partido. Esta semana había lanzado el pase con el que anotó su equipo, había corrido 20 yardas, era autor de cinco "primeras oportunidades" y logró que el partido se mantuviera muy reñido durante el primer tiempo. Después del partido, estudió el video que mi esposa había tomado. Todo lo que vio fue los detalles positivos. No había duda alguna: había mejorado y eso lo hacía mucho más feliz.

Las cualidades de todos los ejecutivos exitosos están ilustradas en esta historia. John es un optimista. Vio las jugadas buenas que había hecho y se concentró en ellas. Se visualizó a sí mismo como mariscal de campo y supo que mejoraría con cada partido. Estaba dispuesto a aceptar las sugerencias de su familia, y está aprendiendo de sus errores. La semana próxima, o tal vez la que sigue, o la que sigue de la que sigue, llevará a su equipo a la victoria. Llegará a ser mariscal de campo simple y sencillamente porque no permite que la derrota lo detenga.

De hecho, todo el mundo fracasa en algún momento del curso de su carrera. Pero el empresario exitoso utilizará el fracaso como una lección, analizándolo con total honestidad, y así estará mejor preparado para el siguiente encuentro.

Hace nueve años tuve una de mis mayores desilusiones en mi profesión. Un 15 de diciembre fuimos entrevistados por Gillette, la cuenta más prestigiosa que pudiéramos conseguir. Nos pidieron que presentásemos nuestras ideas el 3 de enero.

¡Se imaginan! ¡El 3 de enero! ¡Y ya estábamos a 15 de diciembre! Eso significaba que quince de nosotros deberíamos de trabajar de manera continua durante los días festivos. Renunciaríamos a nuestra Nochebuena y veríamos los fuegos artificiales de Año Nuevo desde la ventana de la oficina.

La presentación, la mejor que hubiéramos hecho, fue fantástica. Al entrar a la reunión estuvimos seguros de que obtendríamos el contrato.

Sin embargo, no lo obtuvimos. Lo obtuvo una compañía más grande y más conocida. ¿Cómo podía ser? Estábamos petrificados. Ellos *no* podían haber hecho un trabajo mejor, supusimos. ¿Dónde nos habremos equivocado?

Después de días de estudio, lo descubrimos. La presentación estuvo bien; si nos había derrotado una compañía más conocida, era precisamente *por ser* más conocida. Una empresa como Gillette no se asociaría con una agencia de publicidad que no fuera la más prestigiosa. Querían la mejor y la más grande.

Aprendimos que teníamos que concentrarnos a darle un giro positivo a nuestra agencia promocionándonos *a nosotros* antes de promocionar a los demás. Nos cercioramos de que nuestro nombre apareciera en publicaciones comerciales, les permitimos a los reporteros que vinieran a nuestras oficinas, entablamos amistad con ellos y les hablamos de nuestros métodos y decisiones. Muy pronto no sólo estaban escribiendo sobre nosotros sino que, a nuestro entender, nos estaban haciendo publicidad tras bambalinas.

Mi sueño era crear la agencia hispana de publicidad más grande de Estados Unidos. Todavía no habíamos logrado eso (éramos la quinta o la cuarta), pero nos estábamos convirtiendo en los *más conocidos,* es decir, ya íbamos por buen camino. Nos habíamos recuperado después de una derrota.

~

Usted puede ver cómo se entretejen estos doce rasgos y cómo cada uno se vuelve parte integral de un todo: el empresario exitoso. He pintado estos rasgos a grandes trazos. Tiene que hacerlos parte de su propia vida, basándose en sus metas y deseos, y en su ambición y su pasión.

Estos son los principios en los que creo y por los cuales vivo. Hágalos parte de usted. ¡Y triunfe!

CAPÍTULO 5

EL HOMBRE DE NEGOCIOS ANGLOAMERICANO: ¿AMIGO O ENEMIGO?

Muchos latinos tendemos a estereotipar a los hombres de negocios angloamericanos. Los consideramos exclusivistas, intereseados únicamente en asociarse "entre ellos mismos". Estamos tan convencidos de ello que ni siquiera *tratamos* de penetrar en su mundo social o económico. Y si lo hacemos, es con temor y desconfianza tales que nos incapacitan para alcanzar el éxito.

Debemos aceptar que nosotros también tenemos prejuicios y actitudes. Nos sentimos más a gusto si hacemos negocios con gente que se parece a nosotros, que habla como nosotros y que actúa como nosotros. Muchos estamos convencidos de que "nuestra" manera de hacer las cosas es la correcta y de que sólo "nuestra gente" puede estar a la altura de lo que esperamos.

Todos estos sentimientos son muy naturales. Mucha gente

se siente más a gusto con quien le es familiar. Por ejemplo, no hace mucho tiempo, Pat Legan, ex presidente de la Cámara de Comercio de San Antonio (una organización cuya membresía es diez por ciento hispana, en una cuidad donde los hispanos representan el sesenta por ciento de la población), me propuso una idea. Yo era entonces presidente de la Cámara Hispana de Comercio de esa ciudad, cuya membresía es cinco por ciento angloamericana. Su idea era la siguiente: crear una sola agrupación de empresarios (cincuenta por ciento hispanos y cincuenta por ciento angloamericanos) para servir mejor a nuestra ciudad. Pero, a pesar de nuestro empeño de trabajar como un solo equipo, la Cámara Hispana rechazó la idea rotundamente. "Nos comen vivos. En menos de lo que esperamos los angloamericanos nos iban a dominar", fue el argumento. Y aunque el número de hispanos y angloamericanos en la junta directiva y entre los miembros fuera el mismo, reinaba una enorme desconfianza. Para sus adentros pensaban que "ésta es nuestra cámara de comercio y no queremos que nadie más se inmiscuya en nuestros asuntos".

La verdad sea dicha, el empresario latino es tan racista como el angloamericano. Esto no tiene nada de extraordinario. Los angloamericanos se sienten seguros entre los suyos y nosotros los latinos nos sentimos igual. Pero los futuros líderes empresariales saben muy bien que muy pronto la mitad de Estados Unidos será angloamericana y la otra mitad será negra, amarilla, morena y roja. Deberán aceptar esta diversidad porque el exclusivismo pone en peligro el futuro de sus negocios.

"No es que hayamos sido intolerantes", me aseguró Pat Legan al proponerme la idea de unir las dos cámaras de comercio. "Cometimos un pecado más grande: ni siquiera pensamos en ustedes". Legan entendía a fondo este dilema, pero cuando él y los suyos pensaron en nosotros, les dimos la espalda. No es una actitud acertada. Si cambiamos nuestro modo de pensar ellos cambiarán el suyo.

Muy pocas razas se consideran racistas o intolerantes. "¿¡Yo!? Nunca podría ser racista", dicen muchos. Si tienen prejuicios raciales, no lo admiten. Se ven a sí mismos como personas rectas que "saben" que su modo de vida (o su religión o su cultura) es la correcta. En lo que respecta a los demás, lo mejor es no meterse con ellos y dejarlos que se comporten a su manera (léase inferior). Para la gran mayoría no tiene sentido tratar de conocer otras nacionalidades o entender otras culturas. No le ven ninguna utilidad. Si el color de la piel, el acento y el vestido de los otros es diferente, entonces *son* diferentes. No hay nada que hacer al respecto.

Pero no importa cuánto tratemos de hacer hincapié en nuestras diferencias externas, cada ser humano es igual en el fondo. Impulsos básicos como el amor, el deseo de tener una familia, llevar una vida segura y la nobleza de espíritu son comunes a todos los seres. Todos tenemos sueños, deseos y temores similares.

Todos queremos ser aceptados y es más fácil serlo en nuestro propio grupo que en el de otros. Todos deseamos triunfar y es más fácil hacerlo si estamos con los nuestros. Así pues, nos aislamos y adoptamos un racismo inconsciente y que nos cuesta aceptar. Sin saberlo aceptamos los estereotipos y tal vez creemos que hay algo de verdad en lo que los racistas dicen abiertamente de otros.

Hace algunos años estaba llevando a cabo un estudio de mercadotecnia para la cerveza Budweiser sobre los hábitos del hombre latino que toma cerveza. La investigación me llevó a visitar muchos bares en ciudades con poblaciones latinas. En Nueva York visité el Harlem latino, donde conocí a un gran número de hombres latinos que les gusta la cerveza.

Ya me habían advertido sobre Harlem y de lo temible que era pero, para mi asombro, me sentí a gusto allí. Aunque la gran mayoría de los hombres tenían la piel más obscura que yo (eran negros dominicanos y puertorriqueños), obviamente compartíamos las mismas raíces culturales y hablábamos el mismo idioma. Además, los hombres que entrevisté parecían disfrutar de mi compañía. Gustosamente aceptaban que les invitara una cerveza y me explicaban cuál marca preferían, por qué les gustaba tomarla y resultaban amistades al cabo de unas horas en el bar.

Visité un total de cinco bares esa tarde, tomé notas y salí del último alrededor de las siete de la noche. Era una de esas tardes frías y obscuras de marzo. Me resultó imposible conseguir un taxi y decidí caminar hacia el metro.

Repentinamente, me di cuenta de un fenómeno peculiar: las calles y la gente parecían las mismas. Los trabajadores regresaban a sus casas a cenar y los niños jugaban en las calles, pero todos hablaban inglés. Había llegado al Harlem negro. Los transeúntes eran afroamericanos. De pronto me sentí inseguro y mi tranquilidad desapareció. Ya no creía que ése era mi lugar.

"Dios mío", me dije para mis adentros, al subirme al metro, "ahora sí siento temor de estar en Harlem".

¿Por qué? Porque una sensación inconsciente de sentirme diferente y de racismo había brotado del fondo de mí.

Un íntimo amigo mío, por cierto un hombre muy creyente, tuvo una experiencia similar. Conducía por una autopista de Los Ángeles cuando, de pronto, un vehículo conducido por un joven negro se le acercó. En el auto iban otros dos jóvenes. Le hicieron señas de que bajara la ventana. Mi amigo sonrió nerviosamente y aceleró. Tomó la salida próxima, seguido del otro auto. Al llegar a un semáforo se detuvo y el auto se detuvo junto a él. Uno de los jóvenes se apeó y se acercó al auto de mi amigo. Él puso los seguros y se cercioró de que las ventanas estuvieran cerradas. Esperaba ver una pistola, pero el joven sonrió.

"Se le cayó el tapón de una llanta cuando entró en a autopista", le dijo el joven. Mi amigo había bajado la ventana para escucharlo. Se lo entregó y le dijo: "Lo recogimos y lo veníamos siguiendo para entregárselo. Usted sí que es bueno para correr".

Los dos compartimos nuestras reacciones. Nos sorprendía nuestro comportamiento y, lo que es más, nos dio vergüenza. Concluímos que los prejuicios existen en todos nosotros, en una medida u otra, no importa quiénes seamos y que la única manera de erradicarlos es estar conscientes de ellos.

~

En ningún otro ámbito se hacen tan presentes los prejuicios y los estereotipos como en los negocios. Cuando emprendimos una comisión de trabajo para la Cámara Hispana de Comercio, trabajamos arduamente para lograr que las grandes corporaciones contrataran a pequeñas firmas latinas para los trabajos que necesitaran. Visité a muchos de los gerentes de compañías angloamericanas para pedirles su cooperación.

"Pero hemos estado cooperando", fue la respuesta general. Sin duda alguna, estas firmas (donde se habían creado departamentos especiales para atraer a las minorías) habían mandado solicitudes a más de cien proveedores, en muchos de los cuales el dueño pertenecía a una minoría, para que licitaran. ¡No habían recibido respuesta alguna!

Algo no estaba bien, pensamos. Entrevistamos a los gerentes de las compañías latinas y les preguntamos por qué no enviaban las solicitudes para los trabajos ofrecidos.

"Hubiera sido inútil", nos explicó uno de los entrevistados, expresando el sentir general. "Recibí la solicitud, pero no envié ninguna propuesta. El trabajo se lo hubieran dado a una compañía angloamericana, sin importar cuál fuera mi presupuesto. Nos las enviaron sólo por cumplir".

Quedé mudo. El abismo entre los latinos y los angloamericanos era mucho más grande de lo que yo imaginaba.

En mis investigaciones de mercadeo en todo el país me había dado cuenta de que existía racismo de unos latinos hacia otros ("los cubanos son arrogantes", "los mexicanos son pobres", "los puertorriqueños son apáticos", "los centroamericanos no son tan sofisticados como los sudamericanos"). He presenciado actitudes estereotipadas hacia grupos religiosos y económicos, y hacia homosexuales y heterosexuales. En un grupo de enfoque político presencié cómo dos participantes se fueron a los puños por la forma cómo un negro había mirado a un blanco.

Pero aquel caso me parecía particularmente contraproducente. Después de todo, las compañías latinas se habían afiliado a la Cámara de Comercio con el propósito de aumentar sus negocios. Y ahora que tenían una oportunidad, la rechazaban. No tenían prueba de que las peticiones hubieran sido enviadas sólo por cumplir; todo estaba en su imaginación, creían en el estereotipo y se alejaron. ¡Increíble!

Organizamos unos talleres de trabajo para que los latinos y los angloamericanos pudieran expresar sus inquietudes y desacuerdos. Organizamos también reuniones, bailes y cenas para los empresarios y sus esposas con el propósito de que se iniciara un diálogo y nos conociéramos mejor.

Surgieron nuevos negocios, pero no suficientes. Hasta la fecha, la nueva generación que dirige la Cámara de Comercio de San Antonio sigue haciendo esfuerzos por romper con las barreras. Sin embargo, algunos latinos todavía creen que los angloamericanos se interponen en su camino; en algunos casos es cierto. Con todo, lo que cuenta en los negocios son las ganancias y, aunque usted no lo crea, el interés pesa más que los prejuicios. Si todos trabajaran unidos, el resultado sería mayores ganancias para todo el mundo.

Como latinos, *debemos* convencernos de que podemos triunfar juntos porque es cierto y porque es contraproducente negarlo. La realidad es que no existen tiranos o monstruos en el mundo. Sólo hay gente de negocios con imperfecciones que pueden ser angloamericanos, negros o asiáticos, y que aman, temen, sueñan, tienen ambiciones, fracasan y triunfan al igual que nosotros. Son dignos de nuestra confianza y amistad y, sin duda, las desean. Son humanos.

¿Cómo lograr un acercamiento con gente imperfecta?

Una forma de no lograrlo es ser pasivos, dejar que "ellos" vengan a "nosotros".

No espere a que las corporaciones le llamen. Búsquelas. Sea el primero en hacer el contacto. Prepare una lista de proyectos, muestras de sus trabajos previos y una lista de precios. Demuestre su interés por hacer más y convénzalos de que su compañía es la adecuada para el trabajo.

Espere amistad y confianza. Recuerde: uno recibe lo que espera. Si usted espera ser rechazado, lo será. Si espera que obtendrá el negocio, hay posibilidad de que así sea. De lo que estoy hablando es de la actitud, de la confianza en usted mismo y del respeto mutuo. Si usted es capaz de demostrarle su potencial al cliente cómo puede contribuir a incrementar sus ganancias, le garantizo que obtendrá el trabajo. En los negocios en Estados Unidos son las ganancias, no el racismo, lo que motiva las decisiones empresariales.

Todo esto sobre las actitudes suena muy bonito, se dirá, pero . . .

No estoy ciego. Hay intolerancia y los prejuicios y el racismo existen. No todo es tan fácil de resolver.

Le voy a dar un ejemplo. Tres pequeñas compañías (todas angloamericanas) compiten por el contrato de una corporación de las que la revista *Fortune* incluye en su lista anual. Los tres reciben una solicitud para licitar. Aparentemente, todo parece igual. Pero el dueño de una de esas compañías trabajó para dicha corporación hasta hace tres años. Se retiró con una excelente reputación y se llevó la amistad de sus compañeros. Este individuo, además de preparar una propuesta excelente, llamó a los amigos que tenía en la corporación y les hizo saber sus deseos de obtener el trabajo. Obtuvo así, información importante que los demás no tendrían porque no llamaron. El día de la presentación lo aguardaba una audiencia cordial.

Las tres compañías están igualmente capacitadas, pero ¿quién cree usted que obtendrá el contrato? ¡Adivinó! El que tiene amigos en la empresa. ¿Es esto prejuicio, favoritismo o, tal vez, buena suerte? Probablemente es una combinación de los tres. Así sucede a diario. Así sucede en su familia también. Es la naturaleza humana.

Esto mismo sucede cuando una compañía "minoritaria" compite con una angloamericana. Los angloamericanos tienen ventaja por su "afinidad" con la corporación. Es más probable que tengan amigos que les den información. Así pues, para poder competir usted tendrá que ser el mejor, el que ofrece el precio más barato o el más rápido.

El hecho es que muchas veces lo que percibimos como racismo no lo es; es más complejo que esto. Una persona tal vez tiene amigos, otra sabe cómo presionarlos o la otra habla el mismo idioma. No se puede achacar todo a los prejuicios. Si no gana, aprenda a perder y vuelva a intentarlo. El trabajo de calidad, tarde o temprano, le dará frutos. Lo único que usted deberá buscar es ser el mejor, el que ofrece el precio más barato o el más rápido. No tiene que ser las tres cosas.

Esto me dio resultados cuando monté mi negocio. Yo era

un muchacho mexicano de veintitrés años deseoso de trabajar para agencias angloamericanas en San Antonio. No tenía un título. No tenía experiencia en publicidad. ¡Trabajaba como pintor de letreros!

Pero lo que si tenía era talento, el deseo de triunfar y la motivación que me dio el curso de Napoleon Hill que había tomado y la necesidad de mantener a mi esposa y a mis cuatro hijos. Así que decidí ser el mejor artista gráfico de San Antonio, el más rápido y el que ofrecía el precio más barato. ¿Cómo podía equivocarme?

He aquí lo que hice :

- Preparé un portafolio de mis trabajos para mostrar mi calidad (el mejor).
- Tomé dos semanas de vacaciones cuando trabajaba en Texas Neon para hacer llamadas a agencias e impresores.
- Concerté cuatro citas al día por teléfono (dos en la mañana y dos en la tarde). Si una compañía no me invitaba a venir, me presentaba de todos modos y esperaba, muchas veces durante horas, hasta que me recibían.
- Garantizaba la entrega del trabajo al día siguiente a las 8 de la mañana (el más rápido).
- Garantizaba el mejor precio. Es más, les decía que el trabajo iría acompañado de una factura en blanco que podrían llenar con el precio que les pareciera justo (el precio más barato).

Hice un trato conmigo mismo: no saldría de las oficinas hasta que me hubieran dado el trabajo, sin importar lo insignificante que fuera; así podría demostrarles que cumpliría las garantías que había ofrecido.

En la mayoría de los casos las reacciones de los angloamericanos que encontré fueron éstas: "Su propuesta es muy tentadora, pero por ahora no tengo nada que ofrecerle" o "ya tenemos un diseñador gráfico, no necesitamos a otro".

Pero yo insistía: "Seguramente tiene algo de trabajo. Tal vez pueda darme el nombre de sus posibles clientes. Yo le diseñaré un logotipo y así usted podrá mostrárselos para que le abran las puertas. Me pagará sólo si le dan el proyecto". Era yo tan insistente que en la mitad de los casos obtenía el trabajo. Cuando no lo obtenía seguía visitándolos para mostrarles mis trabajos más recientes y demostrarles que tenía éxito con mis clientes.

Muy pronto tuve tanto trabajo que renuncié a mi puesto en Texas Neon. Y durante los nueve años siguientes no tuve que buscar nuevos clientes. ¡Imagínense! ¡Nueve años! Claro está que trabajaba demasiado. Durante el día recogía los proyectos y trabajaba con mi nuevo socio, Lupe García, hasta las dos o tres de la mañana para cumplir con mi garantía de entrega al otro día. Lo disfrutábamos mucho. Mis ganancias se duplicaron y el negocio levantó vuelo.

A nadie le importaba que fuera mexicano, que no tuviera un título, que mi papá fuera dueño de una tintorería o que viviera en un barrio pobre de la ciudad. Todo lo que parecía importarles era que les facilitara aumentar las ganancias. ¿Y adivine qué más? No había rastros de prejuicios, intolerancia o discriminación. Obtuve los trabajos por ser el mejor, el más rápido y el que ofrecía el precio más barato. Nuestra agencia es la mejor y muchas veces la más rápida. Pero no ofrecemos los precios más baratos. Nos hemos ganado el derecho de cobrar lo que merecen los mejores.

No existe duda alguna de que los latinos tenemos que luchar, prepararnos cuidadosamente, cobrar menos y ser los más rápidos al establecer nuestros negocios aquí en Estados Unidos.

Tal vez nos moleste, así que podemos hallar seguridad en un empleo mal pagado y en lamentarnos de las "injusticias". O podemos aceptar el reto, y la tenacidad, la paciencia y la preparación, tarde o temprano darán frutos.

El hombre de negocios angloamericano no es amigo ni enemigo. En la mayoría de los casos, *desea* trabajar con nosotros. Pero solamente lograremos convencerlo si nosotros mismos estamos convencidos de que somos tan buenos como cualquiera y, muchas veces, mejores que otros. Sólo podremos ser buenos si aprendemos a evadir las trampas que encontramos en el camino.

CAPÍTULO 6

LAS TRAMPAS: ¡TENGA MUCHO CUIDADO!

Roberto Goizueta es el más exitoso de los empresarios latinos y uno de los más prestigiosos del mundo. Tiene a su cargo la marca más famosa a nivel internacional y ha sido reconocido por la revista *Fortune* como el presidente corporativo que ha producido la mayor riqueza accionaria durante su administración. Su historia nos sirve de modelo a todos. Lo creo así porque no conozco a nadie que haya sabido esquivar mejor las trampas en las que caemos (yo identifico siete de ellas). Aunque no podamos copiarle de manera exacta, al menos podemos aprender de él.

Roberto nació en Cuba en una familia de clase media. Trabajaba como químico en una planta de Coca-Cola en La Habana y vino con su esposa a Estados Unidos cuando Castro subió al poder.

Llegaron con $40 en el bolsillo y con un artículo del que

Roberto dice era más valioso que el dinero: cien acciones de Coca-Cola. Esas acciones eran "diez veces más importantes que cualquier otra cosa en mi vida", dice. "Eran un as en mi manga. Me di cuenta de que era lo único que yo tenía. Al mismo tiempo, hacía surgir en mí un sentido de humildad, un sentido de que las cosas materiales no eran importantes".

Sus acciones eran para él como un talismán. Eran algo tangible y lo único que tenía para asirse. Además, lo hacían sentir que era dueño, en alguna medida, de una gran compañía, aunque sólo fuera de una parte infinitesimal.

Las llamó su "patrimonio accionario" y desde el momento en que llegó estuvo convencido de que su misión era hacer crecer ese capital, no sólo para sí mismo, sino para *todos* los accionistas. Creía que para ayudar a aumentar el valor de las acciones de Coca-Cola, tenía que *trabajar* en la compañía; logró su propósito y obtuvo un empleo (con un salario bajo) en el departamento técnico. De ahí fue promovido a posiciones en el departamento legal, en el de asuntos externos y en el de administración. En todos ellos hizo de la integridad su lema. "Nunca me fijé una meta precisa", dijo tiempo después, aunque su deseo de lograr más y cada vez más permanecía constante. "Siempre estuve convencido de que al hacer las cosas lo mejor que uno pueda, tarde o temprano alguien se dará cuenta. Lo único que te resta es esperar que sea más temprano que tarde". En su caso, alguien se dio cuenta. A Robert Woodruff, presidente corporativo de Coca-Cola desde 1950 hasta el principio de los años ochenta, le gustaba el estilo de Roberto, su ética de trabajo y su curiosidad sobre todos los aspectos de la compañía. Comenzó a invitar a este joven a comer para enseñarle el negocio y cambiar ideas con él. Muy pronto, los dos pasaban horas juntos después del trabajo. Woodruff descubrió que podía confiar en su "protegido" y hablar con él de manera honesta y franca, aunque a veces no estuviera de acuerdo con su jefe. Lo que a Woodruff le gustaba de manera especial era la tenacidad de este joven, así como su respeto por la tradición y el decoro.

Esta relación se volvió tan estrecha que Woodruff lo fue moldeando como su sucesor y en 1981, cuando se retiró, Goizueta se convirtió en presidente mundial de Coca-Cola.

Ahora podría alcanzar su meta. Entre 1981 y 1996 generó 59 mil millones de dólares en dividendos adicionales para los accionistas de Coca-Cola. Eso es más de lo que ningún otro presidente corporativo haya logrado en la historia de Estados Unidos. ¿Qué les parece *eso* para un ejecutivo latino en Estados Unidos?

Hace tres años, Goizueta pronunció el discurso de apertura de la Convención Nacional de Empresarios y Empresarias Latinas. Se dirigió a nosotros en un español elocuente. "He venido a hablarles, no como presidente de una organización mundial", dijo, "sino como otro empresario latino más. Vengo aquí como uno de ustedes".

La verdad sea dicha, no era *exactamente* como nosotros. Era bastante más imponente. Sin embargo, nos hacía recordar a todos nosotros que cualquier grado de éxito es posible para los latinos en el mundo de los negocios. Aunque no hizo ostentación de su ascendencia latina, yo estoy seguro de que está orgulloso de ella. Tipificaba allí a un hombre de negocios corriente; había sabido reconocer tempranamente lo que es importante y, enfocado en su meta, fue capaz de esquivar las trampas que se encuentran en el camino al éxito de los hispanos en los negocios. "Muchos ejecutivos pueden intelectualizar el proceso", afirma F.M. Fisher, presidente de Eastman/Kodak. "Roberto puede llevarlo a cabo".

Roberto Goizueta evitó diversas trampas en su ascenso en

Coca-Cola. Existen otras trampas a las que él no tuvo que hacer frente, pero quizá usted sí lo tendrá que hacer.

Un resentimiento llamado "no quieren a los latinos"

Cuando Roberto y su joven esposa llegaron a Estados Unidos no hablaban inglés ni conocían gente importante. Pudieron haber expresado amargura y haber dicho: "Aquí no quieren a los latinos, así que podemos esperar poca ayuda"; pudieron haber expresado amargura y desilusión, o haber perdido el rumbo. Sin embargo, continuaron hacia adelante y, concentrados en su meta y en pos de comenzar una nueva vida en el mundo de los negocios, se "olvidaron" de su ascendencia, aunque en el fondo significaba mucho para ellos.

Roberto sabía que para poder aumentar el rendimiento de sus acciones de Coca-Cola, la marca de refresco número uno en el mundo, no podía involucrarse en un negocio pequeño; tenía que ir a la fuente misma de las acciones y trabajar desde dentro. Tenía una meta precisa y estaba convencido de ser tan bueno como cualquier otro; sabía que si trabajaba y estudiaba, y se dedicaba con esmero a hacer realidad su visión, las cosas se desenvolverían solas y obtendría el triunfo como recompensa. Los demás se darían cuenta de lo que estaba haciendo, se darían cuenta de *él*, no porque fuese latino, sino porque sus logros eran tan buenos o mejores que los de sus colegas.

Tuvo altibajos en la compañía. Coca-Cola sufrió pérdidas colosales cuando introdujo la nueva Coca-Cola "mejorada" en una nación que estaba acostumbrada y prefería el refresco original. Él y su equipo gerencial tuvieron que admitir la falta de visión. Se reorganizaron y fijaron metas nuevas. Estaban seguros de que a través de un nuevo enfoque de mercadotecnia compensarían las pérdidas. En ningún momento fabricó excusas. Ni siquiera cruzó por su mente pensar que "la prensa le está haciendo mala publicidad a Coca-Cola porque soy latino" (por extraño que parezca, algunos latinos culpan tales reveses a su etnicidad). Esta mala experiencia simplemente fue aceptada como una oportunidad de aprender y de caminar hacia un futuro mejor.

Yo creo que Roberto se encontraba en sus mejores condiciones en ese momento. Con mucha frecuencia me he encontrado con latinos que culpan a otros cuando las cosas se ponen difíciles. Si cree que el mundo está en su contra, por supuesto que lo estará. En el fracaso, generalmente usted es el único culpable; en el éxito puede llevar buena parte del crédito.

Una mina llamada "la minoría está en desventaja"

Ciertamente, Roberto Goizueta no se dejó amilanar por pertenecer a una minoría, pero ello tampoco le ayudó. Idealmente, por supuesto, la raza no debería tener importancia ni para conseguir empleo ni para lograr éxito.

No obstante, muchos latinos utilizan su etnicidad como vía hacia las riquezas. Han puesto su confianza en programas del gobierno, que cada día se hacen más difícil de obtener, y una vez que obtienen algo de ellos, se olvidan de ser competitivos. Bajan la guardia, sin considerar que este apoyo es sólo un "empujón" para arrancar. Se les olvida que, al igual que en todo contrato, un contrato con el gobierno tiene un límite de tiempo o que una vez que éste expira, "se acaba la papa".

Tengo un amigo que obtuvo uno de los mejores contratos del gobierno por medio del programa de reservas 8A; tenía que proveer asesoría a las bases militares de todo el país. Era un contrato enorme que le permitió que él y su familia se dieran la gran vida . . . durante diez años.

Había una fecha de rescisión en el contrato. Expiró después de un decenio, tiempo que el gobierno consideraba suficiente para que mi amigo hubiese creado un negocio propio. Pero él olvidó que había una fecha de rescisión, o bien prefirió negarse que la fecha se aproximaba. No hizo mucho por tratar de encontrar nuevas vías para su negocio y creyó que el contrato sería renovado. No realizó ninguna innovación que pudiera atraer inversionistas una vez que el contrato terminara.

Así que, exactamente después de diez años de la fecha de inicio, mi amigo se encontró de pronto sin negocio. El gobierno concedió el contrato a alguien más y mi amigo no tenía adonde dirigirse ni contaba con una alternativa. Estaba horrorizado. Todavía estaba convencido de que se encontraba "en desventaja" y que, por lo tanto, merecía todavía más de lo que ya había obtenido.

Por supuesto, no hay nada de malo en aprovechar los programas de reserva; pueden ser sumamente útiles. No obstante, debe recordar que no son más que para iniciarse y que terminan. A la larga, como toda la gente de negocios en Estados Unidos, el empresario latino deberá caminar por su propia cuenta. Es más, un programa de reserva podría disminuir el paso de su carrera. Es muy probable que usted sea mucho más exitoso si desde el principio trabaja "por su cuenta". Si puede caminar sin muletas, ¿para qué usarlas? Sólo lo debilitan.

El síndrome de "no puedo con tanta burocracia"

Las burocracias existen no sólo en la política sino también en las empresas. Están tan profundamente arraigadas en los negocios como en el gobierno y se resisten al cambio. Los negocios, al igual que las agencias estatales, federales y locales, tienen sus "caminos establecidos"; aun los presidentes corporativos, como los directores, los gobernadores y los alcaldes se ven, en muchas ocasiones, incapacitados para erradicar ideas obsoletas y métodos operativos anticuados. La seguridad prevalece sobre la innovación, el pasado sobre el futuro y lo que ha dado resultado sobre lo que tal vez dará mejor resultado.

Nosotros los latinos somos particularmente renuentes a enfrascarnos en la extenuante batalla del cambio; no nos gusta retar al sistema. Nuestra herencia de esclavitud (y probablemente nuestros padres) nos ha enseñado que si "hacemos olas" y nos hacemos notar, corremos un gran riesgo. Se nos dice que estaríamos en mejores condiciones si dejáramos las cosas como están y colaboráramos con la burocracia, en lugar de hacerle frente. "Las empresas no cambian", nos permitimos pensar, "así que, ¿para qué nos esforzamos fútilmente?" "Probablemente, ni siquiera acepten los cambios, entonces, ¿para qué meterse en problemas con el sistema?"

Sin embargo, debemos cambiar nuestra actitud por dos razones fundamentales: primero, porque *podemos* implantar el cambio, si se necesita. "Juntos somos la diferencia", dicen los comerciales de Anheuser Busch. Y, segundo, porque si no nos permitimos expresarnos, jamás seremos escuchados; una parte de nosotros será silenciada y nos volveremos "invisibles".

Sé bien que esto es muy duro. Sé bien que puede llevar a la frustración. Además es cierto que es más difícil que un latino se haga escuchar en las burocracias que un angloamericano. Pero en muchas ocasiones es fácil. Muchas minorías han tenido un gran impacto en sus compañías por el simple hecho de ser minorías.

Nunca he dicho que el éxito en los negocios sea sencillo,

pero sí afirmo que es *posible* y que está a nuestro alcance. También sostengo que a menos de que estemos bien preparados para luchar por él (tomando la palabra en las reuniones, presentando nuevas ideas a la gerencia, a los clientes y a posibles clientes, recomendando cambios cuando sea menester), permaneceremos "invisibles" y pagaremos las consecuencias.

Cuando Roberto Goizueta fue nombrado presidente corporativo en 1980, sabía que la industria de los refrescos pasaba por mal momento (la revista *Newsweek* lo llamó "envejecimiento"). Se proyectaba un crecimiento mayor al tres por ciento anual y la burocracia en Coca-Cola, que había echado raíz tras largos años de éxito, estaba convencida de que este crecimiento era suficiente.

Pero Roberto *no* estaba satisfecho. Formó diversos grupos de enfoque para pedir nuevas ideas, presentó una nueva filosofía para la compañía y convenció a todos de que eran dueños de ella. Les comunicó el sentimiento que lo había inspirado al principio. Instituyó una serie de cambios en la mercadotecnia, la distribución y la producción que hicieron que la acciones aumentaran año tras año. Roberto corrió riesgos y de esa manera le dio un nuevo espíritu y un nuevo propósito a una gran compañía que se estaba fosilizando rápidamente.

Una actitud llamada "me conformo con lo que me toque"

Nuestra herencia hace que estemos agradecidos por el más mínimo favor. Querer abarcar todo no está en nuestra mentalidad latina "El que mucho abarca poco aprieta", es una actitud familiar que fue inculcada entre nuestros ancestros por los conquistadores. No obstante, Roberto sí quiso abarcarlo todo, tal y como lo han querido miles de empresarios. Usted también puede.

Aprendí en la escuela de Napoleón Hill que tratar de obtener un millón de dólares es tan sencillo como obtener mil. Todo lo que tiene que hacer es creer que será posible. No puede haber otra verdad mayor. Cuando apenas empezábamos en nuestra agencia, "el millón de dólares" al cual aspirábamos era la cuenta de Coca-Cola. Cuando intentamos obtenerla, nos dieron una oportunidad, aunque pequeña: una modesta cuota para que los representáramos en varias convenciones y elogiáramos las virtudes de sus productos y distribuyéramos literatura.

Eso nos sirvió para llegar a las oficinas principales de la compañía, en Atlanta, donde conocimos a los encargados de la mercadotecnia y la publicidad, con quienes trabamos amistad.

Durante cinco años la compañía había trabajado con una agencia con sede en Nueva York. Opinábamos que sus anuncios eran pésimos (no teníamos prejuicios). Éramos mucho más pequeños y mucho menos famosos y decidimos competir contra una agencia grande. Llevamos a cabo investigaciones durante meses. Les presentamos en sus oficinas principales nuestras ideas para sus anuncios y promociones, así como un informe actualizado de nuestro progreso con respecto al proyecto encomendado.

Coca-Cola estuvo de acuerdo que nuestros anuncios eran buenos y después de un año nos invitaron a hacer una presentación. El resultado fue que decidieron dividir la cuenta. Nosotros tendríamos las cuentas de Diet Coke y Sprite (veinticinco por ciento del negocio mundial) y la agencia de Nueva York se quedaría con la publicidad de Coca-Cola Clásica (setenta y cinco por ciento).

"No, eso no", dije. Para sorpresa de mis socios y de los ejecutivos de Coca-Cola, rechacé la propuesta rotundamente. Estaba convencido de que éramos suficientemente buenos para quedarnos con toda la cuenta.

"Lionel, ten paciencia", dijeron. "Hazlo bien con esas marcas y así podrás ganarte todo".

Yo podía entender su posición. Todavía éramos una agencia pequeña y no nos habían puesto a prueba; sin embargo, tenía la sensación de que no estaban contentos con la agencia de Nueva York, con la cual no arriesgaban mucho. Además, éramos más competentes. Mis socios podían oler la victoria, así que agregaron: "Si ustedes están de acuerdo en que somos la mejor agencia, dénos todo el negocio".

Debatimos, suplicamos y discutimos alternativas durante media hora, pero me mantuve firme. Luego los ejecutivos fueron a otra oficina a hablar en privado. Regresaron después de quince minutos. "Está bien", dijeron y nos dieron la cuenta completa. Decidieron darle el trabajo a la agencia que lo merecía. Nuestra determinación y la confianza en nosotros habían dado fruto.

En aquel entonces, la cuenta tenía un valor de cinco millones de dólares. Ocho años más tarde vale 30. En ese momento sentí que ya habíamos superado la etapa de aprendizaje y que ya no necesitábamos ser los que ofrecían los precios más baratos. Ni siquiera teníamos que ser los más rápidos en todos los trabajos, sólo los mejores. Y de esa experiencia, aprendí algunas lecciones valiosas:

- Tenga fe en usted mismo.
- Aspire a lo máximo (si es necesario, póngase una camiseta que diga "No tengo miedo").
- Una vez que se haya establecido y esté convencido de que es el mejor, establezca tarifas altas, aunque en algunas ocasiones sean las más altas; los mejores las merecen.
- Los que no están de acuerdo con sus tarifas, pero que aceptan pagarle "una vez que les haya mostrado lo que sabe", generalmente olvidan lo que prometieron. Cuando son barateros al principio, serán barateros siempre.

- Nunca haga tratos por menos dinero de lo que usted vale. Su prestigio es más importante que una venta inmediata.
- Arriésguese a que su cliente potencial escoja a otro. Si así lo prefiere, ¡déjelo! Ahórrese la frustración y el disgusto. Por supuesto que cerrará menos tratos, pero habrá mantenido altos sus estándares y sus clientes estarán más contentos de haber hecho la mejor selección.

Recuerde: estoy hablando de su actitud *después* de que ya se ha establecido. Antes de eso tendrá que comprometerse, luchar y probar lo que vale.

Un pretexto llamado "el tiempo se hará cargo de todo"

Hace veinte años, cuando me inicié en publicidad, la comunidad latina tenía un lema: "El decenio de los ochenta será el decenio de los hispanos".

En aquel entonces, en nuestra agencia estaba preparando una campaña para la cerveza Coors, así que adoptamos ese lema y los convencimos de que iniciaran una dinámica campaña que ligara a la cerveza Coors con el "Decenio del Hispano". Los anuncios salieron al aire por radio y televisión, y la venta de Coors aumentó entre los hispanos. Estábamos orgullosos de nuestro éxito.

¡No tan rápido, Lionel! También habíamos aconsejado a la Coors que incluyera ese lema en una serie de anuncios en vallas anunciadoras, que resultó contraproducente. Puesto que los ochenta habría de ser el decenio de los hispanos, entonces dábamos a entender que *no* sería él de los angloamericanos; estos vieron el famoso lema en vías y carreteras y se resintieron. Algunos comerciantes se negaron a vender la cerveza y la regresaron a los distribuidores. Coors siguió adelante con la campaña y recuperó el terreno perdido entre los angloamericanos, pero yo había aprendido una lección. En mi impetuosidad, había ido muy rápido y había actuado con arrogancia. Tal y como acertadamente lo describiera Pat Legan, había cometido el gran pecado de "ni siquiera pensar en ellos". Debí haber hecho la campaña en los medios hispanos y jamás "ponerla en vallas en las narices de los angloamericanos".

Recuerdo otra campaña publicitaria, también para la cerveza Coors, en los inicios de mi carrera. En aquella ocasión se trataba de fotografías a doble página dentro de varias revistas. Una de ellas mostraba una hacienda de Nuevo México y a un joven hispano que contemplaba sus tierras. El texto decía que la hacienda, cuyo dueño fue un angloamericano, fue manejada por el padre, pero ahora pertenecía al hijo. "El tiempo arregla todo", decía el aviso. El anuncio era artístico y ganó varios premios por su creatividad; sin embargo, era demasiado estereotipado.

No es verdad que el tiempo arregla todo. Algunas veces debemos aventurarnos (como lo hice con la campaña de Coors), aunque sea arriesgado. Somos nosotros y sólo *nosotros* los que controlamos nuestro tiempo; lo debemos utilizar y no permitir que él nos utilice. Si esperamos al tiempo, veremos que éste no arregla nada. El tiempo no repara las injusticias ni arregla las desigualdades. Contrario a lo que dice el dicho latino, el tiempo NO arregla todo.

En los negocios debemos hacer que las cosas sucedan. Necesitamos crear nuestro propio horario, nuestro propio programa y nuestro propio plan. Por esta razón, sugiero metas y planes a cinco años para llevarlas a cabo.

El autor Karen Salmansohn aconseja a sus lectores que llenen el espacio en blanco que aparece después de estas frases:

Los peces deben nadar,
Los pájaros deben volar,
Los asesinos peligrosos deben matar,
Yo tengo que ____________

¿Qué debe hacer? ¿Aumentar las ganancias accionarias como fue el caso de Goizueta? ¿Crear el anuncio *perfecto*, no sólo cualquier anuncio, tal y como lo hicimos en nuestra agencia? ¿Salvar una universidad desprestigiada, como en el caso de Lou Agnese? ¿Escribir? ¿Enseñar? ¿Entrenar? ¿Cocinar? ¿O tal vez tener éxito en el negocio en el que es bueno? Usted es quien debe decidir lo que tiene que hacer. Una vez que haya decidido, no espere; "simplemente hága las cosas", como dice el gran lema de la compañía Nike. El tiempo no le dará nada. Usted mismo tiene que obtenerlo.

Una bandera blanca que dice "no haga olas"

Los que así piensan, seguramente son parientes cercanos de los que dijeron: "No puedo con la burocracia". A nosotros los latinos tienden a gustarnos los trabajos cómodos y burocráticos. No pensamos de manera automática que los trabajos mejor pagados formen parte de nuestro patrón de vida. Sacrificamos las riquezas por la seguridad. El riesgo es demasiado grande, el proceso demasiado arduo y la rutina muy seductora para intentar romperla.

En los cientos de grupos de enfoque que he dirigido a lo largo de mi carrera he visto izarse esta bandera en muchísimas ocasiones. Los latinos son renuentes a expresar una opinión, aunque sólo se les solicite que nos la den respecto a un producto o servicio, incluso cuando se les asegura que no hay respuesta correcta o incorrecta.

En los grupos de enfoque angloamericanos es difícil callar

a la gente; no pueden esperar para expresar su opinión. Cuando se reúne a los latinos, todos son mucho más mesurados y titubeantes. Esperan hasta que algún valiente formule su opinión y cuando eso sucede, por lo general, los demás están de acuerdo. Hemos aprendido a dirigir parte de estos grupos de enfoque por escrito. A los participantes se les pide que llenen un cuestionario, en forma anónima, en el que le dan un puntaje de uno a cinco a un producto o a un anuncio. Deben hacer esto antes de que se inicie una mesa redonda para hablar de los comentarios. Asimismo, cuando mostramos un comercial y mis socios, mi cliente y yo queremos saber qué se dice sobre él, nos sentamos detrás de un espejo que nos permite apreciar, sin que el grupo se percate de ello, la *verdadera* opinión a través del lenguaje corporal y de las expresiones faciales. ¿Cuándo muestran gesto de agrado? ¿Sonríen? ¿Se ven confundidos? ¿Cuándo muestran desagrado?

Pero las opiniones son la base del éxito en las empresas. *Debe hablar.* Debe hacer que sus ideas más arraigadas sean escuchadas. El que sigue a la manada no puede innovar y el tímido no puede mandar. Distinguirse entre la multitud, puede significar, momentáneamente, encontrarse solo. No obstante, muy pronto, otros le seguirán. Es sólo cuestión de entrenamiento. Verbalice sus pensamientos y pronto se dará cuenta de que le acompaña un coro. Permanezca en silencio y usted no existe.

Las arenas movedizas de "la familia viene primero"

Hace unos años, Isabel Valdés, una investigadora muy prominente, hizo un estudio con mujeres angloamericanas e hispanas entre los veinticinco y los cuarenta y cinco años de edad. Formuló la siguiente pregunta a los dos grupos:

"Si se ganara $10,000 en la lotería, ¿qué haría usted: a) reinvertir el dinero; b) remodelar su cocina; c) tomar unas vacaciones?"

El ochenta y cinco por ciento de las angloamericanas preferiría irse de vacaciones. El noventa por ciento de las hispanas preferiría ¡remodelar la cocina!

Esto no es más que una muestra del sentimiento latino de que la familia es primero. Es un sentimiento básico y muy arraigado en nuestra cultura. Sin embargo, puede tornarse peligroso cuando obstaculiza el camino al éxito.

Para el latino, mantener a la familia unida es lo más importante, aunque ello signifique no enviar al hijo que ha obtenido notas excelentes en su bachillerato a estudiar a otra ciudad, aunque ello impida viajar a países lejanos (donde se adquiere una educación diferente, pero igualmente importante), aunque signifique tener que emplear a alguien de la familia para ocupar un puesto, cuando existe la oportunidad de contratar a otro "de fuera" que sea mucho mejor.

Considere las siguientes situaciones en un negocio y después pregúntese: "¿Qué haría yo en ese caso? Después de todo, se trata de la familia".

- A su cuñado, el contador, le faltan $6,000: ¿y ahora qué?
- Su sobrino, que siempre llega tarde, le pide una semana de descanso con goce de sueldo: ¿qué hace usted?
- Su hijo "sabe" cómo hacer que el negocio aumente el doble si le permite manejarlo: ¿qué le parece?
- Su hija desea que emplee a su novio: ¡ay Dios!

Aunque le parezca extraño, es más sencillo formar el equipo de trabajo con colegas que con miembros de la familia. De esa manera no se entrometen los sentimentalismos familiares, las parcialidades, los conflictos y las intrigas.

Entonces, ¿qué hacer con los familiares? Ámelos, pase tiempo con ellos, atesórelos y, con excepción ocasional de las esposas, mantenga su negocio y su familia aparte. Es menos estresante y, con pocas salvedades, más exitoso.

Tener metas, eludir trampas, entender su herencia, reconocer virtudes y defectos, tanto en sus colegas como en usted, son parte esencial de su ascenso hacia el éxito, pero no son suficientes.

Ha llegado el momento de abordar consideraciones prácticas: las destrezas específicas que requerirá para competir en el mundo de negocios en este país.

No puede usted empezar "en serio" sin una buena educación.

CAPÍTULO 7

ES CUESTIÓN DE EDUCACIÓN

La primera vez que lo escuché fue de boca de mis padres, después de mis maestros, mis parientes y amigos: "Cuando tienes educación, tienes todo".

Esta afirmación es común entre los latinos. Todo el mundo la conoce y la repite. Así que uno podría pensar que los latinos, como los asiáticos (que cuentan con el nivel de escolaridad más alto a nivel nacional), estamos progresando a pasos agigantados. También uno podría pensar que nuestra preocupación por una buena educación se traduce en grandes avances para nuestros hijos.

Esto no está sucediendo todavía. De acuerdo al Consejo Americano para la Educación, el índice de latinos graduados de secundaria disminuyó entre 1993 y 1994 (éste es el último año para el cual hay estadísticas disponibles y no hay ningún indicativo de que las cosas hayan mejorado recientemente).

Es más, el porcentaje de latinos que se gradúan del bachillerato disminuyó del sesenta y uno al cincuenta y siete por ciento. Por otro lado, tenemos que entre los angloamericanos y los afroamericanos entre los veinticinco y los veintinueve años de edad, el ochenta y siete por ciento han terminado el bachillerato. De los latinos que se han graduado, el porcentaje de hombres y mujeres que asisten a la universidad bajó del treinta y cinco al treinta y tres por ciento, la mayoría de ellos en carreras de dos años de duración. Sólo el nueve por ciento de todos los latinos cuentan con una licenciatura (al contrario del veintitrés por ciento de los no latinos), seis por ciento estudian carreras cortas, tres por ciento maestrías y 2.3 por ciento doctorados. En San Antonio, mi ciudad natal, el nivel de deserción en la escuela secundaria entre los latinos es del cincuenta por ciento, el más alto entre todas las minorías. Estos porcentajes varían ligeramente de cuidad a cuidad, pero cincuenta por ciento es la cifra a nivel nacional.

En pocas palabras, aunque nuestras familias hacen hincapié en la importancia de la educación, aunque las grandes corporaciones y los líderes políticos la colocan sobre cualquier otra prioridad nacional y aunque, el sentir general entre los diversos grupos de enfoque es que es la número uno de sus prioridades, ha habido muy pocas mejoras en la participación de los latinos en la educación superior en los últimos años.

Y no es que no exista la ayuda necesaria. El Fondo Nacional Hispano de Becas, patrocinado por la compañía Anheuser Busch ha otorgado 28,000 becas para universidades; grupos como la Liga de Ciudadanos Latinoamericanos e individuos como Viki Carr (a través de la Fundación de Becas Viki Carr) han donado millones de dólares para becas. La mayoría de las grandes universidades y, en menor grado las universidades privadas, han establecido programas para atraer a más estudiantes latinos y muchas de ellas tienen dinero para becas para los solicitantes latinos. Sin embargo, permanecemos estancados.

¿Por qué? Dada la importacia que le damos a la educación y nuestro interés porque nuestros hijos salgan adelante, usted pensaría que tenemos una participación mayor y que nuestros logros son mayores *¿Qué pasa?*

Debemos buscar la respuesta en nuestras raíces culturales e históricas una vez más.

Cuando los conquistadores españoles llegaron a América, la educación era lo último que fomentaban entre los indígenas que habían conquistado. Sabían de sobra que una clase sin educación sería obediente; se encontrarían en mejor situación si los indios permanecían subordinados.

La Iglesia (cómplice de los españoles) estaba de acuerdo hizo que los indígenas derribaran sus templos y con las mismas piedras construyeran iglesias y catedrales enormes. "Nosotros cuidaremos de ustedes", decían los españoles. "Escuchen a nuestro dios, el dios verdadero. Esto es lo que él desea para ustedes". Las iglesias organizaron escuelas primarias y cada parroquia tenía su propia escuela. Y desde el momento en que un hombre, o una mujer, ingresaba en la escuela católica se le enseñaba muy pronto a no desobedecer y a no hacer preguntas, pero con más razón a la mujer. Los gobiernos y las instituciones religiosas controlaban las escuelas de una manera totalitaria. A la mayoría de los niños indígenas se les enseñaba únicamente lo suficiente para que supieran leer y escribir, pero la idea de continuar educándose era no solamente desalentada sino acallada abiertamente. Un niño de diez años, por ejemplo, representaba un potencial de ingresos económicos para la familia. Para qué continuar con su educación cuando él podía empezar a aportar dinero al hogar, ganándolo con el sudor de su frente en los talleres o en el campo.

"El trabajo es una virtud. La pobreza es una virtud. Dios cuida a los virtuosos. Esto es la palabra de Dios", solían decir. "La familia necesita que contribuyas. Debes abandonar la escuela y ayudar a tu familia".

Así pues, cuando los latinos llegaron a Estados Unidos, no tenían una auténtica tradición de estudios superiores. Terminar sus estudios no representaba una de sus aspiraciones; ganar lo suficiente para ayudar a la familia sí lo era. Pero los angloamericanos malentendieron la desidia de los latinos por estudiar y la interpretaron como un signo de pereza y falta de aspiraciones. "Los latinos no son inteligentes", pensaron los angloamericanos. "No son ambiciosos". Y así fue como nació un estereotipo del latino.

En 1968, la Universidad de Texas decidió abrir un recinto en San Antonio. La persona que sería su primer director nos llamó a mí y a mi socio, Lupe García, a su oficina y nos pidió que diseñáramos un logotipo para la institución.

"Saben", nos dijo, "esta universidad ayudará a los latinos. Ustedes son buenos para trabajar con las manos. Deseamos incorporar la enseñanza de artes latinas tradicionales a nuestros cursos, como tejido de canastas y moldeado del barro. Nuestro programa de bellas artes les brindará a su gente la oportunidad de poder vender en River Walk todo lo que hacen".

Nos quedamos boquiabiertos. Pero éramos muy jóvenes, estábamos deseosos por complacerlo y necesitábamos el trabajo, así que no dijimos ni una sola palabra y diseñamos el logotipo.

En el momento en que se inauguró la universidad, todos (sin participación latina) la proclamaron como la solución para la educación en San Antonio. Pero estaba ubicada a 20 millas del centro de la ciudad, lejos de los vecindarios latinos. No existía ni una ruta de autobús que llegara a ella. El mensaje era muy claro: puesto que los latinos no estaban capacitados para una preparación superior, ¿para qué molestarse en ofrecerla? Los latinos deberían de asistir a escuelas vocacionales (como yo lo hice; en aquellos días no existía ninguna otra alternativa) para aprender mecánica, hojalatería, pintura, impresión y tejido de canastas y moldeado de barro.

Sólo ahora, treinta años después, la universidad ha construido otro recinto en los suburbios de San Antonio. Pero una vez más, han calculado mal. Esperaban 1,500 alumnos. Casi 4,000 se han inscrito hasta la fecha. (Del mismo modo, cuando una universidad de carreras cortas fue construida al sur de San Antonio, principalmente para alumnos latinos, se esperaban 4,000 matrículas. ¡Se recibieron 18,000!)

Obviamente, el deseo de una eduación superior existe. Los latinos y sus padres la desean. Pero muy a menudo, este deseo se aparta de su propósito por falta de una tradición de nuestra parte y por la tendencia de los angloamericanos a estereotipar. A manera de ilustración, he creado las siguientes situaciones relacionadas al bachillerato y la universidad, y las reacciones de los angloamericanos y los latinos:

Situación:	**Reacción del angloamericano:**	**Reacción del latino:**
Antes de asistir a la universidad	"¿Quieres decir que *no* vas a asisitir a la universidad?"	"¿Quieres decir que *vas a asistir* a la universidad?"
Ante un conflicto con un maestro si el alumno se queja	Los padres dan por hecho que el alumno tiene razón. Van a la escuela y se quejan.	Los padres dan por hecho que el alumno está equivocado. No hacen nada al respecto.
Hay una cola muy larga el día de las matrículas.	Esperan de 20 a 30 minutos. Presentan una queja.	Esperan todo el día. Regresan al día siguiente.
Reunión de padres	"¿Qué esta pasando con mi hijo?"	"¿Por qué estaré aquí? ¿Qué voy a decirles a los maestros?"
Participación en clase	"Tengo la mano levantada. Yo quiero contestar".	"Yo no levanté la mano, por favor. A mí que no me pregunten".

Cuando se trata de educación superior, los latinos realmente viven en un mundo diferente. La educación superior es para "ellos", no para nosotros. Entonces, la evadimos, nos mantenemos al margen. Pero, *sí* nos interesa. Nos interesa muchísimo. Y si deseamos una parte del sueño americano, debemos aprender que la educación superior es también para nosotros. Aquí, no hay Iglesia alguna que nos lo impida.

Una buena educación, por supuesto, empieza en casa. Los padres pueden inculcar en sus hijos el deseo de educarse o eliminarlo por completo. Aquellos padres que, como los sacerdotes de antaño, todavía predican que la obligación (virtud) de los hijos es trabajar lo antes posible, aunque no hayan terminado la escuela, están causando un herida muy profunda en la mente de estos. Aquellos padres que simplemente "depositan" a sus hijos en manos de las directivas de la escuela sin investigarla, sin reunirse con los maestros y sin cuestionarla o exigir lo que a sus hijos les corresponde, están siendo víctimas de las erradas enseñanzas de sus ancestros y renunciando a su responsabilidad como padres. Los padres son tan importantes como las madres, sin duda alguna, pero la voz masculina lleva consigo una influencia proporcional.

Más padres latinos deben hacer lo que los padres angloamericanos hacen. Debemos cuestionar el sistema cuando no nos parece bien. Debemos insistir. Debemos luchar. Debemos estar del lado de nuestros hijos.

Pero, con o sin el requerido "*empuje*" paterno, mucha de la responsabilidad del éxito académico de cualquier niño radica en la escuela y en él mismo.

Del cincuenta por ciento de los latinos que se gradúan del bachillerato, la mayoría prefiere trabajar que asistir a la universidad y el trabajo, generalmente, es de peluquero, albañil, dependiente, técnico —trabajos no especializados—, que ofrecen un sueldo bajo y poca satisfacción psicológica.

Como dije previamente, de aquellos estudiantes que deciden asistir a la universidad, la mayoría asiste a universidades públicas con programas de dos años de duración. Se preparan para trabajos de más alto nivel, pero se niegan a sí mismos el acceso a la cúspide de la profesión que eligen. Y, aun entre los que estudian carreras de cuatro años, muchos se convierten en maestros de primaria o de secundaria, enfermeros o trabajadores sociales. Parece existir un profundo deseo entre los graduados de trabajar para beneficio de sus comunidades y así formar parte de "el movimiento". En cierta forma, han desarrollado una mentalidad similar a la de los cuerpos de rescate. Un sentimiento de que el dinero y el éxito en los negocios no son tan importantes como servir a su propia gente.

Dicha actitud, que yo admiro, se ha traducido en grandes logros para nuestras comunidades. Sin embargo, la comunidad latina necesita aun más: necesita científicos, ingenieros, matemáticos, científicos sociales, maestrías y doctorados, historiadores y filósofos. (Hay una importante excepción: la existencia de muchos latinos dedicados a profesiones de ayuda a los demás. En este campo no hay escasez.)

"¡Existe mucho más en el mundo!", quiero gritarles cada vez que veo que un muchacho abandona la escuela, o que un estudiante de preparatoria no ingresa a la universidad, o que alguien escoge una carrera corta en vez de una licenciatura, o cuando un universitario se conforma con un empleo burocrático en el gobierno. Debemos avanzar más. Debemos avanzar hacia la enseñanza superior para obtener maestrías y doctorados para que así haya más profesores universitarios. Si los nuestros no pueden enseñar a nivel universitario, dependeremos eternamente de modelos ajenos. Debemos tener conocimientos y debemos ser capaces de impartirlos a cualquier nivel.

Algunas organizaciones, plenamente conscientes del problema, están haciendo algo al respecto. La Asociación Hispana de Universidades (HACU), la Asociación Chicana de Educación Superior (CACHE) y ASPIRA están trabajando conjuntamente con universidades para que entiendan a la comunidad latina y viceversa. Muchas escuelas en todo el país están atrayendo alumnos latinos a una nueva atmósfera donde aprenderán asignaturas no tradicionales y utilizarán su talento de una manera más provechosa. Me causó enorme placer saber que en Montgomery County, Maryland, ¡hay una escuela bilingüe en la que se han inscrito estudiantes afroamericanos y angloamericanos!

Mi hermano Robert, que ha sido maestro toda su vida y ha sido la fuente de inspiración para este capítulo, cree que los sistemas educativos deben dar el primer paso hacia el cambio. He aquí su punto de vista sobre lo que el sistema educativo le debe a la comunidad:

Una obligación sincera y honesta por parte de las instituciones hacia el alumnado latino, desde la primaria hasta el doctorado. La institución deberá reestructurarse. Existirá con el sólo propósito de asegurar el *éxito* de los estudiantes latinos. Este será nuestro objetivo principal. Dedicaremos nuestros ingresos, nuestra creatividad y todo nuestro talento a esta misión. He aquí los pasos que se deben seguir para lograrlo:

- *Entender* que los alumnos latinos tienen necesidades especiales, las cuales deberán ser atendidas: monetarias (proveerá becas y libros gratuitos) y académicas (diseñará un programa de estudios acorde a la realidad latina).

- Comprometerse a *preparar* a los estudiante en matemáticas, ciencias y estudios premédicos.
- Orientar a los alumnos *hacia la obtención de un grado de educación superior* para que desde muy temprano (en el bachillerato), empiecen a ser preparados para que piensen en adelantar estudios a nivel de licenciatura, de maestría, de doctorado y de postgrado.
- Enseñar a los alumnos latinos a *pensar*, a escribir y a leer en forma crítica. Asimismo, enseñarles a estudiar.
- *Recurrir* a empresarios y profesionales para que se conviertan en guías de estos estudiantes.
- Emplear a maestros *plenamente comprometidos* a cambiar la vida de estudiantes minoritarios, independientemente de su raza. Un angloamericano que comulgue con esta idea es mejor que un latino que no la comparta. Preferentemente, el personal docente debe conocer el idioma y la cultura. Se le pagará un salario más alto de lo acostumbrado y recibirá aumentos basados en sus logros (como sucede en las empresas).
- Dedicarse de lleno a la constante capacitación de estos maestros.
- Querer rehacer por completo la institución (no tratar de rehacer a los alumnos puesto que esto se llevará a cabo de cualquier manera en el proceso educativo).
- Las universidades escogerán cuidadosamente a los miembros del consejo directivo para asegurarse de que comparten su manera de pensar y de que se comprometen a dar su apoyo económico a dicho cometido.

He añadido algunas sugerencias a las de Robert:

- Los educadores deberán conocer a los latinos y a su comunidad a través de frecuentes reuniones entre maestros, padres y alumnos en escuelas y barrios latinos. Los educadores, a todos los niveles, deberán conocer la mentalidad del estudiante latino. Sus sueños y expectativas son diferentes a los de los angloamericanos y no se les puede enseñar sin tener pleno entendimiento de su formación.

- Las directivas escolares, a todos niveles, deberán dar se cuenta de a todos los miembros de la facultad de las diferencias culturales entre las comunidades latinas y angloamericanas. Esto significa realizar seminarios prácticos y supervisión constante. Mientras no se conozcan las diferencias, muchos latinos se sentirán incomprendidos y las escuelas y la educación seguirán siendo algo "ajeno".
- Los maestros deberán dialogar con los estudiantes latinos en grupos pequeños en los que se sientan en confianza. Necesitamos sentirnos en libertad de expresar nuestros puntos de vista y hacerlo de esta manera es lo ideal. Una vez que el maestro conozca la manera de pensar y las inquietudes de los latinos, podrá utilizar esta información en el salón de clases para presentar nuevas ideas y resolver quejas o preocupaciones. Una buena forma cómo el maestro puede iniciar un diálogo es diciendo: "Yo creo que todos podremos aprender algo si compartimos nuestras inquietudes".
- Las escuelas de bachillerato y las universidades deberán invitar a más maestros y conferencistas latinos. Los latinos son una magnífica fuente de inspiración e información en las ciencias, las artes, los negocios y la educación. Y créanme, ¡les da mucho gusto asistir como invitados! No conozco a ningún latino exitoso que no desee compartir sus experiencias con las nuevas generaciones.
- Es necesario prestar más atención a las necesidades de las niñas. Frecuentemente en casa se les enseña a que presten atención. Esta conducta es repetida en los sa-

lones de clase, aunque tengan algo qué decir. Cuantas más oportunidades se les brinden a las niñas de participar en clase (ya sea para demostrar sus conocimientos o expresar sus sentimientos), más fácil será que lo hagan con frecuencia. He notado que en algunas clases en escuelas secundarias los varones levantan la mano con más frecuencia, muchas veces sólo para hacer alarde de su ingenio, aunque son las mujeres las que tienen la respuesta correcta.

- Los estudiantes deberán ser alentados a retener lo que aprenden. Sin duda alguna, la palabra correcta es *alentar,* ya que esto caracteriza una buena enseñanza. El alumno que sea elogiado, deseará ser elogiado más; el alumno que sea denigrado se dará por vencido. La mayor parte del estímulo que se les da a los alumnos es verbal, de maestro a alumno o de un compañero a otro, pero deberán otorgarse premios (medallas y becas) tan frecuentemente como sea posible. Los alumnos sobresalientes deberán ser alentados a participar en programas de acercamiento a la comunidad. Sus palabras muchas veces lograrán atraer más adeptos que las de directivos o maestros. La comunidad latina cuenta con muy pocos estudiantes que sirvan de modelos. Nosotros, los empresarios, y la comunidad en general responderemos ante ellos si las escuelas y los maestros los traen adonde vivimos para que puedan ser públicamente laureados y les podamos hacer entender el alcance de sus logros. Puede que no alcancen tanta fama como muchos deportistas y artistas. Pero, por lo menos, serán reconocidos como héroes.

Creo que los padres latinos que sólo tienen un diploma de secundaria, o que no hablan inglés bien, tienden a ver la escuela con respeto e incluso temor. Del mismo modo, las directivas y los maestros que no se hayan criado en comunidades latinas, ven a éstas como países extranjeros, un tanto desafiantes e incomprensibles. Por eso el diálogo es de vital importancia. Los padres y los maestros deberán hacer un esfuerzo por el bien de nuestros hijos y del país.

Es cierto que (como al presidente Clinton le gusta hacer tanto hincapié) el poderío de Estados Unidos reside en la diversidad de su población. Los latinos, como cualquier otro grupo étnico, tienen mucho que contribuir a la variedad y a la riqueza del pensamiento estadounidense. La diversidad es buena para los negocios. Esto también se tratará en capítulos siguientes.

Cada vez más, las universidades entienden que la diversidad cultural es esencial para la vitalidad de Estados Unidos y han empezado a cortejar a la comunidad latina, no sólo en forma de programas de acercamiento a la comunidad, sino también ofreciendo cursos dirigidos estrictamente a estudiantes latinos. Grupos hispanos han sido formados y fomentados en varias instituciones, lo cual es una manera segura de transformar la exclusión en inclusión para que los latinos se sientan bien recibidos y seguros en un territorio que les resulta "ajeno".

La lista siguiente de las veinticinco mejores universidades para latinos en 1996 fue compilada por La Revista, *Hispanic Magazine* y por Chevrolet y es un excelente ejemplo de lo que se puede lograr con programas de acercamiento a la comunidad. ¡Ojalá que la competencia entre otras universidades por integrase a las de esta lista sea muy reñida!

- **Universidad Estatal de Arizona (ASU).** El nueve por ciento de sus 30.000 estudiantes es hispano. Una cuarta parte de los títulos otorgados son en administración de empresas y en mercadotecnia. Existe una Coalición de Estudiantes Chicanos e Hispanos muy activa que patrocina un evento anual llamado Semana de la Cultura Hispana.

- **Universidad de California, en Los Ángeles (UCLA)**. Aunque esta universidad ha eliminado la "acción afirmativa", casi la mitad de los estudiantes son hispanos. Es líder en programas de estudios chicanos y cuenta con un gran número de organizaciones estudiantiles hispanas.
- **Columbia University.** El nueve por ciento del alumnado es hispano. Tiene la ventaja (y desventaja) de estar en la cuidad de Nueva York. Es una de las grandes universidades del país y ofrece un buen programa de administración de empresas. La matrícula es costosa.
- **Universidad Internacional de Florida (FIU)**. El costo de la matrícula para los residentes del estado la hacen especialmente atractiva para los estudiantes hispanos, quienes forman el cincuenta y dos por ciento del alumnado. Ninguna otra institución del país cuenta con un número más alto de alumnos hispanos que obtienen licenciaturas o maestrías.
- **Universidad de Harvard**. Es la universidad más antigua (y en opinión de muchos, la mejor) de Estados Unidos. Siete por ciento del alumnado es hispano y gran parte del reclutamiento de alumnos es llevado a cabo por ellos mismos con el auspicio de las directivas. De particular importancia es el Centro de Estudios Latinoamericanos David Rockefeller.
- **Instituto Tecnológico de Massachusetts (MIT)**. Nueve por ciento del alumnado es hispano. Es una de las instituciones más estrictas del país, mundialmente reconocida por sus facultades de ciencias e ingeniería. Su

Sociedad Hispana de Ingenieros Profesionales brinda ayuda a los alumnos y a sus miembros a encontrar trabajos de verano.

- **Instituto de Minería y Tecnología de Nuevo México (NMT)**. Diecinueve por ciento del alumnado es hispano. No solamente se encarga de atraer alumnos de origen hispano sino que, además, les brinda todo el apoyo que necesiten. La enseñanza de matemáticas y ciencia es rigurosa, y el costo de la matrícula es ¡muy razonable!
- **Universidad Estatal de Nuevo México (NMSU)**. Algunos departamentos importantes son el Centro para Estudios Latinoamericanos, el Instituto Chileno y el Movimiento Latinoamericano y del Caribe para la Seguridad de los Alimentos. Su prestigioso Instituto de Investigación reúne y disemina información sobre México y el oeste de Estados Unidos. Treinta y cinco por ciento del alumnado es hispano.
- **Universidad de Nueva York (NYU).** Cuenta con uno de los programas de estudios étnicos más grandes del país. Los estudiantes tienen la oportunidad de beneficiarse de las ventajas culturales de la cuidad de Nueva York, donde viven dos millones de puertorriqueños. Ocho por ciento del alumnado es hispano.
- **Universidad de Rice.** Con un diez por ciento de alumnos hispanos, esta universidad privada, situada en Houston, tiene un departamento de Inglés como Segundo Idioma y de Estudios Hispanos Clásicos. Es sede de varias organizaciones hispanas.
- **Universidad de Rutgers**. Es una de las más prestigiosas de Nueva Jersey y refleja la diversidad étnica del estado. Ocho por ciento del alumnado es hispano. Se destaca por sus excelentes programas de ciencias y artes.
- **Universidad Estatal de San Diego (SDSU)**. Cuenta con una larga tradición de graduados de origen hispano. No

sólo la matrícula es razonable sino que tiene un magnífico programa de acercamiento a la comunidad. Dedica especial interés a las relaciones fronterizas de Estados Unidos y México. Veinte por ciento del alumnado es hispano.

- **Universidad de Stanford.** Es una de las instituciones más prestigiosas y competitivas del país y ha realizado un esfuerzo por aumentar el número de alumnos de origen hispano. El Centro Chicano maneja un centro cultural dirigido por los mismos alumnos. Diez por ciento del alumnado es hispano.
- **Universidad St. Edwards**. Esta pequeña universidad católica en Austin, Texas, fue la primera en crear un programa especial para hijos de trabajadores migrantes. Su programa CAMP ha sido ampliamente elogiado por ofrecer educación superior a aquellos que no hubieran podido obtenerla de otra manera. Veintiocho por ciento del alumnado es hispano.
- **Universidad St. Marys de San Antonio**. Otra universidad pequeña de Texas, ha sido el punto inicial de muchos doctores y abogados hispanos. Se encuentra entre las treinta universidades con mayor número de graduados hispanos, quienes constituyen el sesenta y tres por ciento del alumnado.
- **Universidad A&M de Texas.** Es una universidad grande en una zona rural; sus departamentos de agricultura e ingeniería son incomparables. Ha desarrollado una campaña para atraer un mayor número de estudiantes hispanos, quienes representan diez por ciento del alumnado.
- **Universidad de Arizona.** El número de estudiantes hispanos matriculados aumentó en un veinticinco por ciento entre 1994 y 1995 y actualmente forma el catorce por ciento del alumnado. Sus programas de acercamiento a los estudiantes incluyen el programa New Start/Summer

Bridge y el programa de Cursos de Regularización ofrecido por la Oficina de Asuntos Académicos.

- **Universidad de California, en Berkeley.** Con la eliminación de la "acción afirmativa", esta institución hizo que la diversidad fuera parte de su programa y participa activamente en el reclutamiento de alumnos minoritarios. Cuenta con un magnífico programa de estudios Chicanos; trece por ciento de su alumnado es hispano.
- **Universidad de California en Los Ángeles (UCLA).** Dieciséis por ciento del alumnado es hispano y tiene numerosos programas latinos y latinoamericanos. Es excelente en estudios de administración y cinematografía, y alberga diferentes organizaciones hispanas.
- **Universidad de Colorado en Boulder (CU).** Ha adoptado innovadores programas recientemente enfocados a la diversidad, y se esfuerza para abrir sus puertas a las minorías. Uno de los lugares más preciosos para estudiar. Seis por ciento de los estudiantes son hispanos.
- **Universidad de Illinois en Chicago (UIC)** Ha demostrado su dedicación a la diversidad étnica del país con la creación de un Servicio de Reclutamiento y Educativo Latinoamericano, cuyo propósito es promover el reclutamiento, la inscripción y la retención de estudiantes hispanos. Esta gran universidad, situada en una ciudad grande, tiene un excelente récord académico. Diecisiete por ciento del alumnado es hispano.
- **Universidad de Miami.** Su alumnado hispano representa una cuarta parte del total y sus lazos con la comunidad latina siempre han sido estrechos. Cuenta con un alto porcentaje de graduados de origen hispano. Muchas organizaciones dedicadas especialmente a brindar ayuda a los alumnos hispanos tienen como sede esta institución.
- **Universidad de Texas, en Austin.** El porcentaje de matrículas de alumnos hispanos en ella se ha duplicado en

el último decenio, los cuales forman hoy el quince por ciento del alumnado. Ofrece una excelente combinación de altos estándares académicos y matrículas razonables. Hace alarde de numerosos centros hispanos y de organizaciones estudiantiles.

- **Universidad de Texas, en El Paso**. Debido a que dos tercios de su alumnado es hispano, tiene una larga tradición de satisfacer las necesidades específicas de las minorías. Cuenta con excelentes programas de ingeniería y ciencias.
- **Universidad de Texas —Panamericana**. Ochenta y nueve por ciento del alumnado es hispano. Las matrículas son razonables y sus estándares académicos mejoran año con año. Está a 40 millas de la costa sur de Texas.

A la lista de Ford, agrego mi favorita no porque mi amigo Lou Agnese es el presidente, sino porque he visto de cerca el gran trabajo que hace:

- **University of the Incarnate Word**. Una de las universidades católicas pequeñas de más rápido crecimiento en Estados Unidos, se concentra en educar estudiantes hispanos exitosos. El estudiantado refleja la mayoría hispana de San Antonio, donde está situada.

Esta lista es muy diferente a la de 1995, lo que muestra que muchas universidades están a punto de ser incluidas. La mayoría tiene asociaciones y clubes latinos, y programas de acercamiento a la comunidad; los egresados latinos tienen programas de acercamiento en casi todas las ciudades. Llame a la oficina de admisiones o la de ex alumnos de la universidad a la que desee ingresar para que le proporcionen información sobre las becas que ofrecen y de las referencias con las que cuentan. La revista *Hispanic* publica la siguiente lista de organizaciones que ofrecen ayuda a latinos que deseen obtener becas:

Fondo de Becas de Estados Unidos del
Foro Gubernamental Americano
2711 W. Anderson Ln., Ste. 205
Austin, TX 78757
512-302-3025

Consejo Directivo Nacional de Universidades
para el Reconocimiento del Alumnado Hispano
1717 Massachusetts Avenue, N.W. Ste. 401
Washington, DC. 20036-2093
202-332-7134

Asociación Hispana de Universidades (HACU)
Depto. de Sistema de Ayuda a los Estudiantes
4204 Gardendale St. #216
San Antonio, TX 78229
210-692-3805

Fundación de Mujeres Profesionales Latinoamericanas
P.O. Box 31532
Los Angeles, CA 95341
213-227-9060

Liga Nacional de Ciudadanos Latinoamericanos (LULAC)
y Servicios Educativos Nacionales Americanos (LNESC)
777 N. Capitol St., S.E. #395
Washington, DC. 20002
202-408-0060

Fondo de Becas de la revista *Lowrider*
P.O. Box 648
Walnut, CA 91788-0648
909-598-2300

Programa McDonald's de Compromiso para la Preparación de Hispanos Americanos (HACER).
Hable con su consejero estudiantil, con el gerente del restaurante McDonalds's de su localidad o llame al Fondo Nacional Hispano de Becas al teléfono 415-892-9971

Asociación Nacional de Mujeres Mexico-americanas (MANA).
Beca Raquel Márquez Frankel
1101 17th St. NW. #803
Washington, DC. 20036-4794
202-833-0050

Fondo Nacional Hispano de Becas
P.O. Box 728
Novato, CA. 94948
415-892-9971

Cámara Hispana de Comercio de los Estados Unidos
1030 15th St. N.W. #296
Washington, DC. 20005
202-842-1212

De las universidades de la lista publicada por Ford Motor Company, varias (entre ellas la Universidad de Arizona, la Universidad de Columbia y la universidad de Harvard) ofrecen cursos de administración y existen, por supuesto, instituciones con programas de administración a nivel de licenciatura, de maestría y de doctorado en todo el país que enseñan los principios y técnicas de la administración de empresas. Mi sentir es que la mejor educación en administración de empresas que uno pueda adquirir es dedicándose a los negocios en sí pero, sin duda alguna, una maestría le facilitará la obtención y el manejo de un empleo. Un latino con el grado de maestría representa una magnífica adquisición para cualquier empresa. Aunque usted ingrese al mundo empresarial sin una maestría o un doctorado, muchas corporaciones pagan los estudios de sus empleados para que obtengan dicho grado una vez que se convencen de que ello representa una inversión valiosa para la compañía.

Empero, la preparación para los negocios comienza mucho antes del ingreso a la universidad; empieza con la interacción entre padres e hijos. Si usted le enseña a sus hijos a trabajar arduamente, a ser honestos y justos, a luchar por sus ideales y a respetar a los demás (incluyendo sus "diferencias"), entonces habrá sentado las bases para que logren una buena educación, sea cual fuere su habilidad para los negocios y la mercadotecnia. Y es primordialmente de nuestros padres de quienes aprendemos los rudimentos para adquirir la más fundamental de las aptitudes para los negocios: el arte de la comunicación.

CAPÍTULO 8

EL ARTE DE SABER COMUNICARSE

Un buen negocio depende de una comunicación clara. A menos que las dos partes sepan claramente lo que la otra espera, existe el peligro de la ambigüedad y la posibilidad de resentimiento, con su concomitante pérdida de confianza y la posibilidad de fracasar realmente.

Así pues, es esencial que los latinos que hacen negocios con angloamericanos se entiendan con ellos en un mismo lenguaje. No me estoy refiriendo a dominar de manera fluida el lenguaje de los negocios: el inglés. Quiero decir que es importante entender bien esas sutilezas que son parte de cualquier comunicación, esas cosas que son implícitas o que quedan en el aire sin decirse. Es una especie de código que sólo puede dominarse por medio de un sentido agudo de observación, práctica y costumbre.

La mayoría de los latinos que viven en Estados Unidos son

bilingües y biculturales. En un mundo en el que más y más compañías hacen negocios con Latinoamérica, éstas son dos grandes ventajas. Si usted habla español con fluidez, puede aprender con relativa facilidad otros idiomas derivados del latín: francés, italiano y portugués. No hay problema. De esa manera, sus oportunidades en una economía mundial, en la que el comercio internacional es la norma, serán prácticamente ilimitadas.

En contraste, la mayoría de los angloamericanos hablan sólo inglés y se les dificulta aprender otros idiomas. Es más, muchas veces *esperan* que el resto del mundo hable inglés y así no se molestan en aprender otros idiomas. Es común, también, que les parezca difícil entender otra cultura. Por esto es muy lógico que cada día busquen a latinos para que se unan a sus equipos de trabajo y así puedan llevar a cabo negocios con naciones latinas. Nosotros, por lo tanto, somos un eslabón importante en la nueva economía mundial.

El idioma es una herramienta delicada. Como latinos, debemos ser muy cuidadosos al utilizarla cuando nos comunicamos con los angloamericanos y cerciorarnos de que ellos sepan hablar con nosotros.

Los mexicanos, los puertorriqueños y los centroamericanos tienden a ser más obsequiosos en el uso de su lenguaje —y en su comportamiento —que los latinos de España o de Cuba. Cuanto más española o europea sea la población de una nación, menos obsequioso será su lenguaje cotidiano. Por ejemplo, en Brasil, Argentina, Uruguay, Chile, Paraguay, Ecuador y Venezuela los indígenas fueron prácticamente aniquilados por los españoles y los portugueses, y prevalece la mentalidad del conquistador o "jefe". En el Caribe, Cuba es el ejemplo de esto. En los países donde los indígenas sobrevivieron —México, Puerto Rico, República Dominicana, Panamá, Guatemala, San Salvador, Costa Rica, el extremo sur de Sudamérica y las regiones altas de Bolivia— prevalece una actitud mucho más sumisa en el español de uso cotidiano.

Es importante estar al tanto de las diferencias. Por ejemplo, si usted dice "gracias", el angloamericano contestará *you are welcome*" (lit.: *bienvenido.*). En España, Sudamérica o Cuba es probable que la respuesta sea "encantado". Sin embargo, la respuesta en México o en Centroamerica sería "para servirle" o "de nada", que denotan cómo el lenguaje nos puede hacer parecer obsequiosos.

Estas son diferencias sutiles que reflejan de qué manera se utiliza el lenguaje diario. "Para servirle" y "de nada" aparecen en todos los idiomas latinos, incluyendo al francés y al italiano, pero su uso varía de forma sutil.

Por lo tanto, no es suficiente dominar el vocabulario y la gramática de un idioma; uno debe dominar también sus sutilezas. Es preciso que uno entienda cuidadosamente no sólo lo que se está diciendo, sino las implicaciones de las palabras.

Por ejemplo, examine la siguiente tabla de "malentendidos":

Frase	**Significado para el latino**	**Implicación para el angloamericano**
Para servirle	Es un placer	¡Guau! !Mi mozo!
De nada	Con gusto	"Debe estar pensando que lo que hizo tiene poco valor"
Mande usted (Respuesta al oír el nombre propio)	¿Sí?	Con seguridad está esperando que le diga qué hacer
¿En qué le puedo servir?	¿Puedo ayudarle en algo?	Él/ella quiere servirme
No sé mucho de eso (Afirmación común ante un asunto complicado)	Preferiría no opinar . . .	Al parecer, no es muy inteligente
Así lo quiere Dios (Afirmación ante la adversidad o situaciónes inesperadas)	No está tan mal; ¿qué podría esperar?	Esta persona no tiene iniciativa

Frase	Significado para el latino	Implicación para el angloamericano
Nos vemos a las seis para cenar	Nos vemos entre 6:15 y 6:30. Tal vez a las 7:00	Se le hizo tarde. Signfica que se retrasa en todo
Mañana paso a recoger el paquete	Recogeré el paquete en cuanto tenga oportunidad	No lo recogió. No se puede confiar en él/ella

Será muy extraño que encuentre usted un mexicano que tutee a su jefe. Paradójicamente, acabo de asistir a una reunión que presidía el ex presidente de la compañía Times Mirror; cuando se presentó, lo primero que dijo fue "llámenme Al".

Hablarle de "usted" y dirigirse a su jefe por el apellido implica una relación; tutearlo, o llamarlo por su primer nombre, implica que se trata de una relación de colegas (sea o no sea cierto).

Existen muchos latinos que no dominan los modismos y lo que para ellos parece adecuado puede causar consternación entre sus interlocutores angloamericanos. Pongamos como ejemplo la letra de esta canción que, aunque antigua, se ha vuelto a poner de moda: *La media vuelta.*

> "Te vas porque *yo quiero* que te vayas,
> A la hora que yo quiera te detengo.
> Yo sé que mi cariño te hace falta,
> Porque quieras o no, *yo soy* tu dueño".

¿Acaso podríamos encontrar otro ejemplo más chovinista? Sin embargo, esta letra es muy hermosa para los latinos y he visto a mujeres desvanecerse cuando Luis Miguel la canta. Cuando de amor se trata, hablar con severidad es muy común entre nosotros los latinos —hombres y mujeres— y no debe tomarse literalmente. Si esa misma canción se cantara en la

EL CONQUISTADOR Y LOS CONQUISTADOS HAN TENIDO UNA GRAN INFLUENCIA EN EL LENGUAJE, LA CULTURA Y LAS ACTITUDES

Nota: Este mapa no es un documento académico o antropológico. Su propósito es ayudar a entender el lenguaje, la cultura y las actitudes de los habitantes de las diferentes regiones, que tuvieron muchas influencias de África, Asia, Europa y el Medio Oriente.

Portugal

España

Asia ha tenido gran influencia en Sudamérica.

África ha tenido gran influencia en la cultura latina.

Regiones donde los españoles conquistaron a los indígenas y los esclavizaron. El matrimonio interracial era muy común. En estas regiones los latinos (y su idioma) son obsequiosos, como resultado de la conquista.

Regiones donde el conquistador español erradicó o aniquiló a los nativos. Ni los habitantes de estas regiones, ni su idioma, son obsequiosos.

Regiones donde Portugal erradicó o aniquiló a los nativos, dividiéndose a Sudamérica con España después de largos conflictos que involucraban al clero. Los brasileños no son obsequiosos, como tampoco lo es el idioma portugués.

radio estadounidense, con la letra traducida, Luisito tendría que desaparecerse.

Debido a que muchos de nosotros fuimos educados para seguir, no para guiar, para servir, no para *ser* servidos, nuestro servilismo es aparente no tan sólo en nuestro lenguaje sino también en nuestro comportamiento. Hace poco compré una casa nueva. Kathy y yo planeamos utilizar el piso superior para vivir y la planta baja para las oficinas de KJS. Esto implicaba una buena cantidad de reparaciones, así que consultamos a un arquitecto que, a su vez, contrató un equipo de mexicanos jóvenes y dinámicos para que llevaran a cabo el trabajo de construcción (¿Estaban legales en este país? ¿Quién sabe?). Con este libro en mente, los observé con atención mientras trabajaban.

Los trabajadores eran diligentes e inteligentes, pero jamás cuestionaron ni a su jefe ni a mí, aunque les diéramos órdenes contradictorias. Cada vez que me hablaban se quitaban el sombrero y rara vez me miraban a los ojos; se retiraban cuando yo los saludaba como si los fuera a criticar, aunque su responsabilidad fuera estrictamente con su jefe. Me dio la sensación de que creían que yo tenía más conocimiento en materia de construcción aunque en realidad no sé absolutamente nada. Llegaban temprano, se iban tarde y trabajaban durante los fines de semana. Yo sabía que no ganaban mucho aunque, por supuesto, recibían el salario mínimo. Su lenguaje corporal parecía decir "úsenme, abusen de mí".

Su actitud me recordaba una "construcción" diferente que yo había llevado a cabo hacía algunos años. Había comprado un Lincoln 1940 con la idea de repararlo. Me encantan los autos antiguos y con frecuencia realizo el trabajo de restauración en el taller de un amigo mío, que es mexicano. Su taller está aquí en San Antonio, donde vivo, y su trabajo me parece bastante aceptable. Pero en esta ocasión, la reparación era muy grande y llevé el auto a la mejor compañía restauradora de Texas, situada a 100 millas de distancia. Los artesanos eran alemanes y Michael, el dueño, me explicó: "Aquí renovamos los autos hasta que sean el equivalente de un Rembrandt o un Renoir. Prometió que el trabajo estaría listo en seis meses. El presupuesto era elevadísimo pero, como estaba impresionado por la seguridad que demostraba, acepté.

Terminó el trabajo dos años más tarde. Me costó *cuatro veces más* que lo que originalmente había planeado gastar, pero como ya había comenzado el trabajo, no quería detenerlo. Cuando vi el auto, consideré que había valido la pena. *Era* un "Rembrandt" y lo atesoro. Lo que quiero decir es que Mike y su equipo de artesanos me contagiaron con su confianza. No era tanto lo que decían, sino su orgullo, su comportamiento y su seguridad. "Somos los únicos que podemos con el trabajo", me decía su actitud. "Por supuesto que puede quitarnos el trabajo pero, ¿a quién se lo daría? Usted quería lo mejor. Le estamos dando lo mejor. Sentimos mucho que le esté saliendo más caro y que nos haya tomado tanto tiempo, pero los autos antiguos son engañosos. Estará encantado cuando terminemos el trabajo. Sólo espérenos".

En contraste, mi amigo de México, Pedro Chávez, ha restaurado un Volkswagen sedán y un Karmann Ghia para dos de mis hijos. Siempre realiza un buen trabajo, pero su actitud es diametralmente opuesta a la de Mike. Sonríe, hace venias y ahorra a costa de la calidad. Y cobra mucho menos de lo que debería.

Aprecio a Pedro como a Mike. Ciertamente, cada persona tiene su lugar en la vida. No obstante, me pregunto: ¿cuánto más podría ganar Pedro con el mismo talento y la actitud de Mike?

La confianza es la base de la comunicación en los negocios y no es fácil adquirirla. Sólo se da cuando usted está seguro de su trabajo y de sus capacidades. Es particularmente difícil cuando se trata con angloamericanos, pues significa aprender una nueva forma de comunicación, una nueva forma que nos haga entender lo que hay tras lo que decimos o sentimos y que nos haga reconocer que los angloamericanos piensan y sienten de manera distinta.

He aprendido mucho sobre esas diferencias debido a mi trabajo en publicidad. Si usted desea comunicarse y vender un producto o servicio a una audiencia latina, debe apelar primeramente a sus emociones. Hay que llegarles al corazón. Por otra parte, si está vendiendo a una audiencia angloamericana, debe apelar a la razón, así como (o en lugar de) al corazón.

Los comerciales de McDonald's, que dan más importancia a las emociones y a los valores familiares que a los "beneficios" de una buena comida económica, son particularmente efectivos en un mercado latino. "Usted merece un descanso hoy" es una frase que tiene resonancia especial. Lo mismo sucede con los anuncios de Coca-Cola (la armonía mundial predomina sobre el "beneficio" del refresco), con los de Kodak (recuerdos felices sobre fotografías claras), con los de Nike ("victoria" y logro personal sobre la comodidad o calidad del producto) y con los de Hallmark ("Demuéstreles lo que son para usted. Envíeles lo mejor" predomina sobre una forma más sencilla de enviar saludos). Me he dado cuenta de que el error fundamental de las marcas que son número dos es que sencillamente no tocan las fibras sensibles de los consumidores, lo que puede explicar *por qué* ocupan ese lugar. Un enfoque menos sentimentalista puede dar resultado en un mercado angloamericano, pero no es eficaz entre los hispanos. Burger King no hace hincapié en los "valores de la familia"; Pepsi no da prioridad a "la armonía mundial". Si desea comunicarse de manera efectiva con una audiencia latina, no tiene alternativa. *Debe* comunicarse con las emociones.

Algunas compañías producen diferentes comerciales para mercados diferentes. Por ejemplo, para los angloamericanos, Western Union hace énfasis en que su servicio es el más rápido para enviar dinero. Sin embargo, para los hispanos, muchos de los cuales envían dinero constantemente a sus parientes en Latinoamérica, el atractivo es: "Aquí estamos para ayudarle a cumplir con su promesa", o sea la promesa que usted hizo de proveer para su familia una vez que hiciera fortuna en Estados Unidos. Existen otros ejemplos. Para los angloamericanos, Columbia Health Care hace énfasis en su capacidad de otorgar "atención médica de calidad a precios razonables". Para los hispanos, la compañía se vuelve la "protectora de la vida". Para el Sistema de Agua Potable de San Antonio nosotros acostumbramos a enfatizar su capacidad de proporcionar agua de altísima calidad a cualquier hora. Sabiendo que a los hispanos hay que hablarles al corazón, quisimos hacerles saber que el agua es el alimento de la vida; es más, el agua *es* vida. El logotipo de la compañía es una diosa de cabello largo que sostiene un recipiente de barro en el cual recibe la lluvia que cae del cielo.

El recurso publicitario usado para la compañía de agua es particularmente interesante puesto que relaciona, de manera directa, al producto con Dios. Sin embargo, en todos los móviles publicitarios se intenta rodear con una especie de una aura divina al producto. Coca-Cola es como Dios, con un mensaje sutil que expresa que es "lo verdadero"; McDonald's es como Dios. Promueve los valores familiares señalados en la Biblia. Lo que estamos viendo aquí es la lógica del corazón, no la lógica de la razón, y el poder de su influencia sobre la gente. Pero, tratándose de los latinos, esta influencia es muy marcada.

Usted puede ver esta fuerza emocional en todos los aspectos de la vida latina. Por ejemplo, existe mucho mayor contacto físico entre los latinos que entre los angloamericanos. El saludo entre los varones latinos combina un apretón de manos con un abrazo. Es común que los hombres caminen hombro con hombro por las calles de España o de Latinoamérica; las mujeres lo hacen de manera cotidiana. Al igual que nuestros países, somos exuberantes y efusivos. Somos extraordinariamente abiertos el uno con el otro. Nos comunicamos con el contacto físico, o un gesto o un abrazo, y muchas veces nos callamos nuestros sentimientos más profundos, tal vez por temor de herir o avergonzar a alguien, incluyéndonos a nosotros mismos.

Todas estas sutilezas en la comunicación tienen consecuencias tremendas en el mundo de los negocios. Hemos visto que los latinos son renuentes a expresar su opinión o a decir lo que verdaderamente sienten de manera abierta, y que en los grupos de enfoque hemos preferido analizar el lenguaje corporal para conocer sus sentimientos. Esta es una peculiaridad heredada de nuestros ancestros: el esclavo no tiene sentimientos ni opinión.

Los latinos también están acostumbrados a las indirectas. Por ejemplo, sin importar cuánto nos disguste una persona o un producto, no lo criticaremos directamente. Así, confiamos, en buena medida, en que nuestro interlocutor adivine nuestra verdadera opinión a través de una serie de gestos, indirectas y sutilezas. "Tú sabes . . . no tengo que explicarte", decimos.

Mark McCormack, autor de *What They Didn't Teach You at Harvard Business School,* dice que las relaciones comerciales en realidad se llevan a cabo durante las conversaciones casuales que se presentan antes, durante y después de la "reunión oficial de negocios". Al igual que el resto de los asuntos humanos, los negocios, señala él, se basan en relaciones interpersonales. Es de persona a persona, lo que usted siente hacia la otra persona, cuánto le gusta ella o cúanto confían el uno en el otro. Ser más abiertos y más sueltos con nuestras opiniones y sentimientos, compartiendo esas intimidades que ayudan a desarrollar relaciones profundas y duraderas, significa generalmente la diferencia entre el éxito y el super éxito.

Los negocios angloamericanos trabajan a una velocidad que todavía sorprende a muchos latinos. Las relaciones interpersonales son críticas pero la confianza se establece, en la mayoría de las ocasiones, en una sola reunión de trabajo. En Latinoamérica, la gente de negocios tiende a llevar a cabo dos, tres, cinco o más "pre-reuniones" (se pueden llevar a cabo en comidas, noches sociales, reuniones familiares) antes de que se cierre el negocio. "Entremos en materia", es una frase familiar entre los angloamericanos que generalmente se dice desde la primera reunión de negocios después de una breve charla. Entre ellos, el trato de negocios es usualmente directo y sin "palabrerías". En muchas ocasiones, el lazo esencial para cualquier relación se establece a un ritmo lento. Aquí es donde el latino se encuentra en ventaja. Nosotros no cerramos el negocio primero para entablar después la relación personal. Disfrutamos de ambas cosas y eso conduce a amistades que perduran y a negocios duraderos. Todo lo que tenemos que hacer es seguir el consejo de McCormack y realizar el negocio "entre reuniones", sin necesidad de esperar a que éstas se lleve a cabo.

Puesto que estamos habituados a hablar directamente y tenemos otra manera de relacionarnos que favorece las sutilezas, nos desconcertamos al tratar con los angloamericanos. ¡Por supuesto! Estamos en un mundo "ajeno", donde las reglas fueron hechas por "otros": los "gringos".

Piense en ello. La transición entre una relación larga a una de corto plazo no debería presentarnos ninguna dificultad. Nuestra calidez, nuestro deseo de agradar y de acercarnos pueden ser considerados como cualidades. La manera en que nos conducimos en sociedad es muy conocida y apreciada por los angloamericanos. Sin embargo, justo en el momento en que deberíamos sentirnos más a gusto nos paralizamos. Nuestro ADN, que debería facilitarnos el trato con los extranjeros, parece ser que se nos acaba y nos volvemos titubeantes y torpes; tal vez nos invade una sensación de que "ése no es nuestro lugar". Así el trato con los angloamericanos se vuelve mucho más difícil de lo que debería ser. Titubeamos aunque estamos seguros de nuestra posición. Evitamos mirar a los ojos, somos bruscos y demostramos inquietud porque la reunión termine. Deseamos que cese la "tortura".

Tal vez nos sentimos incómodos porque, a pesar de todas nuestras similitudes como seres humanos y del vivo deseo de alcanzar una meta comercial común, en algunos aspectos importantes los angloamericanos *son* diferentes. Por lo tanto, nuestro comportamiento no es de sorprender. ¿Quién no titubea ante lo desconocido?

Esto es lo que yo recomiendo: piense que el angloamericano es un latino. Considérelo exactamente igual. Imagínese que en lugar de ser Bill Kelly, se trata de Antonio González, que en lugar de Mary Smith, se trata de Sandra Rodríguez, y que Antonio o Sandra viven en su barrio. Tienen familias, mascotas, miedos, virtudes y emociones igual que usted. En realidad, hasta son sus amigos. Ya se conocen y son amigos.

Ponga en práctica esto la próxima vez que haga negocios con un angloamericano. Al principio le costará trabajo, pero le sorprenderá darse cuenta de la forma tan entusiasta en que los angloamericanos responden a su trato. Es así como ellos se comportan: como si ya se conocieran. Esa forma de abordarlos no sólo les resultará familiar, sino que es la única a la que están acostumbrados. Usted podrá percibir cómo es que su interlocutor se relaja; se encuentra en su territorio. Si se sintieron incómodos al principio (después de todo, usted también es "diferente"), esto desaparecerá de inmediato, al igual que le sucederá a usted.

Así, el nivel de confianza suyo aumentará y la atmósfera de "sentirse extraño" comenzará a evaporarse; incluso es probable que se sorprenda de querer que la reunión se prolongue.

Si nota que hay fotografías de la familia sobre el escritorio, hable de su propia familia. Si es evidente que a los dos les gusta el béisbol, hable de Roberto Alomar, Shipper Jones o Roy Ordóñez. Estará hablando el idioma del béisbol, que va más allá de cualquier diferencia. Estas conversaciones no tienen que ser largas pues, como ya expliqué, ellos quieren ir al grano. Pero van a introducir un elemento común en la relación, la cual crecerá fácilmente si tienen éxito sus charlas de negocios.

Tan cierto como conocido es el principio que establece que para oír lo que otra persona habla, habrá que *escucharla* primero. Sin embargo, en algunas ocasiones, en un afán de "terminar con el asunto", no escuchamos de verdad o sacamos conclusiones, expresando en voz alta lo que creemos que el angloamericano quiere como respuesta.

Hace poco tratábamos de ofrecer nuestros servicios a un cliente potencial. Queríamos hacer negocio con él. Una de nuestras jóvenes ejecutivas de cuenta había establecido el contacto inicial con el vicepresidente de mercadotecnia, así que dejé que dirigiera la reunión.

—Son tres cosas las que busco en una agencia de publicidad —dijo el vicepresidente.

—Lo sé —dijo nuestra ejecutiva—. Servicio, servicio, servicio.

—No —agregó él—. La primera es confianza. La segunda es . . .

—Servicio.

—No. La segunda es creatividad. La tercera es . . .

—¡Servicio! —gritó ella—. No puedo haber fallado ahora.

Él la miró divertido y sonrió.

—Precio.

—¡Oh!, ahora entiendo —añadió ella, ruborizándose.

Si cuento esta anécdota no es para hablar mal de la joven. Es más, su entusiasmo dio fruto: hicimos negocios con el ejecutivo. Ella, por su parte, aprendió pronto a modular sus respuestas y continuó obteniendo nuevos clientes para nuestra agencia. Lo cuento para señalar que en nuestro deseo de servir —"para servirle" —no siempre escuchamos y en nuestra ansiedad por conseguir un trabajo es posible que nos precipitemos, sin estar seguros en qué consiste éste.

Por supuesto que el servicio es importante, pero hay mucho más. La joven se anticipó a llegar a una conclusión basada en sus propios antecedentes y su cultura. No se detuvo a analizar que los antecedentes culturales de su interlocutor eran diferentes. En su caso, el servicio lo consideraba como un hecho; estaba interesado en otras cosas.

Mi joven ejecutiva cayó en la categoría del "peón". El "patrón" comete errores igualmente importantes, pero son diferentes.

Los "patrones" tienen ideas preconcebidas de su papel: protectores, solucionadores de problemas, expertos absolutos. "En esta casa mando yo", es su lema. La seguridad en sí mismos, la confianza, la positividad, la acometividad y el sentido de que uno tiene derecho son cualidades si se presentan *con moderación*, pero pueden cegar al "patrón" a los deseos y necesidades de los demás.

He aquí el ejemplo de la vida personal de un amigo:

Antonio García y su esposa Nancy (angloamericana) habían estado casados por dieciocho años. En apariencia, eran la pareja perfecta y sus tres hijos adolescentes iban bien en los estudios y tenían el encanto y la facilidad de sus padres para relacionarse con los demás. Yo hubiera jurado que nada podía acabar con esta familia; ese matrimonio, me decía, duraría otros cincuenta años.

Un día, Antonio vino a verme y, con tez pálida, me comentó:

—Nancy me dejó—. Me quedé pasmado.

—¿Por qué?

—Me dijo que ya no me ama.

—Ya entiendo.

—Claro que no. No entiendes. Por supuesto que me ama. Tiene que haber algo más. Le pregunte cuál era la verdadera razón.

—¿Y qué dijo?

—Repitió que ya no me ama. Le dije que fuera sincera, que me dijera la verdad. Le pregunté otra vez cuál era la *verdadera* razón

—¿Y . . .?

—Sólo me dijo que ya no me amaba.

Movió la cabeza desconsolado.

—No entiendo. ¿Por qué no es sincera conmigo?

—Antonio —le dije—, no la estás escuchando. Tal vez ella ya *no* te ama. Pregúntale por qué siente lo que siente.

Tony estaba furioso. —No entiendes, ¿verdad? ¡Ella me ama! No me está diciendo la verdad.

Pobre Antonio. Sencillamente había dejado de prestar atención a su esposa. Controlaba a su familia con mano severa. Todas las decisiones eran tomadas por él; Nancy no podía opinar ni tenía libertad. Finalmente se cansó. El profundo amor que sintió inicialmente se desvaneció a causa de su dominio. Ella se lo explicó así, pero él no quería prestarle atención y lo dejó.

En el matrimonio como en los negocios, comunicarse no significa mandar. Significa dar y recibir, compartir ideas, tener la voluntad de escuchar el punto de vista del otro y hacer un esfuerzo verdadero por entenderlo. El trabajo en equipo y la confianza son la esencia de todo buen negocio; significan sociedad, no condescendencia.

Y lo mismo que se aplica en los negocios, se aplica en la política. Tal vez la mayor lección para comprender lo importante que es la capacidad de escuchar y de compartir ideas, la aprendí del senador John Tower en 1978. En ese entonces yo estaba a cargo de su campaña en Texas para la comunidad hispana. Tower sabía muy bien cuán desesperadamente necesitaba del voto hispano para ganar. Él entendía y apreciaba a los latinos; admiraba su ética de trabajo, la importancia que le dan a la familia y quería a este país con la misma pasión que ellos querían el suyo. Compartía, además, su gusto por la cerveza Lone Star.

"Lionel", me dijo después de un largo día de campaña, "ya son las seis. Vamos a buscar a algunos hispanos con quien hablar". Visitamos algunos estanquillos frecuentados por hispanos. Nos sentamos en mesas de *picnic* junto con los trabajadores. "Buenas tardes, soy John Tower", decía e intercambiamos anécdotas políticas (sabía unas muy interesantes). *Disfrutaba* de estas conversaciones y su entusiasmo contagiaba a sus "clientes" (es decir, los votantes), que con seguridad regresaban a casa y contaban a sus familiares que Tower era una persona muy agradable. Tower se sentía igualmente a sus anchas entre los republicanos más destacados, además de que necesitaba su dinero y su respaldo. Pero lo que definitivamente me impresionó fue su forma de comunicarse con *mi* gente. Se ganó su confianza y su respeto. Con esto ganó la elección. Si *alguien* sabe cómo comunicarse es un buen político.

Si nosotros, la gente de negocios, pensamos de la misma manera que lo hizo Tower ("voy a ganarme a estos comerciantes angloamericanos; voy a ganar su respeto y su confianza"), seremos bien acogidos, de la misma manera que lo fue Tower entre los votantes hispanos. Debemos ponernos en su lugar y tratar de entender su manera de pensar y lo que les interesa. Cuanto más logremos acercarnos a los angloamericanos, mejor será la comunicación, sin mencionar la confianza mutua y el respeto que ganaremos.

Uno de cada cinco latinos de este país está casado con un angloamericano. Yo soy uno de ellos. Esta cifra, con toda seguridad, irá en aumento.

Si los latinos y los angloamericanos pueden enamorarse, es indudable que podrán hacer negocios juntos. Ciertamente, mi matrimonio con Kathy me ha dado más confianza para desenvolverme en los negocios y las reuniones sociales de los "gringos". De igual manera, ella se siente a gusto y segura entre los latinos.

Cuanto más aprendemos el uno del otro y cuanto más reconozcamos nuestras similitudes, nuestras diferencias serán mucho menores. Una comunicación productiva de negocios entre latinos y angloamericanos se basa en lo siguiente:

- La confianza en nosotros mismos como seres humanos, como profesionales
- La voluntad de prestar atención y de entender
- La habilidad de considerar un punto de vista diferente al nuestro

- La facilidad de hablar abierta y honestamente
- El deseo de entrar en la mente del consumidor o cliente
- La idea de que somos iguales a los demás y que ellos son iguales a nosotros

Este último renglón es materia para el capítulo siguiente. Si usted es tan bueno como cualquier otro y puede convertirse en colega de otro, tiene la habilidad de ampliar su círculo de relaciones de negocios y de trabajo.

CAPÍTULO 9

LA PROYECCIÓN DEL NEGOCIO A TRAVÉS DE LAS RELACIONES INTERPERSONALES

En la biblioteca Franklin Delano Roosevelt en Hyde Park, Nueva York, hay una serie de cartas fascinantes que Roosevelt le escribió a su madre cuando estaba en primero y segundo año de primaria. En ellas habla de sus compañeros de clase, que eran hijos de familias importantes. ("Hoy conocí a fulanito de tal. Su papá es senador del estado de Massachusetts. Necesito conocerlo mejor.") Estoy seguro de que escribió las cartas para complacer a su mamá; es muy poco factible que un niño de seis años estuviera haciendo "conexiones" para cuando creciera. Pero nos demuestran cómo, aun en la primaria, se le había enseñado la importancia de las buenas relaciones para progresar. Su madre sabía esto. Franklin había aprendido rápidamente y como adulto se volvió un experto para establecer relaciones. Era "un hombre que se sabe relacionar". Incluso sirvió de modelo para otro presidente que utilizó las relaciones como primordial arma política: Lyndon Johnson. Existen docenas de fotos del congresista Johnson lo más junto a Roosevelt que le fuera posible. Quien las vea concluirá que los dos eran confidentes. Hay fotos posteriores de Johnson cuando era presidente abrazando a algún otro político, lo cual parece indicar que hay camaradería. Johnson hacía uso de sus influencias, cuidadosamente logradas con los años, para persuadir a sus colegas de que apoyaran sus proyectos.

Pude observar de cerca lo que significa establecer relaciones políticas cuando formé parte de un grupo de hombres de negocios texanos que el presidente Clinton invitó a Washington para trabajar en la aprobación del Tratado de Libre Comercio de América del Norte. Las delegaciones de empresarios de varios estados se reunieron en el Museo de Historia Americana. Cada delegación, a su turno, se reunió por separado con el presidente, que conversó informalmente con nosotros de varios temas económicos. El entusiasmo y el interés que mostró Clinton se hicieron contagiosos. Para cuando llegó el momento de decir lo que quería —que los empresarios presionáramos a los congresistas para votar por el tratado— todos estuvimos de su lado.

Clinton sabía perfectamente bien cuáles congresistas se opondrían al tratado y cuáles ya habían garantizado su aprobación. Nuestro trabajo era persuadir a los indecisos y nos dimos a la tarea con fervor. Me vine de Washington convencido de que el tratado sería aprobado y profundamente impresionado por el desempeño de Clinton. Había utilizado su poder de persuasión (ayudado por el poder de la presidencia misma, que es, en sí, una fuerza innegable) para lograr la aprobación de algo en lo que creía firmemente. Nos había motivado al ser amistoso y cordial en la reunión.

El comportamiento de Clinton, como el de Roosevelt y Johnson, puede parecer premeditado y hasta falso. Alguna gente nunca se prestaría a establecer relaciones de forma tan abierta. Actúan así porque no entienden las ventajas de esto. Establecer conexiones es más que conocer a alguien que en algún momento dado nos pueda ayudar en nuestro negocio. Es una manera de ayudarse mutuamente.

La mayoría de las relaciones que establezcamos dependen del grado de franqueza y de lo que podamos hacer por alguien, sin esperar nada a cambio. Las personas más hábiles para establecer relaciones son aquellas que son amistosas, sociables, extrovertidas y que se interesan en los demás y no en sí mismos; están conscientes de cómo poder ayudar a otros y no de cómo los otros los pueden ayudar.

Los contactos interpersonales comienzan con la familia.

Pero ya sea que ella pueda ayudarlo o no, gran parte del establecimiento de relaciones se logra entre nuestros conocidos que, a su vez, se vuelven amigos. En este sentido, cualquier persona que usted conozca puede resultar de valor. Sin duda alguna, mi idea de establecer relaciones es la siguiente: ayudarnos los unos a los otros.

Mucho de este establecimiento de relaciones se da a una edad muy temprana. Lou Agnese dice que la gran diferencia entre ir a una universidad prestigiosa o a una desconocida no es el nivel de preparación que se adquiere, sino la calidad de los compañeros de clase que uno tiene. En universidades como Harvard o Yale los estudiantes piensan, según él, en términos de éxito y si usted es uno de ellos o es amigo de uno de ellos, lo ayudarán a triunfar cuando triunfe. La mayoría de los trabajos se los darán más fácilmente a un compañero de escuela que a un desconocido (aunque éste tenga más preparación). Esto se llama crear una red de relaciones a través de las amistades, que es como operan los negocios. . . . Es evidente que pocos latinos asisten a universidades prestigiosas (aunque el número ha aumentado). Sin embargo, existe un dato consistente: si usted hace amistades con gente que triunfa después, lo ayudará una vez que triunfe.

Así pues, empiece cuanto antes. Sea amable con todo el mundo. Cuanto más sensible se muestre ante los sentimientos y deseos de los demás, mayores recompensas recibirá en el futuro. No estoy aconsejando que muestre una sensibilidad falsa; debe ser genuina. Pero puede aprender a mostrar interés por los sentimientos de otros y la habilidad de ponerse en el lugar de otro se puede practicar hasta que se vuelva natural. Aprenda a entender lo que se esconde tras la timidez de su interlocutor. Sobrepóngase a la timidez. Haga todo lo que pueda por otros aunque de momento no haya beneficio mutuo.

En mi juventud, tuve una charla sobre publicidad con un muchacho menor que yo. Yo ya estaba establecido y él estaba considerando esta profesión. Olvidé la conversación rápidamente, pero veinte años más tarde me llamó para presentarme al director de mercadotecnia de Brown & Williamson Tobacco Corporation, que era su cliente y buscaba una agencia de publicidad. Mi conocido de hacía tanto tiempo, que trabajaba con la agencia de publicidad Campbell-Mithun, en Chicago, me condujo ahora por el tortuoso laberinto de la competencia para lograr la cuenta de esta empresa. Se requirieron diversas presentaciones y mi nuevo aliado criticó las mías, indicándome qué decir y qué no decir en cada nueva presentación. Sin su ayuda nunca hubiera obtenido la cuenta. Con ella gané. La cuenta representaba nueve millones de dólares para nuestra nueva agencia. De hecho, esto nos significó estabilidad económica, tan necesaria para cualquier negocio pequeño, independientemente de su tamaño.

Y obtuve la cuenta porque alguna vez fui amable con un

hombre que me pidió consejo (la conversación duró media hora) y que lo recordó veinte años después.

Es posible que el hombre más hábil para establecer relaciones que yo haya conocido sea Ron Meraz. Ron, a quien conocí en el sur de California hace apenas unas semanas, es corredor de bolsa para Merril Lynch y durante los primeros años de su trabajo hizo lo que todos los corredores de bolsa suelen hacer: llamar a desconocidos con el fin de convertirlos en sus clientes.

Debido a su habilidad como vendedor, pudo conseguir un gran número de clientes (trabajar para una compañía prestigiosa también contribuyó a ello), pero no estaba satisfecho. Fue entonces que se puso una meta: "Quiero crear riqueza para mi propia gente", me dijo. "Quiero ser el primer corredor de bolsa que se dedique a hacer negocios primordialmente con latinos".

Ron sabía que todos los bancos tienen un cierto número de clientes latinos, que invierten $100,000, en promedio, en cuentas de ahorros, lo que genera apenas un interés del tres por ciento anual. Si pudiera identificarlos, pensó, los convencería y se convertirían en clientes de Merril Lynch. Sabía que, en general, los latinos son precavidos, pero estaba seguro de que lograría persuadirlos para que invirtieran en acciones seguras y en bonos que les produjeran el doble de interés.

Pero, ¿dónde los encontraría? Recurrió a sus amigos. La mayoría no tenían suficiente dinero ahorrado para invertir en el mercado, pero algunos tenían amigos que sí podían invertir y Ron los buscó. Al principio, dedicó el diez por ciento de su tiempo para buscar inversionistas latinos, pero a medida que más y más latinos invertían su dinero con él, se dio cuenta del verdadero potencial del mercado y dedicó el sesenta por ciento del tiempo a ello.

"Es sorprendente cuántos latinos entre los cincuenta y los setenta años de edad han estado ahorrando toda su vida", me dijo. "No es mucho, quizás $100 dólares al mes, pero a través de los años esto se acumula y nunca han pensado en otro lugar para tenerlo más que en el banco".

Una vez que empezaron a invertir, Ron se mantuvo en contacto con ellos. "Son realmente la primera generación de inversionistas latinos", me dijo. "No te imaginas lo mucho que disfruto haciendo tratos con nuestra propia gente. Confían en mí. Me respetan. Y una vez que se hacen mis clientes, me recomiendan a otros".

Hasta la fecha, los inversionistas latinos le han representado a Ron 400 millones de dólares en activos. Su meta es ¡llegar a 100 millones de dólares!

Le va muy bien y si alcanza su meta, las comisiones lo convertirán en multimillonario. Y todo por haberle pedido a sus amigos latinos que le ayudaran, quienes, a su vez, lo recomendaron a otros amigos, extendiendo así la red de conocidos. ¡Esto sí que es hacer contactos!

Parece ser que mientras más exitoso se es, gran parte de este éxito se relaciona directamente con la habilidad de lograr relaciones interpersonales. He aquí algunos ejemplos:

- Cuando Geraldo Rivera perdió su empleo en el programa de televisión *20-20* en 1985 (quería hacer un reportaje controversial sobre la muerte de Marylin Monroe; la gerencia no lo aprobó y el resultado de la disputa terminó en su despido) llegó a San Antonio para servir como juez en una competencia de tamales que uno de nuestros clientes estaba patrocinando. Nos dijo rápidamente cuál era su meta: crear un nuevo programa de entrevistas sobre temas escandalosos. Él lo llamaba televisión explosiva y dramática. En el transcurso de tres días, Kathy y yo le presentamos la idea a algunos de nuestros clientes. A todos les pareció una idea aterradora y muy radical para aquel entonces, y rehusaron patrocinar el programa. Sin embargo, yo veía a Geraldo con admiración. Tenía confianza en sí mismo durante sus presentaciones; estaba seguro de que el programa tendría éxito y muy complacido de poder usar la red de relaciones que le brindamos. No tuvo éxito en San Antonio. En Nueva York lo logró, creando así un nuevo género televisivo.

- Selena, con quien hice unos anuncios para Coca-Cola, era magnífica para establecer relaciones interpersonales. Era una excelente mujer de negocios; sabía, además, los nombres de la gente y siempre los trataba amistosamente, sin importar su posición. Ella es recordada por el personal de Coca-Cola (al igual que en muchos otros sitios) por su cordialidad, sencillez y consideración. Estas cualidades eran igualmente percibidas por sus admiradores. Disfrutaba sinceramente haciendo felices a los demás, no sólo como cantante sino también a través del trato personal. Su red de contactos y conocidos abarcaba literalmente a millones de personas, que siguen siendo sus admiradores, aun después de su trágica muerte.
- El actor Edward James Olmos siempre lleva consigo un teléfono celular. Pero las llamadas que recibe no son de trabajo; éstas se las deja a su representante. Participa apasionadamente en causas culturales hispanas, desde ayudar a los indígenas de Chiapas hasta promover becas para la preparación de los hispanos a través de anuncios de servicio a la comunidad. Pasa la mayor parte de su

tiempo dedicado a esto y no a su carrera de actor. Utiliza su fama para persuadir a las corporaciones, a otros actores, a sus amigos y a los amigos de sus amigos. De esta forma obtiene ayuda. Posiblemente sea el actor que más trabajo voluntario realiza en el medio artístico. Eddie establece relaciones interpersonales por el amor a su gente y a su comunidad.

- Mi amigo Jesse Treviño es de los artistas hispanos más conocidos en Estados Unidos. Sus pinturas cuestan entre $25,000 y $40,000 cada una. Sin embargo, estoy convencido de que aun siendo tan talentoso no recibiría cantidades tan altas si no fuera por la delicada red que ha establecido tan cuidadosament entre los dueños de galerías de arte, expertos y críticos que elogian su trabajo. Él conoce el valor de la publicidad. Es un hombre auténticamente afectuoso y considerado, y no es demasiado orgulloso para aceptar la ayuda de otros. Recientemente, varios de sus amigos compraron una enorme pintura suya y la donaron al Smithsonian Institution, con la condición de que fuera exhibida en forma permanente. Es el primer pintor hispano que ha recibido tal honor. Hace poco, al mirar su obra, me asaltó el pensamiento: el introvertido Vincent Van Gogh murió en la pobreza mientras que el extrovertido Pablo Picasso murió multimillonario. ¿Es esto coincidencia o la capacidad y el deseo de establecer relaciones interpersonales?
- El gerente general de una de las agencias de publicidad más exitosas de Colombia es Christian Toro. He viajado con él y me ha llamado la atención su capacidad para establecer relaciones interpersonales. Siempre viaja en primera clase, basado en la teoría de que tal vez conozca a algún empresario que desee contratar los servicios de su agencia y lleva consigo una pequeña cámara de video para poder mostrarle a algún posible cliente su serie de

comerciales. No necesito decirles que también carga un teléfono celular, un *pager*, un facsímil y una computadora para mantenerse en comunicación con sus contactos, en caso de no encontrar uno de inmediato. Christian es en verdad un ejemplo de lo que será una persona que sabe establecer relaciones interpersonales en el siglo veintiuno. En ocasiones, los latinos podrían enseñarles a los angloamericanos algunos trucos.

Pero todas éstas son personas famosas y poderosas. "Son diferentes", pensará usted. "Yo sólo soy una persona común y corriente que apenas empieza. No tengo tantos contactos. Soy tímido por naturaleza. No me siento a gusto entre los angloamericanos. Me deleitan sus historias de personas exitosas, Lionel, pero yo vivo en un mundo diferente".

"No tan diferente", diría yo. La gente famosa alguna vez fue desconocida; muchos de los grandes empresarios empezaron con muy poco. Todos hemos sido tímidos; todos nos sentimos incómodos en presencia de los "otros".

Así que, ¿por dónde empezar?

Digamos que el destino lo ha llevado a una pequeña ciudad donde no conoce a nadie. Obtuvo un trabajo con un fabricante de partes para automóviles, pero su deseo de tener su propia compañía manufacturera de herramientas parece un sueño distante e inalcanzable. Necesita amigos, contactos, relaciones. Necesita una red de relaciones interpersonales.

Obviamente, el lugar para empezar es la oficina, donde los chismes se convierten en un arma invaluable para establecer relaciones interpersonales, y es casi seguro que sus compañeros de trabajo, latinos y angloamericanos, generalmente le señalen con gusto el camino a seguir. Del mismo modo, le recomiendo que consiga un trabajo de voluntario. Puede ser en la Cruz Roja, en United Way, en Meals on Wheels, en un museo o en un club político.

Las organizaciones caritativas hispanas siempre buscan voluntarios para servir a la comunidad. Ofrezca sus servicios. Únase a un grupo folklórico, al grupo local de actores latinos o a una organización que ofrezca ayuda a niños con problemas. Póngase a disposición para el embellecimiento de barrios, ferias y festivales. Se dará a conocer, hará amistades y se divertirá. Y, cuando menos lo espere, alguno de esos contactos o amistades se convertirá en una gran oportunidad para hacer negocios.

Al empezar su propio negocio, únase a varias organizaciones de empresarios y asociaciones; hágase miembro de la cámara de comercio y de la Cámara Hispana de Comercio, si no existe una local. Muy pronto será aceptado, conocerá a empresarios y seguramente encontrará algún colega que gustosamente le dará consejos, le indicará el camino a seguir o le dará ideas para nuevos negocios.

Existen oportunidades para establecer relaciones interpersonales y organizaciones tales como las que he mencionado en cada ciudad o pueblo, que le abren las puertas a personas como usted. Por ahora, es importante que conozca este sabio principio: debe crear su propia red de relaciones interpersonales. No se creará por sí sola.

Esto significa que deberá ser extrovertido, sociable, optimista y consciente de que la mayoría de la gente desea aceptarlo. Deberá ser capaz de sobreponerse a rechazos ocasionales y mostrar deseos de intentarlo con más ímpetu. Deberá darse cuenta de que establecer una red de relaciones interpersonales lleva tiempo y perseverancia. Sea amistoso; interésese en los demás. Su cadena de contactos empezará a crecer. Las semillas que vaya plantando florecerán al paso de los años. Siembre cuantas semillas pueda, pero no se siente a esperar hasta que crezcan. Crecerán, pero muchas veces tardan años.

Uno podría pensar que los latinos son hábiles para establecer redes de relaciones interpersonales. En los países en los que nuestros padres o nuestros abuelos nacieron se nos enseñó a luchar por nuestra cuenta. Sin subsidios del gobierno, hemos tenido que usar nuestros instintos y depender de nuestros amigos y colegas. Asimismo, nuestros valores culturales —familia, confianza, comunidad —requieren de relaciones interpersonales. Nuestros instintos naturales de amistad y habilidad de regateo pulen nuestras habilidades para formar una red de contactos.

Pero nos cuesta trabajo establecer relaciones interpersonales "con ellos". Después de todo, sabemos bien que los angloamericanos establecen sus relaciones interpersonales con otros angloamericanos y lo vemos a diario. ¿Por qué no podemos entrar a ese circuito?

Una razón es que se nos han enseñado, repetidamente, a que debemos ocupar el lugar que nos corresponde. "No te adelantes, no seas igualado", hemos oído decir. Si ser desconfiado es algo natural, no hablar hasta que se nos pregunte, esperar órdenes (como los albañiles que trabajaron en mi casa), entonces establecer relaciones interpersonales con gente que es diferente a nosotros nos resulta casi imposible. Dado que siempre tenemos que estar un paso adelante, debemos aprender a tomar la iniciativa y esto significa ser los primeros en acercarnos a alguien, hablar primero e invitar primero. Debemos hacernos cuenta de que los angloamericanos son iguales a cualquier otro latino, es decir, como nosotros.

No es fácil. Es muy reconfortante decirnos a nosotros mismos que somos iguales a cualquiera, aunque éste gane más, sea más famoso u ocupe un puesto de poder. Sin embargo, esto no es lo mismo que *sentirse* igual a los demás y este sentimiento de igualdad es lo que cuenta.

Una técnica que he usado con éxito es pensar que el angloamericano más poderoso ante el que me encuentre es mi compañero de secundaria y de este modo hablo con él, o ella, como si fuéramos viejos conocidos. Repito, no es fácil, pero cada vez le será más sencillo poder sustituir mentalmente el rostro del angloamericano por el de su amigo. Y con esta tranquilidad vendrá la confianza, a la cual le seguirá la amistad. Recuerde: cuando pueda sentirse a gusto, la persona con la que se encuentre también podrá sentirse igual.

La gente triunfadora constantemente pide ayuda, así que no dude en decir cuáles son sus metas y en pedir que lo ayuden a lograrlas. Y sea directo cuando pida ayuda. Si llama por teléfono para hacer una cita con alguien que conoció en una fiesta, le resultará más fácil decir: "Sería posible que el señor Smith me concediera unos minutos de su tiempo?" En vez de eso diga: "El propósito de mi llamada es concertar una reunión, de la que ya hablamos el martes en la noche, con el señor Smith. ¿Se encuentra en la oficina? ¿No? ¿Sería tan amable de revisar su agenda para ver que día de la semana próxima me puede recibir?" En la mayoría de los casos le darán una cita, pero todo depende de su actitud. Actúe como quien espera lograrlo, y así será. Todo depende de su actitud.

De hecho, el teléfono es todavía el medio más efectivo para establecer relaciones. Véalo como un aliado y aprenda a usarlo correctamente. Los latinos y los angloamericanos tienen dificultad en usar el teléfono para pedir un favor, aunque la otra persona sea su amigo. Les resulta aún más difícil si la persona a la que llaman es un desconocido. Creen que la molestan y que interfieren en sus actividades. Esto emana de un sentimiento innato de inferioridad y se puede vencer con la práctica. He aquí un buen consejo: haga las llamadas más difíciles durante la mañana, antes que cualquier otra cosa. Así se quitará ese peso durante todo el día y las demás le resultarán más fáciles.

A lo largo de mi carrera, he establecido relaciones de manera consciente e inconsciente. Cuanto más seguido se hace, más productivos son los contactos. La regla principal es no ser tímido e ir al grano directamente. Haga contactos en organizaciones donde hay pocos latinos; usted será tal vez el único latino, lo que lo hará más visible. A continuación le daré una lista de sugerencias:

Hágase miembro de al menos dos organizaciones profesionales. Le recomiendo:

La cámara de comercio de su localidad
La Cámara Hispana de Comercio

Sirva de voluntario de una organización comunitaria en la ciudad o pueblo donde viva. Seleccione la que más le interese, pero asegúrese de que haya empresarios en ella que son potenciales fuentes de contactos. Por ejemplo:

United Way
Salvation Army
El Club de Leones
El LULAC de su localidad

Participe como voluntario en campañas para la recaudación de fondos, tales como:

La construcción de nuevos edificios para la secundaria o la preparatoria de su ciudad
Bibliotecas de universidades
La restauración de edificios o monumentos históricos
Centros culturales

Hágase miembro de clubes sociales tales como:

Asociaciones de ex alumnos
Grupos para practicar el inglés (siempre se puede aprender más)
Clases de cocina, pastelería o bordado
Grupos de lectura
Sociedades corales

Ofrezca sus servicios voluntarios en comités y mesas directivas. Se sorprenderá al saber cuántos buscan miembros latinos. Cito algunos:

United Way (distribución, finanzas)
Orquestas sinfónicas
Universidades
Museos
Grupos ecológicos

Antes de hacerse miembro, mire la lista de miembros activos de estas organizaciones y cerciórese de que son posibles contactos de negocios.

Vuele en primera clase en cuanto pueda hacerlo. Tendrá la oportunidad de conocer a otros empresarios en posiciones que frecuentemente son claves.

Participe en reuniones. Tenga un plan de acción antes de asistir a una reunión; piense quién asistirá, inicie conversaciones con los demás, intercambie tarjetas de presentación, procure averiguar quiénes son las personas influyentes y hábleles de usted. Pero no pase más de diez minutos con una sola persona; mejor, tome su número de teléfono y llámela pronto.

Ofrezca fiestas e invite a sus colegas y jefes.

Pague la cuenta.

Sea especialmente amable con los estudiantes y los principiantes.

Le sorprenderá la rapidez con que muchos de ellos se encuentran en puestos en los que le pueden ayudar.

Preste atención. Tome notas y aprenda los nombres de las esposas y los hijos de las personas a las que conozca.

No sólo llame por teléfono, escriba también.

Mande notas de felicitaciones.

Mande imprimir tarjetas de agradecimiento y de felicitaciones.

Exprese su pesar cuando sepa de los problemas de alguien.

Mantenga la puerta de su oficina abierta. Aquellos que entren le agradecerán su generosidad de espíritu y responderán del mismo modo.

Nunca esté "demasiado cansado" o "demasiado ocupado" para prestar atención a alguien que necesite ayuda. Reciba a cuantos pueda ayudar (realmente ayudar) y ayude a cuantos pueda.

No sea tímido al pedir que alguien lo ayude.

No titubee en pedir favores a sus amigos y deje que ellos se los pidan también. Para eso son los amigos. Y cuando prometa hacer un favor a alguien, cumpla siempre.

Trate de integrar estos consejos en su vida diaria. El mundo de los negocios está sobrepoblado. Recuerde: otros, hombres y mujeres, también están estableciendo relaciones interpersonales.

CAPÍTULO 10

LA MUJER LATINA ES LA FUERZA DE NUESTRA CULTURA

Hace años, cuando llevamos a cabo por primera vez una investigación para entender por qué los varones latinos decidían ingresar al ejército en lugar de dedicarse a una actividad laboral, quedé completamente sorprendido con los resultados. Descubrimos que, en la mayoría de los casos, habían tomado la decisión con sus madres —no con sus padres— quienes, para mi sorpresa, no opinaban en el asunto.

Cuando entrevistamos a familias hispanas sobre su asistencia médica recientemente, encontramos de nuevo que es "mamá", no "papá", quien escoge el doctor, el hospital e incluso la compañía de seguros. Si la madre no podía escoger, entonces la decisión la tomaba una tía u otra mujer de la familia. El hombre no participaba en esto. No es siempre el "macho" quien gobierna; es la "mamacita" (excepto, así parece frecuentemente, cuando se trata de qué cerveza se comprará o qué partido de fútbol se verá). Sí, en nuestra cultura la mujer tiene poder y lo ejerce con extremada habilidad.

Cuando se trata de comprar un seguro para el automóvil, la actitud es ligeramente más sutil. "Haz la investigación, querida", dice el macho a la esposa. "Llama y pregunta cuál es el seguro más barato. Me dices y luego escojo".

La "sumisa" esposa hace las llamadas, pero la mayor parte de las veces escoge la compañía basada no solamente en el precio sino en otros intangibles, tales como la manera como fue atendida por la recepcionista, su amabilidad, su sinceridad, etc. Luego habla con su esposo y le dice que ya encontró la mejor compañía. Él, satisfecho, decide adquirir el seguro de la compañía que ella le recomendó. Es más, tan segura está ella de que él aceptará, que en el setenta y cinco por ciento de los casos la mujer ya firmó el contrato aun antes de hablar con su esposo.

El juego es hacer creer que es el esposo quien escoge. Apenas él recibe la información, el asunto queda concluído. Pero, de hecho, la decisión es *fait accompli* desde antes de que el asunto llegue a él. Con frecuencia, esto se hace para que él se sienta bien; es ideal para su propia autoestima y su machismo.

El escritor Ray González dice: "El machismo latino se deriva de haber vivido quinientos años de opresión total bajo una cultura dominante que hablaba de honor, pero no se lo extendía al pueblo colonizado. Repentinamente, este pueblo se encontró cautivo entre la realidad de la supervivencia y una sensación de total impotencia. Además, también se enfrentó a la represión que implicaban los dictámenes de la Iglesia, por lo que no es extraño que el varón latino se haya convertido en una caldera repleta de ira reprimida y justificable".

¿Es entonces el machismo sólo palabrería, nada más que una fachada o una defensa? Esa explicación sería demasiado simplista (después de todo, el latino *cree* en su machismo), pero yo creo que sí hay mucho de eso. Para el latino, el machismo es una vía, aunque sólo se trate de una vía inconsciente y de autoengaño para expresar independencia en medio de un mundo que lo obliga a ser extremadamente dependiente de los demás.

La contraparte del machismo es el marianismo, o sea "la esencia del feminismo dentro del mundo (católico) latino", como lo define la escritora Esther Herrera, que considera que éste también se encuentra en la psique de hombres y mujeres latinos. La escritora cree que la palabra viene de la adoración, casi fanática, a la Virgen María. Esta adoración floreció en la Edad Media cuando el hombre y la mujer latinos, frente a los horrores de la guerra y la peste, sintieron la necesidad de una figura materna que mediara entre la miseria del hombre y la ira de Dios. Fuerte, generosa, devota de Dios y de su familia, la mujer era —como lo es hoy— la verdadera fortaleza en la vida latina. El hombre podía luchar y proporcionar los músculos que se requerían para el campo o para las faenas del trabajo urbano, pero era la mujer la que desempeñaba el trabajo más difícil de ser la consoladora y el punto de unión de la familia cuando eventos externos amenazaban con separar a sus miembros.

Sin embargo, la "mariana" moderna tiene que llevar a cabo una mediación diferente. En el libro *La paradoja de María*, las escritoras Rosa María Gil y Carmen Inoa Vázquez describen a la latina contemporánea como un ser atrapado entre los valores femeninos del mundo antiguo (entrega, sacrificio, la idea de que "yo en realidad no importo porque la familia es primero") y las exigencias del mundo moderno. Supuestamente, en la cultura latina las mujeres son consideradas *buenas mujeres:* dependientes, en apariencia, y sumisas y serviles con sus hombres, pero en realidad controlan la vida de sus maridos y de sus hijos y toman las decisiones por ellos, pero lo hacen "en secreto". Sus maridos las colocan bajo gran presión para que este papel se perpetúe. Así tenemos que, aunque cada vez es mayor el número de latinas que entran a la fuerza laboral en Estados Unidos, también es mayor la presión que se ejerce sobre las que trabajan. De pronto, éstas se encuentran atrapadas en un dilema bicultural, es decir, entre dos corrientes opuestas, entre dos aguas. Deben ser "marianas" y mujeres trabajadoras, latinas y "americanas", ejecutivas acometedoras y, al mismo tiempo, miembros sumisos de una familia.

En mis quince años de investigaciones he aprendido que tanto los latinos como las latinas se encuentran ante esta situación ambivalente. Para ellas, no obstante, la ambivalencia es peor, ya que se depende de ellas mucho más para que sean el bastión de la familia latina. Se podría pensar que este conflicto convierte a las latinas en mujeres de negocios ineficaces, pero nada más lejos de la realidad. De hecho, son más fuertes de lo que se imaginaría el latino más ardiente. Las mujeres se están destacando cada vez más en toda clase de negocios y a todos los niveles. Muchas han logrado altos puestos gerenciales en empresas pequeñas y grandes. Están comenzando a formar parte de un núcleo importante (y en rápido crecimiento) en las filas de las gerencias de nivel medio. Otras han comenzado pequeños negocios que están prosperando, incluso a una velocidad mayor que aquellos establecidos por sus colegas varones.

No es ninguna paradoja que las latinas tiendan a ascender más rápido en los negocios angloamericanos y multiculturales que en aquellos estrictamente latinos. Y están ascendiendo en todas partes, al igual que sus hermanas angloamericanas (quienes comparten algunos de los mismos problemas). En mi opinión, durante el decenio pasado, hubo dos tendencias, consideradas como las más importantes en el mundo de negocios, a saber: la entrada de la mujer a la fuerza laboral y la expansión mundial de aquellos. Y las latinas son una parte importante de esa tendencia.

Observe estos reveladores datos:

- Durante 1985 hubo treinta y tres compañías cuyas propietarias eran mujeres, que generaron ingresos por aproximadamente 220 millones de dólares. Hoy existen más de cincuenta empresas similares, cuyo ingreso es de más de $1,000 millones.
- Durante los últimos treinta años, la economía estadounidense ha creado cincuenta y seis millones de trabajos. Dos terceras partes de estos (sesenta y cuatro por ciento) han sido ocupados por mujeres.
- En 1996, las mujeres recibieron el cincuenta y cinco por ciento de las licenciaturas universitarias y el cincuenta y uno por ciento de todas las maestrías.
- Los pequeños negocios propiedad de mujeres están superando a los de los varones en proporción de dos a uno.
- En una encuesta realizada por Video Storyboard Tests entre 2,200 consumidores, se encontró que ocho de las diez personas que tienen mayor influencia en el consumidor son mujeres (Candice Bergen, Elizabeth Taylor, Cybill Shepherd y Whitney Houston, entre otras). Sólo un decenio antes ocho de las personas más famosas eran hombres.

Lo que es más, según Alex Counts y su libro *Give Us Credit*, "las mujeres que piden dinero prestado han demostrado ser más disciplinadas y recursivas para realizar sus pagos. Recibimos sus pagos de forma más constante y las ganancias que logran obtener benefician a toda la familia. (Los hombres gastan los ganancias en ellos mismos.)"

Ahora que el número de mujeres que terminan sus licenciaturas y asisten a universidades de postgrado es igual al de hombres, vemos que ellas están obteniendo una "educación de hombre" y de esta manera no sólo compiten con aquellos sino que van un paso adelante de ellos en la carrera por lograr mejores ganancias y mejores empleos. Esto, en realidad, no es una sorpresa. Ya Sócrates lo decía: "Cuando la mujer es igual al hombre, se vuelve su superior".

Mi propio terreno, la publicidad, muestra la presencia *in crescendo* de la mujer, tanto angloamericana como latina, en el mundo de los negocios. (Gran parte del éxito de las mujeres en el campo publicitario fue iniciado por Charlotte Bears, la primer mujer en ser presidenta corporativa de una compañía de publicidad multinacional, Ogilvy and Mather. Durante toda su carrera, e incluso después de que se retiró, luchó por la igualdad de las mujeres en este campo.) Ochenta por ciento de todos los trabajos en las agencias de publicidad están en manos de mujeres; lo mismo ocurre en las compañías para las que trabajan. Además, es de notarse que cada vez hay más mujeres representando a quienes deciden qué agencia los representará.

En la compañía Prudential hicimos nuestra presentación para tratar de obtener esa cuenta ante siete mujeres y un hombre. En Dr Pepper sólo dos personas eran las responsables de tomar la decisión: dos mujeres. En la compañía Paragon Cable había cinco mujeres y ningún hombre para tomar la decisión. Después le comunicaron su decisión a los hombres para que dieran su visto bueno final.

En KJS todos estamos conscientes de este fenómeno, por lo cual hemos moldeado la compañía y nuestras presentaciones de acuerdo a ello. Sabemos que a las mujeres les gusta saber que hay otras mujeres en los puestos más altos de la compañía (es el viejo principio de que a las personas les gusta hacer negocios con quienes se sienten más a gusto). Por otra parte, estoy convencido de que una de las razones por las que obtuvimos la cuenta de Columbia Health Care fue porque nuestro equipo de presentadores estaba compuesto de cuatro mujeres y un hombre que se mantuvo en silencio la mayor parte del tiempo (yo). En Columbia Health Care la toma de decisiones estaba a cargo de dos hombres y ¡doce mujeres! La compañía gasta siete millones de dólares anuales en el mercado hispano, por lo que es considerada la número uno en su categoría. Sin Linda Richardson, Daren Bowling, Lourdes Nieto y Sara Peterson, en representación del cliente, y sin Kathy Sosa, Sandra Gracia, Roxanna Fernández y María García representándonos, estoy convencido de que no hubiésemos obtenido esa cuenta. El poder femenino —tanto el de las angloamericanas como el de las latinas, unidas en un fin común— se ha encargado de que la sociedad Columbia-KJS prospere.

Puede ser desastroso *subestimar* el poder femenino. Recientemente, una agencia de publicidad multinacional me pidió que los acompañara en una presentación para una de las compañías de telecomunicaciones más importantes de Estados Unidos. Mi labor consistía en explicar, en forma detallada, cómo vender sus productos en el mercado hispano. Nueve personas participamos en la presentación: ocho hombres y una mujer. Hicimos muy buen papel. Perfectamente hubiéramos podido ser escogidos como la mejor compañía para realizar ese trabajo, pero perdimos. Tres de las cinco personas que tenían que determinar la agencia que sería escogida eran mujeres. Más tarde descubrí que el equipo que nos ganó estaba compuesto por tres mujeres y dos hombres. ¿Nos ganaron por coincidencia? No. Yo creo que fue porque la compañía que me contrató no tomó en cuenta la magnitud del poder de las mujeres.

¿Son las mujeres mejores que los hombres para los negocios? Eso parece indicar una encuesta llevada a cabo recientemente por Lawrence A. Pfaff and Associates. El estudio, que se hizo durante más de veinticuatro meses, entre 1994 y 1996, incluyó 941 gerentes y directoras a todos los niveles (672 hombres y 269 mujeres) de 204 organizaciones en diecisiete estados.

"Las directoras, según la evaluación de los propios jefes, de ellas mismas y de las personas que trabajan con ellas, obtuvieron mucho mejor puntuación que sus contrapartes varones", dijo Pfaff. "La diferencia se extiende más allá de cualidades 'femeninas' como comunicación y delegación de autoridad a aspectos como decisión, planeación y fijación de estándares".

Ciertamente, en una encuesta en la que los empleados debían calificar veinte características de gerentes y directoras, las mujeres obtuvieron una puntuación superior a las de los hombres en diecinueve de las áreas. Los jefes les dieron una puntuación en dieciocho de ellas. Más aun, cuando se calificaron a ellos mismos, opinaron que las mujeres eran mejores en quince áreas, aunque se entrevistaron más hombres que mujeres.

Las mujeres pueden ser igual de ambiciosas y acometedoras que los hombres, según reveló la encuesta. Pero las mujeres son más sensibles, más precisas y más capaces para percibir "las buenas o malas intenciones" en una sala de reuniones. Tal vez, sugiere Pfaff, los hombres tienden a predominar en número en las reuniones y su estilo, que es más voluble, les permite a las mujeres permanecer sentadas, escuchando, mientras se dedican a estudiar y observar las reacciones. En otras palabras, las mujeres abren la mente, ¡no la boca!

Las estadísticas que se refieren exclusivamente a las latinas son igualmente reveladoras. Estos datos son de un estudio patrocinado por la Cámara Hispana de Comercio y Phillip Morris:

- Las mujeres que son propietarias de su propio negocio tienden a ser más jóvenes que los hombres en el mismo caso. El grupo mayor tiene entre treinta y cinco y cuarenta y cuatro años y comprende la mitad de *todos* los dueños hispanos de negocios de entre treinta y cinco y cincuenta y cuatro años.
- Ocho de cada diez están casadas.
- Aunque existe un mayor número de directoras viudas que de gerentes viudos, (la relación es de veintitrés a diez por ciento), nueve de cada diez latinas comenzaron su negocio de la nada, en vez de heredarlo de la familia.
- A las latinas se les dificulta más que a los hombres obtener préstamos y crédito (el veintiocho por ciento reportó continuos problemas). No obstante, existen más latinas que latinos que se describen como "optimistas".
- Las latinas reportan tener problemas "menores" para obtener apoyo del gobierno, mientras que los hombres dijeron que sus problemas "persistieron". Es de notar que tal apoyo se le da más fácilmente a hombres minoritarios que a mujeres minoritarias.
- Un tercio de todas las latinas dice que sólo tiene problemas "ocasionales o que no tiene problemas" para balancear el trabajo y la familia. ¡Exactamente el mismo porcentaje de hombres latinos!
- El cincuenta y dos por ciento de las latinas consideran que sus esposos son "extremadamente importantes" en su trabajo. El veintiséis por ciento de los hombres opinaron lo mismo.
- Los latinos y las latinas consideran de manera diferente los factores que contribuyen al éxito. Las mujeres ponen énfasis en el trabajo logrado a través de relaciones inter-

personales, a la seguridad y confianza en ellas, y a la perseverancia; los hombres, por su parte, enfatizan el arduo trabajo, la dedicación, la preparación, el conocimiento y la experiencia.

- Las latinas consideran que es menos probable que obtengan ayuda por medio de talleres de entrenamiento y enfatizan, en cambio, los factores sociales e interpersonales como vías de progreso.
- Los negocios de propiedad de latinas son más recientes, por lo que hay menos material para su estudio. Sin embargo, *son igualmente competitivos.*

Aunque las estadísticas son sumamente reveladoras, son las mujeres quienes nos dan el mayor testimonio de su propio éxito. Bonnie García, por ejemplo, llegó a ser la directora de mercadotecnia hispana para Coca-Cola y se abrió paso desde el peldaño más pequeño de la empresa hasta la cima. Su primer empleo fue como comentarista de radio, donde aprendió el arte de llevar a cabo una promoción dinámica y cómo relacionar productos con los medios publicitarios. Pero ella quería hacer carrera dentro de una compañía grande, así es que estando aún joven trabajó en Stroh Brewery Company, en Detroit, donde aprendió sobre mercadeo y distribución a nivel nacional. Cuando obtuvo un trabajo con Coca-Cola, ascendió rápidamente de asistente de relaciones públicas a directora de la división hispana donde, según dice, "causó un revuelo" al encontrar nuevas soluciones a problemas viejos y crear nuevas reglas a medida que avanzaba. Aumentó la participación de Coca-Cola en el mercado de manera significativa, en comparación con sus dos antecesores varones, que habían logrado sólo un crecimiento modesto. Su presupuesto se duplicó y luego se triplicó. Su departamento sacó al aire más comerciales por radio y televisión que ningún otro. Llegó a estar al frente del departamento de mercadeo hispano más activo de la nación y si uno la visitaba, la encontraba en la oficina principal del séptimo piso, el piso "sagrado" en las oficinas centrales de la compañía, en Atlanta. ¡Nada mal para una mujer que contaba tan sólo con educación secundaria!

Sin duda alguna, las mujeres se están destacando en todas las áreas de negocios en Estados Unidos. Un artículo recientemente aparecido en *Hispanic Business* describe a diversas mujeres, *todas ellas menores de cuarenta años,* que han obtenido ganancias superiores a los $100,000. Entre ellas se encuentra Julie Martínez, presidenta de Will Rent Inc., de Chicago, una compañía de bienes raíces que factura más de $2.3 millones de dólares anuales; Graciela González, que junto con su prometido, Henry Juárez, montó un negocio de construcción en Houston con un capital de más de $700,000; Debbie y Susan Márquez, que abrieron un restaurante de comida mexicana en Vail, Colorado, con una inversión de $10,000 y ganaron un millón en 1995; Carrie Monroy de Herrera, que inició un negocio privado atendiendo a diversos negocios de Sacramento, California y ganó $180,000 el año pasado; Betty Lou Gámez-Fiel, que montó su propia agencia de empleos temporales y permanentes en San Antonio y ganó $581,000 en 1995; y Livia Arnaiz, gerente de consultoría para tecnología de maquinaria conectada a tierra en Miami, que factura $2.6 millones anuales.

Estas mujeres, al igual que cientos de otras latinas que pertenecen a la fuerza laboral, comparten las características siguientes que las llevan al éxito:

1. Tienen una actitud mental positiva.
2. Son persistentes.
3. Saben comunicarse con mujeres *y* con hombres.

4. Confían en la gente.
5. Saben conceder poder a sus subordinados; saben "delegar" poder a sus subordinados y "darles alas".
6. Son fáciles de abordar.
7. Saben pertenecer a un equipo al igual que ser su líder.
8. Tienen sentido del humor. (Lawrence Pfaff encontró esto en su encuesta. La risa libera la tensión, y el humor de la latina tiende a relajar a los hombres tensos, tanto a los hispanos como a los angloamericanos.)

El camino está claramente abierto. Por supuesto que no pretendo decir que sea sencillo o que todas las latinas se vuelven exitosas una vez que se dedican a los negocios. Para efectos de este libro, he entrevistado y dirigido grupos de enfoque con muchas mujeres de negocios. Creía que me iba a enfrentar a un torrente de quejas. En vez de ello, estaban encantadas de hablarme de sus éxitos. Su actitud es tan positiva —mucho más que la de sus contrapartes varones— que incluso fue difícil que expresaran otra cosa que no fuesen satisfacciones.

"Háblenme de sus problemas", les sugerí. Me di cuenta que tendían mucho a hablar de problemas *individuales*, propios de sus negocios, y después pasaban la siguiente hora diciéndome cómo habían resuelto esas dificultades. Era obvio que en medio de estos problemas habían aprendido mucho. Los problemas parecían llenarlas de energía y fuerzas. Muchas me dijeron: "Me he enfrentado a tantos problemas en mi camino que en realidad ya me he vuelto una experta para sortearlos". La actitud que prevalece entre ellas es que "cuanto más grande sea el reto, mayor es mi energía" y "en realidad, disfruto librando obstáculos y sorteando barreras".

La mayoría de las latinas del mundo de negocios tienen éxito para llevar a cabo relaciones interpersonales en favor del negocio y utilizan su instinto natural para comunicarse e intercambiar experiencias. De esta manera, se brindan apoyo unas a otras.

Sin embargo, *existen* problemas comunes a todas, distintos a los que los hombres se enfrentan. He aquí algunos:

- Falta de apoyo práctico y emocional por parte de los cónyuges
- Falta de tiempo con sus esposos
- Balancear responsabilidaes familiares, comunitarias y de negocios
- No saber ponerle valor a su trabajo (no cobrar menos por sus servicios)
- Negociar el precio mejor y más bajo con sus proveedores
- No ser suficientemente competitivas cuando luchan por obtener mejores sueldos (cuando es a nombre de otros lo hacen maravillosamente bien)
- No contar con tiempo suficiente para continuar su educación en escuelas y seminarios
- Trabajar para enfrentar contingencias en lugar de hacerlo de manera planeada y predeterminada de antemano ("Es muy común que tengamos que apagar fuegos")
- Dificultad para adquirir préstamos y expandir el negocio
- No ser tomadas en serio ocasionalmente
- Enfrentarse a la discriminación porque son latinas (Uno podría pensar que este problema encabezaría la lista pero, de acuerdo a mis entrevistas, ocupó el último lugar)

Las mujeres tienden a enumerar el doble de problemas que los hombres (cuyas quejas se relacionan con falta de financiamiento, dificultad para encontrar gente idónea, discriminación y falta de oportunidades y de capacitación) y tienden a creer que están causados por fuerzas sobre las que no tienen ningún control. Las latinas se echan los problema a las espaldas.

Sin importar cómo se enfrente la mujer a ellos, sus problemas son reales y serán necesarios muchos años para resolverlos. Recuerde: las latinas son relativamente nuevas en la fuerza laboral. Sin embargo, existe suficiente evidencia que muestra que un cambio positivo no solamente es posible sino que ya se está dando. Un grupo de apoyo para las latinas es una asociación nacional llamada BPW, o Business & Professional Women, que tiene representantes prácticamente en todas las ciudades y pueblos de Estados Unidos. Las mujeres que se afilian a ella tienden a prosperar. Ahí se enseña y se aprende a "ponerse los pantalones".

En muchos aspectos, ya se los han puesto.

CAPÍTULO 11

¿CUÁL DE MIS CARAS QUIERO QUE VEAN?

Las mujeres latinas, en efecto, deben mostrar un aspecto en el hogar y otro en el trabajo. Pero, de hecho, todos los latinos comparten este mismo problema.

Mi amigo, el comediante Paul Rodríguez, cuenta un chiste que siempre hace reír a carcajadas a su público. Está en el centro de Los Ángeles y toma el elevador en el edificio donde se encuentra su representante; al entrar se ve rodeado de personas asiáticas que hablan incesantemente en chino. "Pero, vaya, que me dio coraje", dice el comediante. "¿Qué esta gente no sabe dónde estamos? ¡Esto es Estados Unidos! ¡Deberían hablar en español!"

El público, en su mayoría de origen latino, ríe estruendosamente y a Paul esto le causa una gran satisfacción, pues contó un chiste en inglés a los latinos sobre el español y el chino. Todos lo entienden puesto que saben qué tan fácil nos resulta pasar de una cultura a la otra y de un idioma al otro.

Al empezar su carrera en el mundo de los negocios, deberá hacerse una pregunta de importancia vital. Se refiere a su "cara al público" y atañe a su esencia misma: *¿Cuál de mis caras quiero que vean?* Sin duda alguna, tenemos la opción de escoger pues, como latinos *tenemos*, muchas caras.

Algunos somos latinos un tanto "americanizados"; otros son básicamente "gringos", con apenas rastros de nuestro "latinismo". Es esencial poder pasar de una cultura y un idioma al otro. Algunos somos auténticos camaleones, dependiendo de las circunstancias.

No hay nada extraño en todo esto. Los inmigrantes griegos, italianos, jamaiquinos e irlandeses han pasado por este mismo proceso. He escuchado a algunos de mis amigos afroamericanos hablar en "inglés negro" en los bares con sus amigos y en "inglés blanco" en reuniones de negocios. Para nosotros, mientras más "caras" diferentes seamos capaces de adoptar a discreción, mejor podremos desenvolvernos en la sociedad estadounidense, tanto en nuestros barrios como en nuestros trabajos.

En Texas existe un fenómeno llamado "Tex-Mex", que es una forma de hablar utilizada por unos cinco millones de tejanos y mexico-americanos del sudoeste de Estados Unidos. El profesor Scott Baird, de la Universidad Trinity, en un artículo en el *Express News*, de San Antonio, dice que esta forma de hablar se está convirtiendo en un "idioma" diferente. La forma coloquial toma palabras del inglés, le agrega conjugaciones en español y le aplica las reglas gramaticales del inglés; el profesor prefiere llamarlo "Spanglish", o sea un idioma "que mezcla palabras del español y del inglés. Por ejemplo, "parquear" significa estacionarse en "Tex-Mex." (La palabra en inglés es *to park.*) He aquí otros ejemplos más del profesor Baird:

parquear	estacionar el coche
el troque	camión
la troca	una camioneta "pick-up"
el lonche	almuerzo
el cloche	el clutch del automóvil
weldear	soldar
taipear	escribir a máquina
mopear	trapear el suelo
baquear pa'atras	ir en reversa
el mofle	el amortiguador
me estás kiddiando	me estás bromeando
la marqueta	el mercado
los tenis	zapatos de tenis

Muchos lingüistas no están de acuerdo con que el "Tex-Mex" sea considerado como un idioma. Pero, ya sea idioma o jerga, el hecho es que demuestra el proceso de integración cultural claramente. Nosotros los latinos nos acercamos cada vez más a nuestros hermanos angloamericanos, tanto en la vida como en los negocios.

Las preguntas que se hacen más frecuentemente respecto a la mercadotecnia entre los hispanos son las siguientes: ¿Acaso los latinos no son diferentes los unos de los otros? ¿Son los mexicanos diferentes a los cubanos, quienes son, a su vez, diferentes a los puertorriqueños y a los hondureños? Y por lo tanto, ¿no se necesitan diferentes campañas de publicidad para un mismo producto en Miami, Texas, Nueva York y California?

Bueno, sí y no. Existen diferencias entre los varios grupos latinos y muchas veces una campaña publicitaria puede dar resultado con todos ellos. Un anuncio de la cerveza Budwieser que va a ser televisado en Miami puede tener cumbias como música de fondo y gente que juega en la playa, en tanto que en Texas puede tener música tejana y gente vestida con pantalones de mezclilla en un día de campo. Pero resulta más barato y muchas veces más efectivo hacer un solo anuncio que se pueda utilizar en todo el país, así los mercadotecnistas se concentran en las similitudes de los grupos, no en sus diferencias. Somos una raza.

Las similitudes predominan. Imagínese que Estados Unidos esté compuesto de diferentes países, no de diferentes estados. Las personas de Mississipi y Maine seguramente son tan diferentes entre sí como las de Nicaragua y Puerto Rico. Un taxista de Nueva York, un franco-americano de Nueva Orleans, un salvavidas de California y un ganadero de Wisconsin tienen diferentes dialectos, valores, metas y sueños. Aun así, los publicistas no tienen ningún problema para crear una campaña publicitaria en inglés que resulte atractiva a todos ellos. Esta misma campaña es, de hecho, utilizada en Grecia, Alemania, Suecia y Siberia. Después de todo, las cadenas de televisión no son más que un anuncio nacional, no varios regionales.

Las *verdaderas* diferencias entre los grupos latinoamericanos son aquellas que tienen que ver con el número de años que han pasado en Estados Unidos, su grado de fluidez en inglés y los lugares donde viven; en otras palabras, tienen que ver con el grado de integración cultural que hayan alcanzado.

Como mercadotecnistas encargados de crear nuevas campañas publicitarias, hemos desarrollado una serie de técnicas básicas para identificar y entender estas diferencias:

- ¿Dónde viven las personas a las que estamos dirigiéndonos?
- ¿ Dónde trabajan?
- ¿Dónde juegan?
- ¿Dónde hacen sus compras?
- ¿Qué medios de comunicación masiva escuchan y leen (en inglés, en español o ambos)?
- ¿Qué idioma hablan en el hogar, en el trabajo, con sus amigos, con sus hijos, con sus padres y abuelos?

Esta información es tan importante que la hemos incorporado en los mapas, en los cuales las áreas más obscuras son aquellas donde viven los latinos que hablan español, predominantemente; las áreas coloreadas de gris menos oscuro son aquellas en donde viven los latinos biculturales y bilingües; las áreas en gris claro son aquellas donde viven los latinos más americanizados. Después de quince años de investigación podemos localizar la densidad de la población latina en Los Ángeles, Miami, Dallas y Houston y, por supuesto, San Antonio con un alto grado de precisión.

Conocemos las respuestas y podemos llegar al comprador potencial o al usuario de una manera sofisticada. Nuestros mapas nos ayudan a localizar con exactitud a nuestros clientes para promociones locales y eventos especiales. En las cadenas de televisión, o en las revistas nacionales, los mercadotecnistas se enfocan en las similitudes de los latinos. Un latino que solamente habla español toma tanta Coca-Cola como uno que habla inglés. El mercadotecnista hábil no solamente se acerca a uno de estos e ignora al otro. Logicamante, quiere dirigirse a los dos.

Tal vez se preguntará: ¿qué tiene que ver todo esto con mi negocio y con mi éxito en Estados Unidos?

Pues bien, su nivel de integración cultural está *estrechamente* relacionado con su éxito. Siga leyendo.

~

Los negocios estadounidenses se encuentran en una acelerada etapa de crecimiento y tecnología. "El tren se va", recuerde. Usé el simil del tren anteriormente para compararlo a una empresa; ahora lo haré de nuevo, pero esta vez se relacionará al nivel de integración cultural.

Esta ilustración se concentra primordialmente en el grado de fluidez que usted tenga en inglés, puesto que, sin dominar

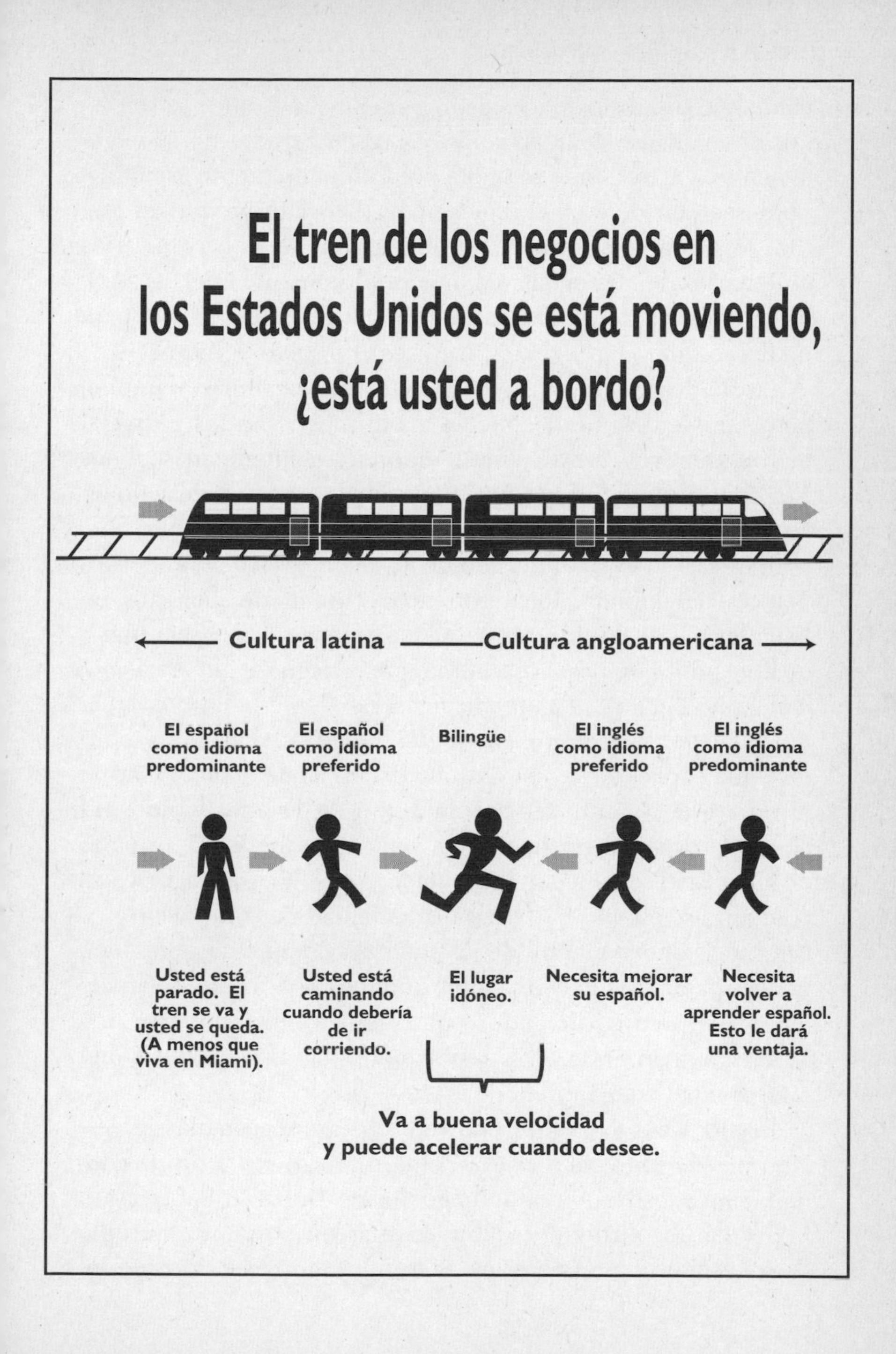
El tren de los negocios en los Estados Unidos se está moviendo, ¿está usted a bordo?
Cultura latina
Cultura angloamericana
El español como idioma predominante
El español como idioma preferido
Bilingüe
El inglés como idioma preferido
El inglés como idioma predominante
Usted está parado. El tren se va y usted se queda. (A menos que viva en Miami).
Usted está caminando cuando debería de ir corriendo.
El lugar idóneo.
Necesita mejorar su español.
Necesita volver a aprender español. Esto le dará una ventaja.
Va a buena velocidad y puede acelerar cuando desee.

el idioma, sus posibilidades de lograr éxito en grande se ven reducidas o incluso desaparecerán. En caso de que tenga su negocio en una área donde se hable predominantemente español y no desee salir de ésta, el inglés no es esencial (aunque en este caso le ayudaría, siempre sirve otro idioma). Conozco a varios millonarios de Miami cuyo idioma predominante es el español. Para todos los demás latinos, el idioma es indispensable para poder abordar el tren de los negocios en Estados Unidos.

La fluidez en inglés significa tener un vocabulario amplio, pero también significa conocer modismos y usarlos correctamente. Deberá saber de temas predominantemente masculinos (los deportes son de gran importancia para la comunicación en los negocios) y femeninos (moda, maquillaje, relaciones). No podrá destacarse en el mundo de los negocios sin entender los matices del idioma. Recuerdo una reunión de negocios en Ecuador. Le dije a un presidente corporativo (que sabía inglés de libro) durante nuestra reunión que la negociación era a *done deal* (trato hecho). "*Don deel*, ¿qué es eso?", me preguntó. "¿Un nuevo juego de cartas de Las Vegas?" (Sabía de Las Vegas, pero tuve que explicarle lo que yo quise decir.) Traté de imaginarme lo que sería no conocer ese modismo en Estados Unidos. El ejecutivo tal vez logre hacer una venta sin saberlo. Gran parte de la amistad se basa en el uso del lenguaje. En los negocios, la confianza se establece gracias a la habilidad de comunicarse. Si usted no conoce alguna de las sutilezas del idioma, muy bien podría pasar por alto una oportunidad. Y si a esto le añade tener que preocuparse por lo que alguien quiso decir, se perderá en la conversación y posiblemente también perderá una oportunidad en el mundo de los negocios.

Como sabemos, es de enorme importancia hablar inglés. Después de todo, éste es el idioma de negocios a nivel mundial. Entre los hombres de negocios en Brazil se habla tanto inglés como portugués, y mucho más que español, aunque Brazil está en Latinoamérica. Si está leyendo este libro en inglés, puede que domine o que prefiera el inglés. Está listo. Si lo está leyendo en español, ¡busque un buen maestro de inglés y estudie arduamente!

Sin embargo, los latinos que únicamente hablan inglés se encuentra en desventaja. Frecuentemente, la tercera y cuarta generación de latinos tiene problemas para hablar en el idioma de sus ancestros. Así que deberán (y usted también) de hacer un esfuerzo para hablarlo. Conocer su propia cultura y sus raíces es de gran importancia. Pero es más importante aún estar en contacto con el componente más importante de su herencia: el idioma español. Es un arma inigualable en los negocios. Si se le está olvidando, lo aliento a que amplíe su vocabulario. Si le es posible viajar, vaya a Cuernavaca, México, donde encontrará más de veinte escuelas que se dedican a la enseñanza del español; si no puede hacerlo, busque un programa que ofrezca cursos de inmersión total para aprenderlo. Trate de hablar en español con sus parientes y amigos tan seguido como le sea posible. La verdadera fluidez en un idioma se alcanza con el uso continuo de éste, sin importar qué tan bueno haya sido su maestro.

Los hombres de negocios latinos más exitosos son totalmante *bilingües*. Y es aquí donde los latinos tienen una gran ventaja. Aunque usted provenga de un hogar donde el español sea la lengua predominante, o si está acostumbrado a hablar únicamente inglés, tendrá "oído" y esto le facilitará su aprendizaje.

Tener los pies firmemente asentados en dos culturas es, en sí, una garantía para alcanzar éxito en los negocios. Si usted puede trabajar con angloamericanos tanto como con latinos, podrá trabajar en cualquier parte del mundo. Se convertirá en una persona invaluable para cualquier compañía multinacional, viajará, aprenderá y ascenderá y tendrá la seguridad de un empleo, algo que una persona monolingüe difícilmente podría obtener.

He tenido la oportunidad de trabajar con latinos altamente exitosos durante los años que he pasado en este negocio y he estudiado su grado de integración cultural. Mis comentarios no son con el fin de criticar (todos son profesionales) y no considero que un cómico que sea bilingüe sea "mejor" que uno que sólo hable un idioma. De cualquier modo, he disfrutado elaborando la lista siguiente y espero que se entretenga analizándola.

GRADO DE INTEGRACIÓN CULTURAL

Personalidades latinas:

Se relacionan con latinos y el público latino con mucha facilidad. Se sienten mucho más a gusto en situaciones donde se hable español:

Luis Miguel
Enrique Iglesias
Cristina
Selena
Pelé

Personalidades bilingües y biculturales:

Se relacionan tanto con latinos como con angloamericanos con la misma facilidad. Promueven su origen latino al relacionase con el público angloamericano:

Gloria Estefan
Edward James Olmos
Ricardo Montalbán
Jimmy Smits
Oscar de la Renta
Vikki Carr
Henry Cisneros
Desi Arnaz
Julio Iglesias
Antonio Banderas
Elizabeth Peña
Jennifer López
José Canseco
Chi Chi Rodríguez
Roberto Goizueta
Oscar de la Hoya

Personalidades "angloamericanas":

Se relacionan con angloamericanos y público angloamericano con mayor facilidad. Tienen muy poca necesidad de promover su herencia cultural. Se sienten más a gusto en situaciones donde el inglés es el idioma predominante:

Charlie Sheen
Mariah Carey
Andy García
Federico Peña
Linda Ronstadt
Rosie Pérez
Daisy Fuentes
Emilio Estevez
Lee Trevino
Nancy López
Carolina Herrera
Martin Sheen
Geraldo Rivera

Hay algunas observaciones que quisiera agregar:

Los cantantes Luis Miguel y Enrique Iglesias (el hijo de Julio) tienen muchos fanáticos latinos y, deseosos de convertirse en estrellas internacionales, están haciendo enormes esfuerzos por conquistar al público angloamericano. Esto es lo que la cantante Selena (quien hablaba predominantemente inglés) estaba logrando al momento de su muerte.

Cristina, "la Oprah Winfrey latina", que tiene el programa de entrevistas más exitoso de la televisión de habla española, trató de hacer el mismo tipo de programa para un público angloamericano, pero no tuvo éxito. Y creo que es maravillosa, pero me parece que su fracaso se debió a que se siente más a gusto hablando español.

Pelé, el famoso jugador brasileño de fútbol, no tiene que hablar ningún idioma pues sigue siendo una de las personas más famosas del mundo.

Martín Sheen y sus dos hijos, Charlie y Emilio, no tienen éxito en América Latina, aunque Emilio ha conservado su apellido, Estevez.

Linda Ronstadt habla poco español, pero canta maravillosamente en él.

Federico Peña habla predominantemente inglés, en tanto que Henry Cisneros es bilingüe, lo que nos indica que existe mucho más de un camino para alcanzar el éxito en la política.

Lee Trevino y Nancy López no hablan español en absoluto, pero yo tampoco juego al golf muy bien que digamos.

Carolina Herrera ha tenido mucho éxito tanto en el mundo angloamericano como en el latino con sus diseños internacionales.

¿Qué prueba esto? Nada más que si se tiene abundancia de talento, se tendrá éxito, sin importar qué idioma se hable. Para el resto de nosotros, recomiendo que nos esforcemos por ser bilingües y biculturales. Dado que no somos diferentes a ningún otro grupo de inmigrantes europeos (aunque llegamos a este país primero) contamos con nuestra herencia cultural y en la medida que logremos la integración cultural a la sociedad estadounidense lograremos nuestro enriquecimiento propio y el del país.

En su libro *Trends 2000*, el escritor Gerald Celente predice que una de las tendencias más importantes será lo que él llama *Latino chic*, o sea la "latinización" de Estados Unidos.

> El espectáculo del vicepresidente Al Gore bailando *Macarena* en la televisión nacional es sólo el principio. Los observadores predicen un aumento en el entusiasmo de los angloamericanos por la rica diversidad cultural latina.
>
> Existen varios fenómenos que dan fuerza a esta tendencia, entre los cuales se encuentran: el constante crecimiento de la población hispana en Estados Unidos, cantidad que se espera vaya de 30 millones a 42 millones para el año 2010; el poder adquisitivo de ésta, la cual aumentó de 94 mil millones de dólares en 1984 a 228 mil millones en 1996 y que amentará aún más; y la esperada normalización de las relaciones diplomáticas entre Cuba y Estados Unidos, la cual dará un renovado vigor al tradicional romance del país con su vecino caribeño.

Dolores Flores, del sudoeste de la cuidad de Detroit lo expresa así:

> Existen muchos latinos que han logrado hacer maravillas por nuestra comunidad. Selena ayudó a popularizar la música y yo creo que se popularizará aun más. Pero también creo que debemos unirnos en la comunidad latina para ayudar a sus miembros. Estoy muy orgullosa de mi herencia cultural y me regocijo cuando veo letreros en español en el paisaje de Estados Unidos (mi ciudad natal es San Antonio, no "Saint Anthony"). Sí, todos somos inmigrantes. Así es prácticamente toda la población de este

país, excluyendo a los indios. Soy latina y estadounidense, y me siento muy orgullosa de ello.

Está claro que el latino bicultural tiene una gran *ventaja* en el mundo de los negocios en Estados Unidos. Pero deberá aprender los rudimentos de aquellos que saben negociar.

CAPÍTULO 12

CERRAR EL TRATO

Tres años después de que abrí mi primer estudio de diseño gráfico, que yo me había prometido sería el mejor de Texas, buena parte del negocio consistía en diseñar logotipos para compañías. Es más, éramos los que habíamos diseñado dos terceras partes de los logotipos en nuestra región de mercadeo para gasolineras, restaurante de comida rápida, bancos, compañías petroleras, fabricantes de refrescos y almacenes de venta de vehículos. Era prácticamente imposible conducir en cualquier lugar del sur de Texas sin encontrarse con algo diseñado por Sosart.

El problema era que el diseño de logotipos no generaba ingresos constantes, aunque era una forma muy efectiva de promover nuestra agencia debido a su gran visibilidad. Una vez diseñado el logotipo, nadie requería cambios y yo necesitaba entonces encontrar un nuevo cliente para hacerle un diseño. Las agencias de publicidad dependen de un ingreso *constante.* Necesitábamos una campaña corporativa año tras año. Nuestra base se encontraba en San Antonio donde, en realidad, no estaba sucediendo nada espectacular. Houston, en cambio, atravesaba por un gran auge y Dallas era sede de grandes corporaciones. Era en esas ciudades en donde se encontraba nuestra principal competencia. ¿Por qué una compañía importante iba a trabajar con una agencia que se encontraba en la remota ciudad de San Antonio, no obstante lo buena que fuera?

Esta situación hacía parecer que mi meta no se realizaría, al menos por el momento.

Un día que mi secretaria había salido vino a verme un hombre sin previa cita. Vestía informalmente; su calzado era cómodo, pero no elegante. No tenía más de cuarenta y cinco años. Su aspecto era pulcro sin ser especialmente atractivo. No obstante, había un brillo en sus ojos y una manera de conducirse tan abierta que me cayó bien de inmediato.

"Mi nombre es Dave Bamberger. Trabajo para Church's Fried Chicken", me dijo. "Necesitamos darle un repunte a nuestra imagen y renovar nuestro programa de incentivos para los empleados. He visto sus diseños —¡Caramba! ¡Si están en todo el estado!— y pensé que tal vez ustedes nos podrían ayudar. Nos gustaría que diseñaran algo que hiciera dos cosas a la vez: motivar a nuestra gente para que se quede en la compañía y aumentar las ventas de nuestro pollo. ¿Le interesa?"

"Por supuesto", le dije, pero me imaginaba que se trataba de otro proyecto pequeño. Después de todo, pensé, este hombre era un gerente de nivel medio al que habían enviado sus superiores a indagar el mercado. No obstante, no perdía nada con hablar y eso hacíamos precisamente. Conversamos ese día durante dos horas y luego más tiempo durante nuestra segunda reunión. Después vino la tercera.

Dave vino a mi oficina en cada ocasión y siempre la informalidad de nuestra conversación reflejaba la informalidad de su ropa. Comencé a verlo más como amigo que como cliente y juntos comenzamos a desarrollar lo que más tarde sería conocido como "El programa superior de mercadeo", dirigido a motivar a los empleados de Church's y aumentar las ventas. Dave quería que sus empleados cocinaran y sirvieran orgullosos el delicioso pollo frito.

Diseñamos uniformes llamativos y placas al mérito. Produjimos videos y programas con transparencias, así como folletos de entrenamiento para que el personal desempeñara mejor cada aspecto de su trabajo. Después creamos incentivos para que los empleados pudiesen ganar placas según sus méritos. Había una placa para "el mejor cocinero", otra para "el mejor miembro del equipo" y otra para el "mejor vendedor", otorgada a quien lograra aumentar las ventas en más de un diez por ciento en comparación al trimestre del año anterior.

Creamos promociones de pollos famosos en la historia, desde Chicken Little hasta el pollo que encarnara el famoso actor Gregory Peck, y les dimos nombres como Eddie Rickenhicken (un pollo de la Segunda Guerra Mundial). Nuestro equipo trabajó largas horas y lo disfrutamos. Dave se volvió nuestro camarada, uno más de nosotros. Nuestras "presentaciones" eran informales y en un ambiente familiar donde intercambiábamos ideas creativas.

Después de muchas reuniones se volteó a verme con una sonrisa. "Chicos y chicas. Vamos a hacer oficial nuestra asociación. Ustedes son nuestra agencia de publicidad", dijo. "Vamos a trabajar juntos y recibirán una honorario mensual de $50,000. ¿Les parece justo?"

¿Justo? ¡Era fabuloso! Y exactamente el tipo de negocio a largo plazo que nuestra agencia estaba buscando y el tipo de cliente que nos lanzaría a la fama. Yo estaba sorprendido de que un gerente de nivel medio tuviera la autoridad para

hacer un trato de esa magnitud. Por supuesto, no dije nada y acepté encantado.

"Elaboren un contrato", agregó, "y cuando estén listos vengan a la oficina y lo firmamos".

Contrato en mano, fui por primera vez a las oficinas generales de Church's Fried Chicken tres días después (Dave era quien siempre nos había visitado). Inmediatamente me hicieron pasar a su oficina, que se encontraba en una esquina. Me pareció sumamente espaciosa y bellamente decorada. Detrás de un enorme escritorio se encontraba Dave, radiante. ¿Gerente de categoría media? Era vicepresidente ejecutivo y director de operaciones; era el hombre que junto a Bill Church hizo que Church's Fried Chicken creciera de tres establecimientos a más de mil en menos de diez años. Durante todo ese tiempo yo había tratado con el hombre más importante de la compañía (con excepción de Bill Church).

Casi sin pensarlo, yo había hecho un negocio excelente para la agencia. Si hubiera sabido que Dave era en realidad quien era, ¿se hubiera realizado el negocio de manera tan sencilla? Después de todo, él era el presidente corporativo de una compañía multimillonaria y yo apenas un diseñador gráfico pequeño. Si en lugar de llegar sin anunciarse a mi oficina la secretaria de Dave hubiera llamado para citarme en su elegante despacho, ¿me hubiera sentido con tanta libertad para expresarme francamente? ¿Me hubiera sentido tan lleno de confianza, tan "a mis anchas", tan igual a él?

La respuesta es sencilla: de ninguna manera. Probablemente le hubiera llamado "señor Bamberger" desde el principio. Hubiéramos mantenido una "relación de negocios" superficial y jamás nos hubiésemos convertido en camaradas. Lo que marcó la diferencia fue que yo creía que era un hombre regular. Me engañó de manera que yo diera lo mejor de mí. Trabajamos con Church durante años hasta que Dave se jubiló con $40 millones de dólares (dólares de 1976) en el bolsillo. Nos frecuentábamos en nuestras mutuas casas e hicimos que nuestras esposas e hijos se conocieran. Intercambiamos historias de éxito y de fracasos. Lo presenté a varios amigos y después de que se "retiró" inició negocios con algunos de ellos.

Hay dos lecciones importantes que aprender respecto al momento de cerrar un trato después de analizar esta historia. Primero, no se puede hacer el mejor trato si no tiene confianza en usted. Segundo, la confianza surge de sentirse igual a los demás. Yo sabía que nuestra agencia era buena y siempre tuve mi sueño en mente. Estos dos factores son esenciales en la negociación, pero no suficientes. A sus propias capacidades y a su propia meta debe añadir serenidad. Si se siente intimidado, si cree que la persona con la que está tratando es su "superior", entonces se encuentra en gran desventaja. Los negociantes experimentados detectarán de inmediato su inseguridad; la mayoría la utilizarán a su favor en el momento de cerrar el trato.

De acuerdo, puede que sea cierto que la gente al otro lado de la mesa sí sea su "superior" en ingresos y títulos. Pero, la mayoría de las veces, ellos le necesitan tanto o más de lo que usted los necesita. Y cuando triunfe, se dará cuenta de que gana más que sus clientes.

Oprah Winfrey ofrece una solución excelente: "Cuando me inicié como reportera", comenta, "no me consideraba como una joven negra que hacía preguntas a gente importante. En vez de ello, me metía en un personaje, en Barbara Walters. ¡*Y nadie* rechaza a Barbara Walters!"

Ella se imaginaba que era otra persona y su inseguridad desaparecía. Otra posibilidad es imaginarse que la persona con la que está tratando es alguien más; en el caso del trato con Church's Fried Chicken vimos lo efectivo que puede ser este método. No tenía que imaginarme que Dave Bamberger era otra persona; yo *creía* que lo era desde el principio. Yo era su igual, su amigo. Juntos estábamos ideando la solución más conveniente para los dos. Pero, en el mundo real, la mayoría de las veces usted sí conoce la posición de la gente que se encuentra frente a usted. No permita que esto le intimide. Utilice esta técnica de "la imaginación".

Anton Chekhov dijo que "el hombre es lo que cree que es" y, de acuerdo con W. Somerset Maugham, "si se rehusa a aceptar algo diferente a lo mejor, casi siempre lo obtendrá". Jesse Jackson afirma simplemente: "Mantenga su atención en el premio". Incluso hay un dicho latino que dice: "Al que no habla, Dios no le oye".

Todas estas afirmaciones son el fundamento de una buena negociación. Oprah Winfrey ejemplifica a Chekhov y esto, naturalmente, se aplica a mujeres y a hombres. En mi trato con Dave Bamberger me sentí libre de seguir las filosofías de Maugham y de Jackson porque yo *creía* que Dave y yo éramos iguales.

Confianza y sentido de igualdad. Cuanto más crea en estas virtudes, más las hará suyas y hará mejores tratos.

Con todo, es difícil sentirse igual a un presidente corporativo, a un director de mercadotecnia o a un cliente potencial (cuando usted es sólo una de las numerosas personas que esperan el "sí" o si en realidad necesita el negocio para sobrevivir). Todos los libros que hablan de cómo negociar, recomiendan estar preparado para "abandonar" el trato si no le conviene; tienen razón, pero no es tan fácil cuando éste es tan importante y no hay otros clientes potenciales a la vista.

El problema es que cuanto más necesitado se encuentre, más inferior se sentirá y será menos probable que negocie el mejor trato. Lo que ocurre usualmente es que usted se paraliza. Su mente creativa y espontánea se siente gobernada por una voz que le dice: "¡Ten cuidado! ¡No te equivoques! ¿Lo estaré "haciendo" bien? ¿Qué va a pensar el cliente si nuestra propuesta está muy alta? ¿Estaré pidiendo demasiado? ¿Qué tal si en realidad no entiendo lo que mi cliente quiere? ¿Y si lo enojo? ¿Si parezco un payaso?"

Imagínese que se encuentra usted en una cena de cuatro horas con el presidente y la primera dama, y no hay nadie más allí. Entonces me entenderá. En esa situación presumimos, o nos pasmamos o simplemente nos morimos. Se nos olvidaría que incluso el presidente y su esposa son personas. Las cualidades que tengamos quedarían ocultas por nuestra torpeza y artificialidad.

Tal situación sería particularmente difícil para la mayoría de los latinos, así que no es de sorprender que nuestra serenidad desaparezca cuando estamos solos y nos enfrentamos al "poderoso". Mi madre decía "es un americano" al referirse a un angloamericano. Pero, lo que en realidad quería decir, aunque fuera de manera inconsciente, era que el otro era "el americano", que nosotros no lo éramos. Muchos usamos esa frase todavía. ¡Oh, el poder de los comentarios sutiles!

Mientras que a los angloamericanos se les educa para ser independientes, nuestra cultura nos enseña a ser *inter*-dependientes y es un lastre en situaciones de negocios. Cuando somos bebés, nos envuelven en sábanas y somos acercados al pecho de nuestra madre; la madre latina llega incluso a sacrificar el empleo de las manos para otras labores con tal de asegurarse de que el bebé está seguro y protegido. Cargar al bebé es un requisito de amor en nuestra cultura, mientras que la madre angloamericana lo lleva a la espalda, o en un "cargabebés", que le dejan libres las manos para otras cosas, o bien sale a la calle a trotar llevando al niño frente a ella en una carreola.

No es de asombrarse, entonces, que nuestro corazón se acelere cuando nos encontramos en una relación uno a uno con un cliente que percibimos como "poderoso" o de alguna manera más "americano" (con el significado de más merecedor) que nosotros. Ahí no es posible que nadie nos proteja. Buscamos protección de manera instintiva. Pero, en los negocios debemos aprender a apoyarnos, antes que en nadie, en nosotros, en nuestra confianza y en nuestra igualdad.

Aquí están los seis pasos que usted debe dominar a la perfección antes de que pueda cerrar un trato con éxito:

1. Desarrolle confianza creyendo que es igual a cualquiera. Haga este examen: la próxima vez que se encuentre en una reunión de negocios entre angloamericanos, en una reunión social con sus clientes o "superiores", en una reunión de la cámara de comercio, o sencillamente en una conversación uno a uno con un extraño del cual usted no está seguro de su calibre intelectual, olvídese por un momento de lo que se está diciendo y enfóquese en usted.

Tal vez sienta el deseo de huir y se diga "tengo que salir". Tal vez se sienta enfermo y quiera ir a casa o tal vez se de cuenta de que sus ojos buscan alrededor del salón una cara amable o un lugar donde pararse, sin ser notado y fuera del centro de atención.

Imaginemos que está usted en una fiesta hablando con un angloamericano. Puede ser que en el futuro haga negocios con él o no. En este momento eso no importa. Usted está conversando y se siente a gusto. El angloamericano es amistoso, amable y se interesa en sus puntos de vista y luego comienza a hablar acerca de una materia que usted desconoce, que puede ser algo tan mundano como esquí sobre hielo; usted jamás ha esquiado. Trata de que la conversación regrese al terreno familiar en el que se encontraban antes, pero de pronto llega otra persona que comienza a comparar, con entusiasmo, las ventajas de Sun Valley con las de Vail.

En ese momento no escuche lo que dicen; escuche sus

propios sentimientos. Una voz interna probablemente le está diciendo: "¡Corre! Este no es tu lugar. Vete antes de que quedes como un tonto". La voz le ordena que vea su reloj y diga: "Dios Mío. No me di cuenta de lo tarde que se ha hecho. Tengo que ir a casa".

La moraleja es que si usted es capaz de expresar sus propios sentimientos, podrá también sobreponerse a ellos. Todos hemos experimentado la sensación de encontrarnos en situaciones donde no nos sentimos a gusto, pero si nos familiarizamos con ellas, y si es algo que hemos vivido antes, puede dominarlas.

Podrá imaginarse que la persona con la que habla es un compañero de la preparatoria. "¡Vaya! Nunca he esquiado. ¿Es divertido? Podrá cambiar el tema de algo que usted desconoce, como esquiar, a algo que conoce, como fútbol, béisbol u otro deporte que prefiera. Bromee sobre el tema.

En el momento en que sea capaz de hacer bromas con desconocidos, o de sentirse seguro al hablar de un tema que desconoce, ahí será cuando deje de sentir deseos de salir corriendo. Cuando la gente sabe de algo que usted desconoce, desearán hablarle acerca de ello. Déjelos que lo hagan. Algo aprenderá.

Y en cualquier negociación, cuando surgen dificultades o imprevistos, si usted reconoce su deseo de salir corriendo —de ceder o darse por vencido para terminar el trato— se dará cuenta de que puede mantenerse firme, o tal vez podrá decir: "No había pensado en eso. Por favor, repítamelo para estar seguro de que lo comprendo".

Ceder en un trato tan sólo porque se siente incómodo puede resultar desastroso. Por otra parte, ceder en un punto porque considera que es útil para ambas partes es hacer un buen negocio. ¡Hay una gran diferencia! Es la esencia de una buena negociación.

2. *Defina su meta. Conozca lo que usted desea y lo que está dispuesto a sacrificar para hacer el trato.* Algunos asisten a una reunión de negocios esperando que todo salga bien, pero sin saber claramente lo que quieren, excepto lograr "una buena negociación". Generalmente salen con poco o nada.

Es esencial que visualice el resultado final antes de que comience la negociación, como también los pasos que llevarán a ésta de principio a fin. No es suficiente que yo piense: "Quiero esa cuenta". Necesito tener un profundo deseo de obtenerla. Necesito saber cuánto ingreso aportará, cuánto trabajo necesitaremos hacer para obtenerla y los honorarios mínimos que deberé aceptar para quedarme con el cliente.

Antes de comenzar cualquier negociación, tómese el tiempo para decidir cuál es el resultado que desea. Mi consejo aquí es que piense en grande. Cuando me dirigí a Coca-Cola, yo quería la cuenta completa, no sólo una parte. Cuando Al Aguilar negoció con Burger King, pidió honorarios netos de $750,000 y no aceptó los $300,000 que ellos le ofrecieron. Después les mostró que podía hacer un trabajo de mejor calidad por la suma más grande. En esos dos casos pensamos en grande y el cliente y nosotros ganamos. Por supuesto, en ocasiones usted se tendrá que bajar de la cima de la montaña y colocarse en un sitio *cercano* a la cima. Eso está bien. Sólo asegúrese de que la montaña sea muy alta.

Si pide un dólar, es probable que termine llevándose setenta y cinco centavos. Si pide *dos dólares*, es probable que termine llegando a un acuerdo por un dólar con veinticinco. Siempre pido más de lo que en realidad pienso que voy a obtener, *pero siempre sé cuál es la cifra mínima más allá de la cual no cederé.*

Es de vital importancia tener la capacidad para negarse a negociar. Aquí es donde la confianza en uno mismo juega un papel útil. Una y otra vez he visto a empresarios que se hacen valer y piensan que "si asumo una pérdida ahora, ya ganaré en la renegociación. Algo es mejor que nada". Pero si usted acepta una cantidad menor a su ganancia desde el principio, entonces esa será la cifra con la que la renegociación comenzará.

El trato de Al con Burger King terminó siendo favorable para ambas partes. La relación entre la agencia y la compañía ha durado diez años, con un aumento anual para la agencia de aproximadamente un diez por ciento. Imagínense que Al hubiera aceptado la cifra inicial de $300,000 en lugar de mantenerse firme en los $750,000 que pidió. Esto hubiera significado $30,000 más cada año, en lugar de $75,000. Hagan ustedes las cuentas.

Las grandes corporaciones pueden absorber las pérdidas en aspectos individuales de sus negocios como parte del desarrollo y la investigación, o como un medio para expandir la corporación. Pero los negocios pequeños, sin las grandes reservas de capital y con poder limitado de crédito, siempre deben negociar con algo de ganancia desde el principio, así como siempre deberán asegurarse de que exista una cláusula que les permita renegociar en seis o en doce meses.

Algunas veces podrá justificar una pérdida pequeña con tal de ganar un cliente, pues éste es tan prestigioso que por medio de él podrá atraer otros negocios rentables. Pero ¡tenga cuidado! Usted debe ganar al igual que su cliente. Sepa lo mínimo que puede aceptar y apéguese a eso.

3. Póngase usted en su lugar. Cuantos más negocios haga, mejor podrá entender el punto de vista de su contraparte en el negocio y mayor será su habilidad para negociar. Si puede anticipar con precisión las necesidades y deseos del otro, entonces tendrá la capacidad de hacer un negocio que satisfaga a los dos.

En la oficina tenemos un juego que jugamos antes de ir a negociar. Uno de nosotros hace el papel de la persona a quien se va a presentar la propuesta y negocia con nosotros tan seriamente como lo haría el potencial cliente. Debemos hacer mucha investigación antes de que el juego comience, así "nuestro negociador" sabrá perfectamente toda clase de cifras, plazos y datos y cuánto espera de nosotros en términos de trabajo y recursos.

Defina lo que quiere el cliente y la naturaleza de su compañía antes de empezar. En nuestro caso, por ejemplo, una campaña creativa para Coca-Cola no daría resultado para los detergentes Joy. Joy requeriría enfoques, horarios, recursos y estrategias diferentes. "A" siempre será diferente a "B". Cada negocio tiene características únicas, cada cliente tiene necesidades diferentes y cada negociación genera resultados diferentes. Cuanto más pueda entender a su cliente, antes y durante la negociación, más fácil será ésta. Y recuerde, la idea no es que haya un ganador y un perdedor. La idea es lograr que ambas partes ganen.

Hace años, cuando la agencia apenas se iniciaba, tenía una socia con la cual no podía entenderme. Aunque era muy talentosa, nuestras personalidades eran tan diferentes que decidimos separarnos. Su participación en la sociedad de la compañía era de veinte por ciento y la mía del ochenta por ciento, así que ofrecí comprarle su parte.

—Quiero $200,000 —me dijo.

La compañía no valía, ni remotamente, un millón de dólares.

—Lo que me estás pidiendo representa más del veinte por ciento de tus acciones. Pero permíteme hacer una contraoferta. *Tú* compras mi parte por $800,000. Si crees que la compañía vale un millón, definitivamente lo considerarás un trato justo.

Nos pusimos de acuerdo y llegamos a una cifra menor. Hoy, como amigos, nos reímos de la negociación. "Aprendí algo", afirma ella. "Tienes que ver ambos lados".

4. Piense como hombre o mujer de negocios, no como un negociante que pertenece a una "minoría". A efectos de este libro, organicé un grupo de enfoque en el que participaron empresarios, compradores y jefes de personal, tanto angloamericanos como latinos, para hablar de los errores más comunes que los latinos cometemos al tratar con hombres de negocios angloamericanos. Yo era consciente de que los latinos se sienten más atraídos que los angloamericanos hacia los mensajes hablados y que nuestra palabra es todo lo que necesitamos para completar un negocio. Por otra parte, los angloamericanos necesitan algo por escrito. No quiero decir que confiemos en otros más que ellos (es sólo cuestión de estilo) pero, por supuesto, a los angloamericanos les gustan las definiciones precisas —alcance, fechas de entrega, presupuestos, etc.— y no dejan nada a la memoria o la casualidad. Al tratar con ellos, debemos ratificarles por escrito nuestros contratos verbales. Esto no tiene que ser complicado, sólo claro y conciso. He visto las transacciones más sencillas explicadas en documentos de diez páginas y más y, en muchas ocasiones es demasiado. No se deje atrapar por el papeleo.

Cualquiera que sean sus circunstancias, he aquí lo que el grupo de enfoque mostró:

- Los latinos hacen menos preguntas. Esto es porque, en muchas ocasiones, no pensamos en todos los detalles por adelantado. El resultado es que los angloamericanos suponen que nosotros *sí* estamos enterados de todos los detalles y se sorprenden cuando surgen las disputas posteriormente.
- Los latinos toman pocas notas. Creemos que podremos recordar y la mayoría de las veces no sucede así (o recordamos de manera imprecisa). Yo siempre puedo determinar quién es un buen publicista, ya sea que trabaje con los clientes o que sea creativo. En las reuniones con

los clientes, él o ella, *toma notas, precisamente en los momentos cruciales.* Cuando se diga algo importante, tome notas. Cuando la conversación sea poco importante, no las tome. Es un arte el saber separar la paja del trigo, pero cuando se estén hablando de los detalles de un negocio, incluso en su etapa preliminar, se deben tomar notas.

- No siempre intercambiamos tarjetas de presentación y no estamos lo suficientemente al tanto de los "títulos" de las personas. En ocasiones, creemos que una conversación con un asistente administrativo es equivalente a cerrar el trato. Esto puede resultar en que expresemos la idea correcta a la persona equivocada.
- No siempre investigamos sobre la compañía con la que estamos tratando. Aceptamos todo lo que nos dicen como un hecho, pero no llevamos a cabo una investigación para familiarizarnos con el producto y la estructura organizacional de nuestra contraparte. (Tuve una experiencia muy negativa al respecto. Hace años estábamos negociando con McCann Erickson, la agencia de publicidad que maneja Coca-Cola a nivel mundial, con miras a convertirnos en el sub-agente hispano de esta compañía. En la primera reunión, cuando se nos ofreció algo de tomar, uno de los miembros de nuestro equipo ¡pidió Dr Pepper! Nos llevó tres años el poder renegociar la cuenta.)
- A veces hablamos mal de nuestra competencia. Su producto o servicio debe hablar por sí mismo y la competencia deberá ser implícita más que explícita. Si, por otra parte, usted menciona la competencia e inclusive la elogia cuando así juzga conveniente, demostrará clase, carácter y confianza. Un cliente me dijo que obtuvimos la cuenta porque nuestra competencia le dijo que nosotros no éramos tan creativos como nuestra reputación lo

hacía creer y que, además, yo no participaba personalmente. Él no le creyó.

- A veces contamos historias de fracasos anteriores creyendo que son divertidas o que son interesantes porque hablamos mal de nosotros mismos. La gente creerá que un fallo anterior tenderá a repetirse.
- No estamos lo suficientemente preparados con gráficas y otro material visual. "Es mucho borlote", nos decimos. Los angloamericanos están acostumbrados a presentaciones de muy alta calidad y muy específicas. Ellos están convencidos de que ésa es la mejor manera de comunicar el mensaje y las esperan en cada presentación. Este tipo de presentaciones no son caras. La puede realizar con la ayuda de su computadora personal. Le será muy ventajoso aprender el programa PowerPoint para presentaciones.
- Los latinos se sienten extremadamente agradecidos cuando se les da una oportunidad o se les concede una reunión. En ocasiones, sobreactuamos al demostrarlo. Cuando nos comportamos así, los demás suponen que no hemos tenido la oportunidad de estar en muchas reuniones ni hemos tenido muchas otras oportunidades. Incluso nos pueden ver con cierta sospecha. Aprenda a tomar las reuniones con estilo e incluso aparente que no le parecen la gran cosa.

5. *Vaya preparado para discutir los detalles.* Yo siempre he dicho que una idea clara es importante. Usted debe tener su meta en mente, saber lo que se logrará con el negocio y tener el proyecto elaborado en su totalidad antes de que se inicie la negociación. Pero, si pasa por alto los detalles, entonces su estrategia no le habrá valido para nada.

Aprendí una lección hace algunos años cuando decidí que publicaría una guía de San Antonio. Un colega mío escribió el texto y mis diseñadores lo ilustraron. Todo lo que necesitaba era un impresor. Yo sería el distribuidor. No existía un libro de esa índole y creí que el mío se vendería año tras año y que además se convertiría en la guía estándar para todo visitante de San Antonio.

Si ordenábamos 100,000 copias, el costo aproximado de impresión sería de un dólar. Venderíamos las guías a tres dólares con noventa y cinco y, aun con el descuento que les haríamos a las librerías, obtendría utilidad.

Era una idea maravillosa, pensaba yo, y cumplía con los criterios que me había fijado para proyectos nuevos: llenaba una necesidad real, podía ser producido a un costo razonable y yo tenía control sobre el producto final. Debido a que yo había concebido todo y ya tenía claramente definida mi "idea", ya lo consideraba "un hecho".

Pero me había olvidado de un pequeño detalle. No había manera de que yo llegara a vender ¡100,000 copias!

Si hubiera investigado, habría descubierto que jamás se han vendido más de 25,000 copias de un libro sobre San Antonio. Lo que más se ha vendido son de 10,000 a 15,000 copias. En mi afán por reducir el costo, había hecho imprimir más libros de los que podía vender. Para mi sorpresa, vendí 35,000. Sin embargo, terminé con 65,000 libros enmoheciéndose en una bodega y con una deuda de $70,000 que me tomó años saldar.

De esto podemos aprender una lección muy sencilla: cuando usted piense en grande, también deberá considerar todos los detalles.

6. Reconozca la mejor oferta. Sea lo suficientemente flexible para adaptarse a ella. El dinero no ha de ser la única base sobre la que se determine si una oferta vale la pena o no. Los negocios futuros, las relaciones interpersonales y el prestigio deben ser sopesados cuando considere el trato. Todo debe ser tomado en cuenta. Por ejemplo, existen algunos productos que yo no promovería jamás, sin importar cuánto se me ofreciera, y hay campañas que llevaría a cabo sólo por recuperar los costos.

Hace quince años queríamos contratar un nuevo director de mercadotecnia. Después de una larga búsqueda, encontramos el candidato ideal. Debido a que todavía éramos una compañía pequeña, le ofrecí un sueldo inicial bueno, sin ser extraordinario, y le prometí un porcentaje de las ganacias durante su estancia en la agencia. No aceptó el empleo debido a que otra agencia le ofrecía otro sueldo mucho más alto, pero sin comisión. Hoy se lamenta de su decisión. Crecimos tal y como yo lo había predicho.

Moraleja: al considerar las ganancias o posibilidades inmediatas, no se olvide de las posibilidades a largo plazo.

Como otros, hemos negociado buenos y malos tratos. Buena parte de la negociación es instinto y eso se da con la experiencia. Sea cauto, investigue y siga las reglas que he mencionado. En el peor de los casos, no perderá; en el mejor, prosperará.

Pero nada importa qué tan bueno sea el trato; éste le reportará muy poco beneficio si usted no maneja su propio negocio como negocio. Y con esto comenzamos un nuevo capítulo.

CAPÍTULO 13

MANEJE SU NEGOCIO COMO TAL—NO ES UN JUEGO

Este capítulo y el siguiente tratan sobre principios fundamentales de negocios, que rigen tanto para los latinos como para los angloamericanos. El mismo número de latinos y de angloamericanos empiezan sus empresas sin un plan, sin proyecciones financieras, sin estrategias de mercadotecnia o metas bien definidas (además de "ganar mucho dinero"). Les resulta imposible encontrar inversionistas debido a que no tienen suficiente información para proporcionar a estos. Pero me causa mayor tristeza ver a un latino que monta una empresa sin un plan detallado que a un angloamericano. Es probable que el latino promedio fracase, no importa a quien recurra, mientras que el angloamericano *posiblemente* encontrará un inversionista gracias a que encontrará más personas dispuestas a escucharlo.

El latino que monta su propia empresa tiene más posibilidades de encontrarse con la desconfianza de quienes podrían invertir en su negocio (bancos, otros negocios, inversionistas) y, aunque esto sea injusto, es verdad.

Así que es importante que los latinos manejen su empresa con un plan sólido y bien definido. Debemos darnos cuenta de que llevamos una desventaja al empezar y que por lo menos debemos anticiparnos a todas las preguntas y haber pensado cómo sobreponernos a los obstáculos que posiblemente encontraremos antes de buscar un inversionista o, en el caso de que tengamos suficiente dinero, antes de iniciar operaciones.

Cuando los latinos nos enfrentamos a problemas serios, ya sean personales o de negocios, muchas veces los resolvemos de una de estas dos maneras: nos ponemos en manos de Dios o de la buena suerte.

Recuerde el "plan celestial de negocios" que describí en el primer capítulo:

Lo que Dios quiera.

Como Dios quiera.

Así lo quiere Dios.

Este acercamiento fatalista es lo que nos enseñaron los conquistadores y lo que nos enseña la Iglesia en algunos de nuestros barrios. Al ponernos en manos de Dios seremos virtuosos y estaremos haciendo lo que "es debido". En este mundo, se nos ha dicho, no tendremos muchas recompensas materiales, pero habremos vivido una vida digna y alcanzaremos nuestro objetivo final: ir al cielo.

Cuando los latinos nos enfermamos, siempre preferimos remedios caseros para curarnos. No nos gusta ir al doctor, excepto cuando realmente es inevitable.

Lo mismo se aplica en los negocios. Dependemos de nuestra buena suerte mucho más de lo que deberíamos. En nuestros países de origen confiábamos en la magia e incluso creíamos que nuestra buena suerte podría mejorar mediante el uso de "polvos mágicos". Estos "polvos mágicos", que muchos latinos todavía usan (más en Latinoamérica que en Estados Unidos), son la magia necesaria para resolver cualquier problema. He aquí cuatro "polvos mágicos" que fueron publicados en un calendario para escritorio titulado *Hecho en México*:

1. *El legítimo polvo contra la envidia:* deberá ser usado antes de que alguien nos visite. "Me protegerá del mal y evitará que el visitante sienta envidia o disperse chismes maliciosos".
2. *El legítimo polvo contra el olvido:* "Si me rocío con el polvo después del baño, mi memoria se fortalecerá".
3. *Esperma de víbora de cascabel* (¿qué le parece eso?): se utiliza en la practica del vudú o santería y al tomarse ahuyentará al demonio y garantizará el éxito en cualquier negocio.
4. *El jabón para todo:* tal vez es el más potente de todos estos. "Mejorará mis poderes para dominar, me traerá buena suerte, hará que la Divina Providencia me ilumine y me traerá riqueza y paz".

Supongo que si uso lo anterior, viviré una vida sin preocupaciones y exitosa. Pero prefiero depender de algo en lo que creo más firmemente: *yo mismo.*

En realidad, yo creo en el poder de creer, no en la eficacia del esperma de víbora de cascabel (excepto para otras víboras). Para tener éxito en los negocios, no dependa de Dios (aunque Él estará siempre presente para ayudarlo) ni de su buena suerte. Dependa de sus metas, de un buen plan de negocios, de sus habilidades y de su capacidad.

Si usted es como la mayoría de los latinos, ya posee muchas características para alcanzar el éxito, aunque no lo sepa. En los negocios, estas son las características que le son naturales:

- Su trato amistoso, muchas veces demostrado con un abrazo y su consideración por los demás
- Su deseo de complacer y de ser útil
- Su deseo de trabajar arduamente, como lo ilustra la frase: "No quiero que me den, quiero que me pongan donde hay"
- Su deseo de aprender y la convicción de que los demás también lo desean
- Su capacidad para arriesgarse (después de todo, ¿no fue así como sus padres llegaron a Estados Unidos?)
- Su astucia y su capacidad de sobrevivir por su cuenta
- Su capacidad para soñar e imaginarse lo mejor (el hecho de que esté leyendo este libro lo comprueba)

Pero ¡tenga mucho cuidado! También tiene características que deberá eliminar:

- Su inclinación a conformarse con metas modestas
- Su tendencia a incluir a su familia en todo lo que hace
- Su resistencia a mudarse de donde reside
- Su convicción de que debe tomar todo lo que pueda antes de que alguien más lo haga. Esta es una filosofía que prevalece en México y en Latinoamérica, donde todo el mundo piensa que debe estar alerta y a la expectativa. En Estados Unidos también hay mucho "teje y maneje", que es cosa normal, pero hemos desarrollado mecanismos para que parezcan "éticas". Un juez mexicano se puede comprar, mientras que un juez norte-

americano no puede aceptar contribuciones monetarias de los abogados que asisten a la corte. En México los políticos se "compran", mientras que los estadounidenses contrarán miembros de un grupo de presión y consultores para que convenzan a los políticos de que van las cosas según su manera. Dicho esto, los latinos, en general, tienen menos escrúpulos que los estadounidenses.

- Su capacidad para aceptar las cosas tal y como son. "Lo que Dios quiere". No crea esto. (Dios quiere que usted triunfe, siempre y cuando contribuya a alcanzar su éxito. Estados Unidos es el país de las oportunidades. Usted tiene el derecho al éxito como el que más. Está en sus manos, no en las de Dios. Dios lo ayudará cuando haga las cosas bien. Él le dio la fuerza de voluntad para lograrlo. ¿Recuerda?)

Creo que es esencial que reconozca estas características en usted y las utilice como fuente de estímulo y optimismo. Pero ellas son sólo los cimientos. Un negocio es como una casa: requiere de ladrillos y cemento. Usted no diría: "Pongamos una ventana en la pared del lado oriental". Más bien, planeará dónde debe ser puesta.

Así que, deberá prepararse antes de montar un negocio. Lea cuantos libros sobre cómo lograr éxito en los negocios pueda; las bibliotecas ofrecen una amplia variedad. Tome cursos de negocios en una universidad o por correspondencia. Asista a seminarios de administración y mercadotecnia.

Luego fíjese una meta clara, precisa y *grande.*

Ésta cambiará con los años. Pero si es grande, las metas siguientes se desarrollarán naturalmente. Inicialmente, como usted habrá visto, yo quería ser otro Picasso. No alcancé esa meta, pero me ella llevó a otra: establecer un estudio de arte exitoso. La próxima fue tener una agencia de publicidad, luego ganar un millón de dólares al año, luego establecer nuestra agencia, con ayuda de mi esposa y la próxima será vivir en Francia durante tres años pintando y escribiendo. Así tal vez mi primera meta se vuelva realidad. (Está bien, no seré el nuevo Picasso, pero al menos seré el primer Sosa.)

El concepto de tener una meta grande se le facilitará si piensa en amor en vez de negocios. ¿Recuerda cuando estaba seguro de haber encontrado su verdadero amor? ¿El amor de su vida? ¿Cuando el conquistar a su amada era su obsesión, lo único que le importaba? ¿ Cuando pensaba que si perdía a su amor perdería todo?

¿Cuáles fueron los elementos más importantes en su batalla? Convicción, energía y emoción. ¿Y cuáles son los elementos necesarios para lograr el éxito en un negocio? Convicción, energía y emoción.

El gran artista latino Jesse Treviño también quería convertirse en otro Picasso. Pero, trágicamente, perdió la mano derecha durante la guerra de Vietnam cuando una mina explotó. Cayó en un estado de depresión que duró dos años, pero luchó para sobreponerse. "Todavía puedo pintar", se dijo a sí mismo, y utilizó la mano izquierda para pintar las paredes de su casa con escenas macabras de la guerra, suprimiendo así los demonios internos que lo atormentaban y dedicándose a otros temas. Un gigantesco mural suyo, que mide cien pies de ancho por cuarenta de alto, es uno de los tesoros más preciados de San Antonio. Como la obra de Picasso, perdurará por cientos de años, para que miles de personas lo disfruten.

Una vez que tenga una meta establecida, escríbala. Esto puede parecerle muy simple a primera vista, pero la meta deberá tener un significado preciso para usted, y tal vez necesite escribir varias versiones de ella antes de encontrar la que realmente le satisfaga. Este proceso puede llevarle varios días o semanas, pero mientras más clara y definida sea su meta, será más fácil que la alcance.

El documento final deberá indicar claramente dónde desea encontrarse usted dentro de cinco años en términos de tamaño, propósito, índice de crecimiento, ingreso bruto y ganancias. Esto último es la clave, ya sea que desee fabricar zapatos, tener un taller de reparaciones, reparar relojes o montar una agencia de publicidad.

Aquí también existe una fórmula que aprendí cuando vendí cuarenta y nueve por ciento de las acciones que tenía en Sosa, Bromley, Aguilar a la agencia DMB&B, una compañía con más experiencia que yo en cuanto a ganancias y a la consecución de éstas. En la agencia creían que uno debería ganar el veinte por ciento de cada dólar de ingreso y comprobaron que esto podía hacerse consistentemente. Claro está que no es sencillo de lograr al principio. Sin embargo, es importante que durante los primeros tres años se concentre en obtener ganancias. Un veinte por ciento de ganancias es una meta fácil de alcanzar consistentemente una vez que su negocio opere sin problemas. Cuando haya logrado esto, deberá tomar la mayor parte de estas ganancias para usted y dedicar una tercera parte para el crecimiento de la empresa y para compensar a sus empleados con bonos. La meta del veinte por ciento de DMB&B estaba por encima del índice de ingresos y ganancias que yo manejaba cuando me inicié. Ahora me doy cuenta de que mientras más se apega uno a esto, es más fácil lograrlo.

El siguiente paso importante es *fijarse un límite de tiempo para alcanzar su meta* ("para mayo, ya tendré mi maestría en administración de empresas", "para enero del año 2000 tendré mi propio negocio", "para el año fiscal 2003, el veinte por ciento de mis ingresos serán ganancias".) Recuerde que su salario (antes de la distribución de las ganancias) es parte de los gastos, como el de cualquier otro empleado, y deberá ser considerado aparte de las ganancias. En la página siguiente verá un bosquejo de un plan escrito para empezar su propio negocio.

Lea su plan de negocios tres o cuatro veces al día una vez que lo haya terminado y luego dedíquese durante los próximos meses a refinarlo. Recuerde que cuanto más específico pueda ser, mejores serán los resultados que obtendrá.

Ahora tiene algo más que escribir: la filosofía y la misión de la empresa. La filosofía deberá cubrir dos temas: la razón por la que se encuentra en este negocio y los beneficios que éste le traerá a sus clientes.

A continuación encontrará la declaración de nuestra nueva compañía, KJS:

LA MISIÓN DE KJS

> Ayudar a perfeccionar las oportunidades de mercadeo de nuestros clientes por medio de soluciones innovadoras para sus problemas de mercadotecnia.

Son sólo 20 palabras, pero ¡nos demoró escribirlas muchos días! Cada palabra es importante, cada palabra significa algo y cada uno de los socios y cada miembro del equipo de KJS deberá memorizarla tan pronto como empiece a trabajar en la empresa. Como todas las declaraciones que establecen la misión de una empresa, ésta logra que todos se dirijan a un mismo punto para lograr una meta común.

Contamos con una empresa hermana, Bird in Hand (mi esposa Kathy le dio este nombre), que fue formada recientemente con el propósito de ayudar a nuestros clientes a conservar a los clientes que tienen. Les ayudamos a encontrar estrategias para lograr aumentar la lealtad de sus clientes y sus propias ganancias al conservarlos por más tiempo. Esto les causa satisfacción y los alienta a que sigan haciendo negocios con *ellos*, no con sus competidores.

LA MISIÓN DE BIRD EN HAND

> Aumentar las ganancias de nuestros clientes por medio de la identificación y la conservación de sus clientes más valiosos.

Además de la misión de la empresa, hay una filosofía de la empresa, que consiste de una serie de principios por los cuales se regirá la compañía. En el caso de nuestras empresas, KJS y Bird in Hand, la filosofía es la misma para ambas:

LA FILOSOFÍA DE KJS:

> Lograremos nuestra misión por medio de
> 1) El completo y profundo conocimiento de los consumidores de nuestros clientes.
> 2) La creación de estrategias efectivas e innovadoras para realizar nuestro trabajo.
> 3) El diseño de los mensajes publicitarios más poderosos y originales para incrementar la visibilidad de la marca de nuestros clientes y sus ganancias.
> 4) La difusión de estos mensajes de la manera más efectiva.

Es probable que tenga que escribir sus propias afirmaciones de acuerdo a las características de su negocio y a los clientes que desee atraer, pero este primer paso es esencial. La misión y la filosofía de su compañía serán su manera de darse a conocer. Le dirán al mundo entero lo que desea lograr. Establecen

Para el ______ / de ______ / de ______ seré dueño de mi propio negocio.
(día) (mes) (año)

Mi negocio producíá/proveerá ____________________________ para ____________________________.
(especifique los productos/los servicios) (identifique el consumidor objetivo)

a. Mi negocio se diferenciará de sus competidores por ______________________.
b. Mi negocio tendrá una reputación en la industria por ______________________.
c. Mi negocio será visto por el público como ______________________.
d. Mis políticas laborales se concentrarán en ______________________.
e. Mi responsabilidad promordial será ____________________________.
f. Trataré de delegar responsabilidad para ________________.

La compañía crecerá cada año y para el ______ / de ______ / de ______ (dentro de 5 años) estará
(día) (mes) (año)

produciendo $ ________________ en ganancias anuales.
(cantidad)

Yo estaré ganando $ ________________ al año en salario y bonos.
(cantidad)

Mientras logro lo anterior, dedicaré al menos 2 horas para contribuir a la felicidad y al bienestar de mi familia y de la sociedad.

lo que usted es, su personalidad y su forma de hacer negocios. Aunque existen muchas compañías que operan sin ellas, se encontrarían en un camino más seguro y rápido al éxito si se tomaran el tiempo de escribir estas dos "sencillas" aseveraciones. A pesar del tiempo que lleven operando —un mes, un año, o diez o veinte años—, su futuro estaría más garantizado.

Una vez que haya terminado de escribir la misión y la filosofía de su empresa, deberá preparar una proyección de su negocio, o sea una declaración anual de ganancias y gastos, la cual le servirá de guía durante todo el año. Si desea un préstamo bancario sin una proyección de ganancias y gastos, las posibilidades de obtenerlo serán casi nulas. (Y aunque los latinos cuenten con dicha declaración, tendrán más dificultad de obtener el préstamo que un angloamericano). Ninguna compañía, ningún desconocido y sólo algunos amigos (de mucha confianza) invertirán en su compañía. Y, lo que es más, usted no podrá operar su negocio de una manera eficaz. No sabrá exactamente cuánto genera en gastos y ganancias. No sabrá cómo planear sus gastos. No sabrá cuánto pagarse a usted mismo o a sus empleados. Estará *adivinando* mes tras mes, y adivinar es la fórmula para el fracaso.

Con todo, me encuentro aterrado del número de nuevos empresarios que no hacen dichas proyecciones. No es una tarea difícil. ¿Por qué tomar un riesgo innecesario o gastar más en algún equipo de lo que posiblemente ganará? ¿Por qué imaginar que los clientes ya existen sin que usted haya hecho una investigación de mercado? Todo lo que necesita es tener proyecciones realistas y sólidas.

Existen muchas maneras de escribir estas proyecciones (vea el ejemplo de la página 220). He visto algunas que llegan a diez páginas. Usted posiblemente no la hará tan extensa,

Proyecciones para La Compañía ABC Año ______

		ENE	FEB	MAR	ABR	MAY	JUN	JUL	AGO	SEP	OCT	NOV	DIC
A *UTILIDADES* Sus clientes y contratos	CLIENTE A ______	25,000	25,000	25,000	25,000	25,000	25,000	25,000	25,000	25,000	25,000	25,000	25,000
	B ______	20,000	20,000	20,000	20,000	20,000	20,000	20,000	20,000	20,000	20,000	20,000	20,000
	C ______	15,000	15,000	15,000	15,000	15,000	15,000	15,000	15,000	15,000	15,000	15,000	15,000
	D ______	10,000	10,000	10,000	10,000	10,000	10,000	10,000	10,000	10,000	10,000	10,000	10,000
	E ______	10,000	10,000	10,000	10,000	10,000	10,000	10,000	10,000	10,000	10,000	10,000	10,000
	F ______	5,000	5,000	5,000	5,000	5,000	5,000	5,000	5,000	5,000	5,000	5,000	5,000
	G ______	5,000	5,000	5,000	5,000	5,000	5,000	5,000	5,000	5,000	5,000	5,000	5,000
	H ______	2,000	2,000	2,000	2,000	2,000	2,000	2,000	2,000	2,000	2,000	2,000	2,000
B *FACTURACIÓN TOTAL* Total de dinero que se recibe mensualmente	FACTURACIÓN TOTAL MENSUAL	92,000	X 12	= 1,104,000									
C *GASTOS* Gastos fijos mensuales tales como: renta, salarios, etc,	GASTOS FIJOS MENSUALES	64,600	X 12	= 775,200									
D *OTROS GASTOS* Gastos no fijos que se llevan a cabo de acuerdo a los proyectos	GASTOS VARIABLES	5,000	X 12	= 60,000									
E *NUEVOS CONTRATOS* Gastos que ayudan a conseguir mas contratos	GASTOS POR OBTENER NUEVOS NEGOCIOS	4,000	X 12	= 48,000									
F *TOTAL DE GASTOS* Gastos efectuados para conseguir nuevos contratos	GASTOS MENSUALES TOTALES	73,600	X 12	= 883,200									
G *GANANCIAS Y PERDIDAS* Total de dinero gastado	GANANCIAS ANTES DE IMPUESTOS Y COMPENSACIONES CON INCENTIVOS	18,400	X 12	= 220,800									
H *¿COMO VA PROGRESANDO?*	GANANCIA O PÉRDIDA ACUMULADA	18,400	36,800	55,200	ETC.								

20% GANANCIAS

pero cuanto más detallada sea mejores serán los resultados. Esencialmente, necesita establecer lo siguiente de la forma más exacta posible:

- De dónde provendrá su negocio
- La cantidad de dinero que su cliente o consumidor le pagará mensualmente
- La cantidad que tendrá que pagar mensualmente en gastos fijos: salarios, alquiler, interés sobre algún préstamo, seguro, teléfono, materiales para la oficina, etc. Estos gastos serán fijos mensualmente, sin importar la cantidad de ganancias que tenga
- La cantidad promedio que tendrá que pagar en gastos variables al mes, que usted podrá controlar y variar de acuerdo al volumen de negocios que haga, gastos para atraer nuevos clientes, (como la impresión de folletos, por ejemplo), partes y materiales para la creación de algún producto y otros

El total de los gastos mensuales, fijos y variables, deberá ser el ochenta por ciento del ingreso total mensual. Este es un punto crítico, ya que el veinte por ciento restante será su ganancia. Si proyecta gastos más allá del ochenta por ciento, deberá hallar una manera de reducirlos. (Como mencioné anteriormente, al iniciar su negocio, la fórmula no deberá ser aplicada tan estrictamente. Podrá pasar seis meses o hasta doce en los que solamente saldrá a mano o ligeramente mejor de cómo empezó. De vez en cuando deberá proyectar pérdidas durante un mes dado, pero deberá proyectar ganancias cada trimestre.)

Un consejo: deje *todas* sus ganancias durante los primeros tres a cinco años en el negocio para cualquier imprevisto. No querrá pedir un préstamo al banco (o pedir prestado más) para cubrir gastos inesperados al principio.

Ahora es el momento de escribir el plan de negocios real. Existen diez pasos en total. Mi bosquejo es más sencillo que la mayoría, pero le servirá de guía:

Deberá cubrir los siguientes puntos:

1. Historia y tendencias en el negocio suyo
2. Una revisión de su situación real, incluyendo un análisis detallado de la competencia
3. Oportunidades y áreas de crecimiento
4. Su meta particular
5. Su mercado, tanto geográfico como psicológico, con lujo de detalle. (¡Conozca a su consumidor!)
6. Estrategias principales (ideas grandes) para alcanzar su meta (No deberán ser más de doce porque pierde el enfoque, ni menos de seis porque es importante contar con alternativas)
7. De una a tres medidas específicas que pueda tomar para llevar a cabo cada estrategia
8. Determinación de responsabilidades y fechas límite para cada medida
9. Su presupuesto
10. Cómo mide el éxito
11. Mejoramiento para un éxito continuo

El principal objetivo de este libro no es, por supuesto, enseñarle a escribir un plan de negocios; existen muchos libros sobre negocios que ahondan en este tema. Pero la gran mayoría se pueden reducir a mi plan. Y cuanto más sencillo, mejor.

Asegúrese de revisar su plan cada tres meses para hacer los cambios y omisiones que las circunstancias requieran. Al llevarlo a cabo, permanezca flexible. Un plan de negocios es un documento con vida propia. Usted deberá controlar cómo respira éste.

La gran mayoría de los fracasos de los negocios ocurren porque no se establecen los pasos mencionados. Se sorprenderá al ver el número. De todas las empresas que inician operaciones en Estados Unidos cada año, el noventa por ciento fracasa, *en parte porque el noventa y cinco por ciento de ellas no empezó con una meta clara, con una filosofía, con proyecciones acertadas o con un plan sólido.* Siga mis métodos y le prometo que se hallará más allá de esas estadísticas tan tenebrosas.

A medida que crezca su negocio, se dará cuenta de que sus proyecciones cambiarán —irán en ascenso— y de que sus planes se volverán más refinados. Cuanto más los haga, más fáciles le resultarán. Asimismo, estará más preparado para predecir el futuro, saber cuáles son las tendencias y anticiparse a los errores.

La descripción de sus propias tareas cambiará también. Con la expansión de su negocio usted se encontrará delegando el manejo rutinario de su negocios a sus empleados, en tanto que se concentra en sus "estrategias grandiosas", en planes a largo plazo y en innovaciones que harán que la empresa continúe creciendo. Se concentrará en contratar a personas capaces y en tratar a sus colaboradores con deferencia —dándoles confianza y entrenándolos—, entendiendo que necesitan libertad para crear su propios métodos.

La gráfica de la página 228 muestra cómo se desarrolla un gerente maduro a medida que su negocio crece.

Al principio usted dedicará el setenta y cinco por ciento de su tiempo para hacer el trabajo con sus propias manos, el veintitrés por ciento para adquirir nuevos negocios y el dos por ciento para planear para el futuro. En las etapas interme-

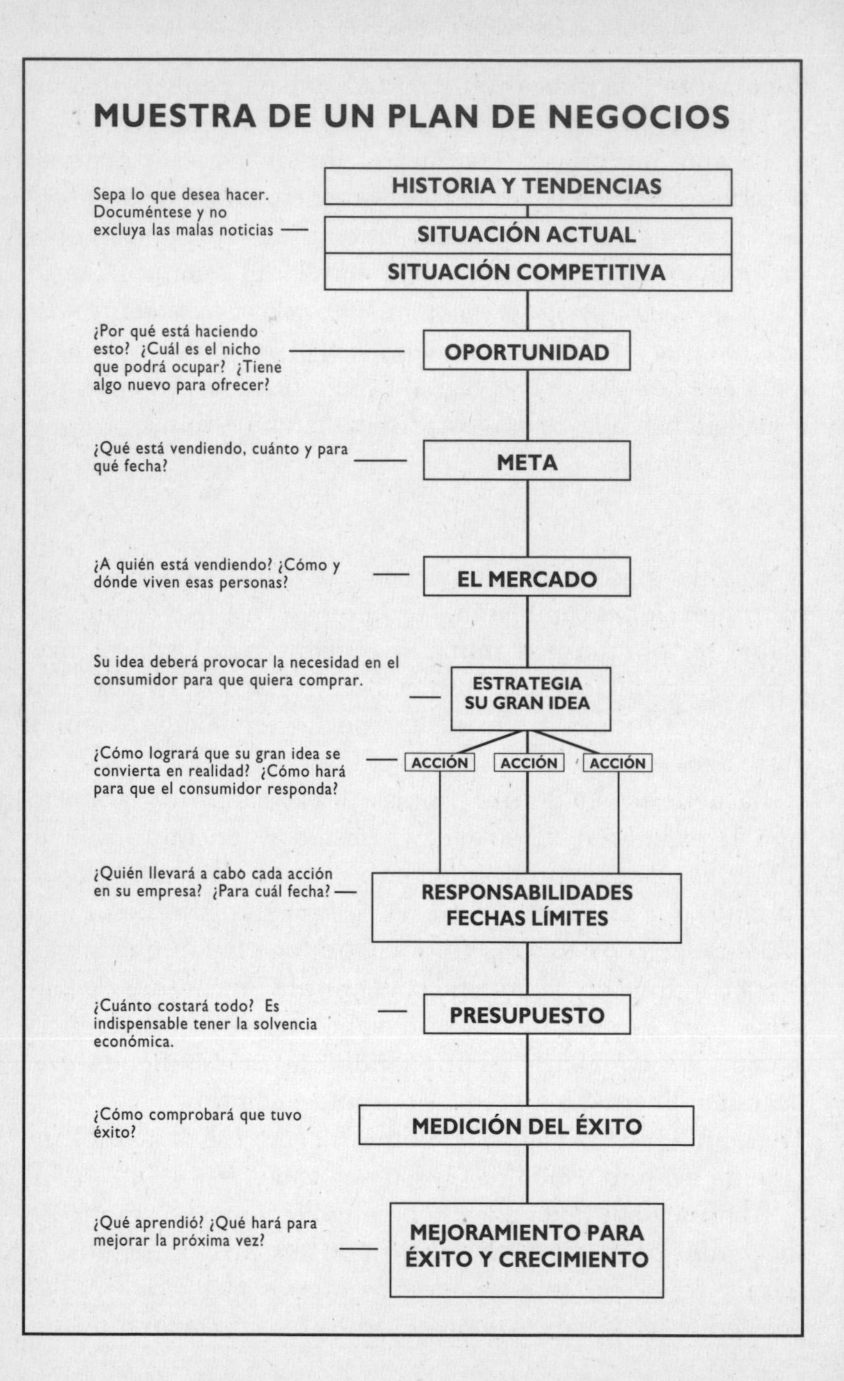
MUESTRA DE UN PLAN DE NEGOCIOS
Sepa lo que desea hacer. Documéntese y no excluya las malas noticias
HISTORIA Y TENDENCIAS
SITUACIÓN ACTUAL
SITUACIÓN COMPETITIVA
¿Por qué está haciendo esto? ¿Cuál es el nicho que podrá ocupar? ¿Tiene algo nuevo para ofrecer?
OPORTUNIDAD
¿Qué está vendiendo, cuánto y para qué fecha?
META
¿A quién está vendiendo? ¿Cómo y dónde viven esas personas?
EL MERCADO
Su idea deberá provocar la necesidad en el consumidor para que quiera comprar.
ESTRATEGIA SU GRAN IDEA
¿Cómo logrará que su gran idea se convierta en realidad? ¿Cómo hará para que el consumidor responda?
ACCIÓN
ACCIÓN
ACCIÓN
¿Quién llevará a cabo cada acción en su empresa? ¿Para cuál fecha?
RESPONSABILIDADES FECHAS LÍMITES
¿Cuánto costará todo? Es indispensable tener la solvencia económica.
PRESUPUESTO
¿Cómo comprobará que tuvo éxito?
MEDICIÓN DEL ÉXITO
¿Qué aprendió? ¿Qué hará para mejorar la próxima vez?
MEJORAMIENTO PARA ÉXITO Y CRECIMIENTO

dias, hará los trabajos rutinarios utilizando sólo un treinta y cinco por ciento de su tiempo. Pasará treinta por ciento en la capacitación de sus empleados, veinticinco por ciento adquiriendo nuevos clientes y diez por ciento planeando el futuro. (Este es un período difícil para el gerente, pues deberá aprender a delegar por completo sus responsabilidades y a depender de los demás para que el trabajo se lleve a cabo.) El gerente maduro (y yo he alcanzado este "dudoso honor"; me agrada la posición, pero no la edad que representa) dedicará el cincuenta por ciento de su tiempo a fomentar el desarrollo de sus empleados, el veinticinco por ciento a atraer nuevos negocios y el resto a servicios a la comunidad y al fortalecimiento de las relaciones con sus clientes actuales, a refinar planes y, muy de vez en cuando, a hacer el trabajo manual.

Un negocio establecido es autosuficiente y está más allá del control del "jefe". El empresario que ha planeado cuidadosamente y ha seguido estos planes con cautela e imaginación podrá convertirse en un hombre de negocios exitoso (y rico).

Tres ideas finales antes de estudiar al método para comercializar su negocio con sus clientes y con el mundo:

1. No se dé por vencido si las cosas no salen bien al principio. ¡No se detenga! Los latinos son especialmente vulnerables a los fracasos. También las derrotas iniciales muchas veces evocan miedos de que no valemos, de que no merecemos el éxito, de pensar que hemos sido víctimas de prejuicios, de atribuir los fracasos a "la voluntad de Dios". Pero no se dé por vencido ¡Siga luchando! Si está convencido de su visión, sus metas emergerán más

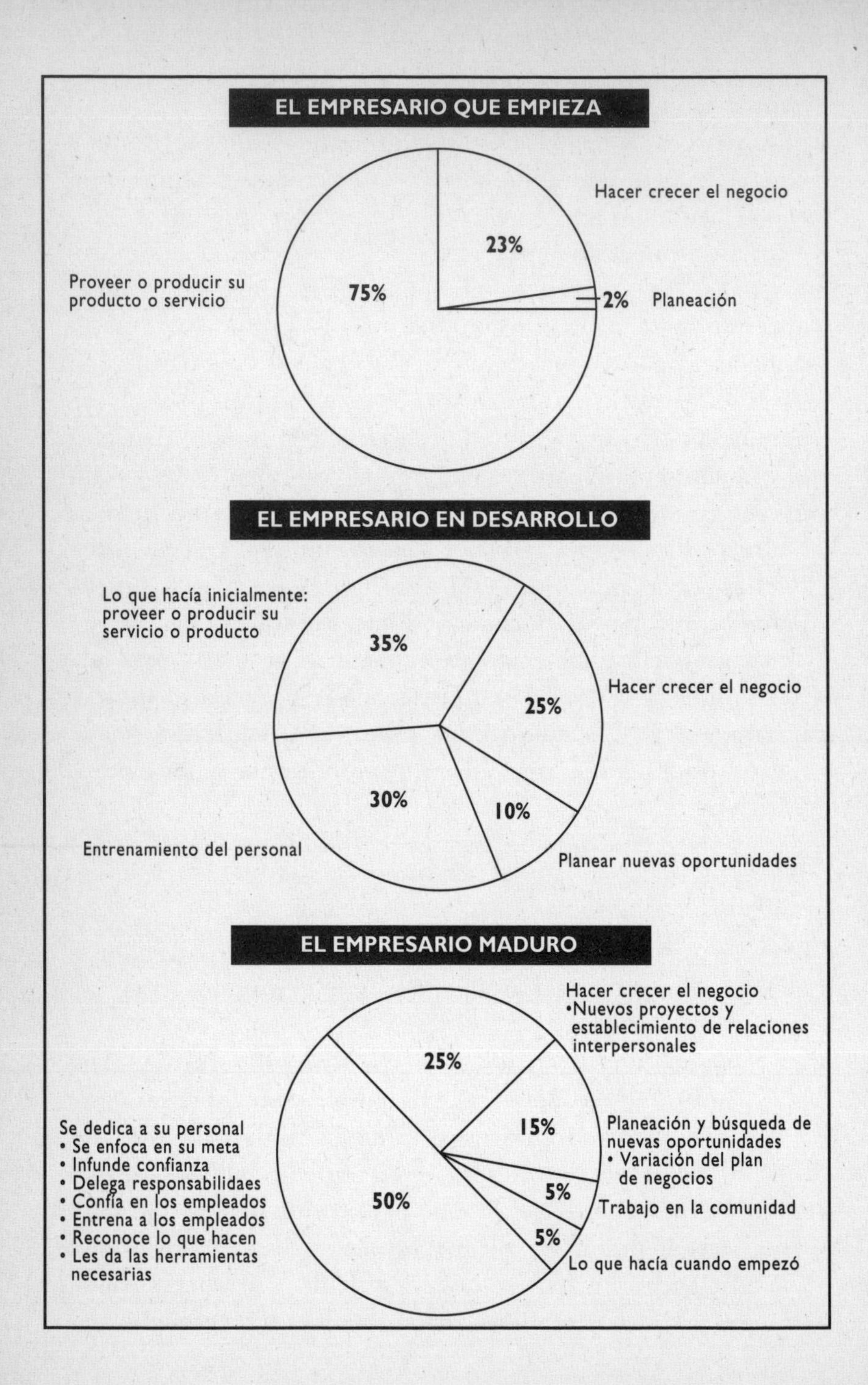
EL EMPRESARIO QUE EMPIEZA
Hacer crecer el negocio
23%
Proveer o producir su producto o servicio
75%
2%
Planeación
EL EMPRESARIO EN DESARROLLO
Lo que hacía inicialmente: proveer o producir su servicio o producto
35%
Hacer crecer el negocio
25%
30%
10%
Entrenamiento del personal
Planear nuevas oportunidades
EL EMPRESARIO MADURO
Hacer crecer el negocio
•Nuevos proyectos y establecimiento de relaciones interpersonales
25%
15%
Se dedica a su personal
• Se enfoca en su meta
• Infunde confianza
• Delega responsabilidaes
• Confía en los empleados
• Entrena a los empleados
• Reconoce lo que hacen
• Les da las herramientas necesarias
Planeación y búsqueda de nuevas oportunidades
• Variación del plan de negocios
5%
50%
Trabajo en la comunidad
5%
Lo que hacía cuando empezó

claramente que nunca y sus planes serán más acertados aún. Lo que visualice es lo que logrará.

2. No se agote. Trabajar en exceso puede ser su ruina. Si se siente demasiado cansado, si sus ideas ya no fluyen y si siente que el trabajo se ha convertido en una batalla constante, debe descansar y relajarse. Tome un respiro, aunque crea que no puede darse este lujo.
3. No permanezca en un mismo sitio. Perderá terreno. Esto también representa una trampa en la que caemos fácilmente. Tal vez no estamos acostumbrados al éxito todavía —estamos tan sorprendidos por él— que celebramos cuando lo alcanzamos. Y *seguimos* celebrando. Y no luchamos por seguir adelante. En mi caso, durante dos años dependí de mis antiguos planes y no me fijé metas nuevas. Saboreé de mi éxito durante tanto tiempo que *olvidé* fijarme nuevas metas. Así pues, nada sucedió. Las cosas comenzaron a estancarse y si esto hubiera continuado, mi negocio tal vez hubiera fracasado.

CAPÍTULO 14

PROMOCIONE SU EMPRESA . . . ¡Y PROMOCIÓNESE USTED TAMBIÉN!

Con frecuencia parece que los latinos que apenas se inician en los negocios estuvieran un paso atrás de la competencia. Por esta razón, es de suma importancia que tengamos un buen sistema de mercadeo. Debemos ser más acometedores, más creativos y más innovadores. Debemos hacer que la confianza sea parte de nuestra esencia, pues ella es la mejor herramienta de mercadeo (si usted cree que es el mejor, los demás también lo creerán). Debemos dejarles saber "recio y quedito" a nuestros clientes que nuestra compañía es sólida, que vale la pena hacer negocios con nosotros, que precisamente *porque somos latinos* hemos tenido que luchar más y aprender más y, por lo tanto, somos buenos colegas. Nos enfrentamos a los retos sin ser cobardes; somos optimistas, no pesimistas; positivos, no negativos. *Somos* tan buenos para los negocios como cualquier otro. Sin esa convicción interna, es difícil que usted pueda dar a conocer su compañía al mundo entero.

Está bien. Usted ha concebido un buen negocio y ha desarrollado los planes correctos para tener éxito, pero ¿cómo va a lograrlo si nadie lo conoce a usted? ¿Cómo hace para que la gente entienda lo bueno que es usted, o su producto, si no saben que existe?

Promocionar a su compañía lleva el mismo tipo de planeación que *crearla.*

1. Su objetivo debe ser claramente definido.
2. Debe analizar detalladamente la competencia.
3. Deberá definir de manera específica sus estrategias para vender su servicio o producto.
4. Los pasos a seguir deberán detallarse lo más claramente que pueda.

La diferencia estriba en que la persona que va a leer todo el material no es usted sino su cliente. Sí, cuando redacta un plan de trabajo, está escribiendo en realidad un anuncio publicitario para usted y para su compañía. Es decir, no está planeando para crear un producto o para fabricarlo, sino para venderlo.

Para vender su producto, primero deberá considerar los cinco elementos básicos del mercadeo:

- El producto: ¿qué vende usted?
- El lugar: ¿dónde lo venderá?

- El empaque: ¿cómo se verá su producto?
- El precio: ¿cuánto costará al comprador o al usuario?
- La promoción: ¿qué hará para que lo conozcan?

A estos cinco principios básicos, he agregado otro: mantenga un contacto personal. Conocer a su cliente, conocer cómo llegar a él y, finalmente, saber cómo *mantener* a los clientes, particularmente a los más valiosos, con toda seguridad le harán triunfar.

En su libro *The One to One Future,* Don Peppers y Martha Rogers, opinan que los estadounidenses de hoy le venden sus productos al mundo por medio de una filosofía antigua, pero sencilla: nosotros fabricamos y usted compra. Durante años, los productos predominantes en el mercado eran fabricados en Estados Unidos, mientras que en el resto de las naciones se trataban de emular las estrategias de venta de los estadounidenses. Era casi como si pudiéramos obligar a nuestros clientes a comprar lo que vendíamos, sin importar su calidad ni originalidad. Hacíamos muy poco esfuerzo para investigar a quién le estábamos vendiendo porque poco importaba la diferencia. Nos compraban, ¿por qué teníamos que saber quiénes eran?

En un futuro muy cercano ese no será el panorama; en realidad, creo que ahora mismo las cosas ya son diferentes. Estoy convencido de que todas las compañías tendrán que enfocarse mucho más en sus clientes, a diferencia de lo que se hacía en el pasado, y la manera de hacerlo es teniendo una relación personal. Es decir, las compañías deberán conocer a sus clientes casi tan íntimamente como se conocen a ellos mismos.

~

Existen ocho puntos que usted debe conocer antes de comenzar con la estrategia de mercado de su compañía:

1. Conózcase usted mismo. Sepa que su producto es confiable y su servicio invaluable. Sepa que usted es tan bueno como cualquier otro. Sepa que es el mejor.

2. Sepa lo que quiere que su compañía sea. ¿Qué considera usted como éxito?

En la actualidad, Kathy y yo queremos formar una agencia, pero no precisamente "la más grande". En Sosa, Bromley y Aguilar nuestra meta era crear un negocio de 100 millones de dólares y lo logramos. Ahora queremos una agencia que sea la mitad del tamaño de la anterior, que no es una cifra insignificante, sino pequeña comparada con mi compañía anterior.

¿Que por qué escogí esa meta tan modesta? Primero, porque me permitirá obtener, aproximadamente, las mismas ganancias que una compañía dos veces más grande. Después de treinta años en los negocios, he aprendido a ser mucho más eficiente de lo que era cuando me inicié. A través de una planeación estratégica, puedo anticiparme a los problemas y a las oportunidades que no podía ver antes. Además, estoy esforzándome constantemente por transmitir mis conocimientos a los jóvenes que trabajan en la organización. A su vez, *ellos* son más eficientes: logran más en menos tiempo y desempeñan un trabajo mejor con más confianza. Por otra parte, una agencia más pequeña me permitirá mantener un contacto personal con todos mis clientes; así podremos planear, de manera conjunta, las estrategias publicitarias a seguir y ayudarles a diseñar sólidos programas y estrategias de comunicación. Además, una compañía pequeña me permite hacer algo que me gusta cada vez más: enseñar a los jóvenes de la empresa a ser los mejores. Quiero dejar un legado no sólo de competencia y profesionalismo, sino de una verdadera innovación. Quisiera ver que las ideas que estoy plantando crezcan y sean transformadas por otros en algo que todavía no puedo imaginar. Finalmente, quiero pasar más tiempo con mi familia, fortalecer los vínculos con mis hijos mayores y pasar tiempo pintando en México, Francia, España e Italia.

Los tiempos cambian y mi compañía es diferente, pero es lo que yo quiero que sea. Y mido sus éxitos no sólo en cuanto a sus ganancias, sino en cuanto a la libertad que me proporciona.

3. Conozca a quién quiere derrotar. ¿Quién es su principal competidor?

Si los negocios son una "guerra" (y en muchos aspectos lo son), entonces es importante crear un "enemigo", alguien a quien enfrentarse y derrotar. Por ejemplo, August Busch, tuvo la motivación para convertir a Anheuser Busch en la cervecería más importante a nivel internacional cuando la compañía cervecera Miller despertó en él el "instinto asesino". Miller gastaba 50 millones de dólares anuales en publicidad, mientras que Anheuser Busch gastaba un poco menos. Entonces, a Miller se le ocurrió un nuevo reto: "Somos los número uno y estamos creciendo todavía más, en tanto que Anheuser Busch se está achicando". Esa afirmación dio inicio a la mayor guerra cervecera que jamás ha visto este país. Miller era el enemigo y August Busch se encontraba en el campo de batalla.

Busch *duplicó* el presupuesto publicitario a 100 millones de dólares, lo que hace veinte años era un presupuesto inaudito. Consiguió lo que buscaba. En tres años, la cerveza Budweiser reemplazó a Miller High Life como la número uno en Estados Unidos. Y todo porque Miller se convirtió en el enemigo que debía ser derrotado y porque Anheuser Busch tenía una *causa* más importante que vender mucha cerveza y más importante que obtener ganancias.

Es obvio que estamos hablando de cifras enormes. No tiene que imitar a la compañía Busch. Pero, el principio es el mismo: identifique a su competencia y conviértala en su enemigo. Para hacerle frente, utilice cualquier medio legal a su disposición, incluyendo "robarle" el mejor personal. Derrótelos.

4. Conozca a su cliente por dentro y por fuera. Esto se refiere a lo mismo que mencioné anteriormente cuando dije que debe personalizar su estrategia de mercado. A principios del decenio de los ochenta, Kit Goldsbury compró a David Pace su salsa picante Pace. La salsa era producida en una cocina doméstica en tres grandes cubas en la cual cinco mujeres llenaban a mano las botellas con la salsa mexicana. La compañía tenía bastante éxito. El señor Pace incluso había convencido a los supermercados de que su salsa se merecía un lugar en sus anaqueles y, como era la mejor de su categoría, los supermercados decidieron venderla. El señor Pace veía a los supermercados como sus clientes; después de todo, *los supermercados* eran los que compraban la salsa. Nunca vio la necesidad de tratar de venderle a nadie más que a los compradores de los supermercados y a los gerentes.

Kit tenía una idea diferente. Él quería dirigirse directamente a las personas que *comían* la salsa, es decir, al consumidor real, al cliente que tomaba la salsa de los anaqueles del supermercado. Así pues, dirigió grupos de enfoque y entrevistas individuales para descubrir información básica sobre sus clientes: nivel de educación, sexo, nivel de ingresos, lugar de residencia, lugar de trabajo, dónde jugaban y en dónde compraban. Lo más importante es que quería conocer *su manera de pensar*: ¿Qué los influenciaba? ¿Por qué escogían la salsa Pace o la de la competencia? ¿Cómo la empleaban? ¿Qué pensaban de ella como marca? Él estaba convencido de que una vez conociera estos datos, iba a poder crear los mensajes publicitarios, escoger los medios adecuados y conducir las campañas de ventas. Su negocio creció inicialmente por regiones, luego nacionalmente y después internacionalmente. Las ventas de salsa picante fueron mayores que las de salsa de tomate (al igual que las ventas de los nachos, que ahora son mayores que las ventas de "hot dogs" en los partidos de béisbol). Hace dos años Kit vendió Pace a la compañía Campbell por 1,100 millones de dólares. No está nada mal para un hombre que compró tres cubas grandes de salsa mexicana.

Su estrategia deberá ser la suya también, no importa si usted está tratando de atraer a un solo cliente, a un pequeño grupo de compradores o a tantos clientes como le sea posible. Después de todo, de lo que se trata en la mercadotecnia es de convencer al cliente.

5. Conozca lo que lo diferencia de la competencia. La misión y la filosofía de la compañía deben incluir las razones por las que usted sea diferente de su competencia. Recuerde, en KJS hacemos énfasis en que sabemos descubrir información crítica sobre los consumidores de nuestros clientes; investigamos lo que sienten y creen. Estamos convencidos de que hacemos esto mejor que nuestra competencia y por eso lo mencionamos constantemente. Por ejemplo, para Columbia Health Care averiguamos a través de nuestros grupos de enfoque que lo que más aflige a la gente cuando tiene que entrar a una sala de emergencia es el temor y el dolor. Así que nuestra publicidad tenía que tener en cuenta esas preocupaciones: "Columbia va a hacer todo lo posible para aliviar el temor y el dolor a los que se enfrenta la gente". También descubrimos que la gente espera que los hospitales sean los "protectores" de la vida, es decir, que tengan cualidades como las de Dios. Este descubrimiento nos llevó a este mensaje estratégico: "Dios es el autor de la vida. Columbia es la protectora de la vida".

Existen otros aspectos en los que sabemos que somos diferentes a nuestra competencia, además de ayudar a nuestros clientes a entender mejor al consumidor, y siempre *escribimos* cuáles son nuestras virtudes; la cara que mostremos a los clientes es tan importante como lo que ellos muestran a sus consumidores.

Antes que nada, buscamos soluciones sorprendentes para problemas de mercadotecnia. Por ejemplo, para la internacionalmente reconocida compañía de cosméticos Maybelline hemos entrevistado a docenas de mujeres para que nos hablen de maquillaje. En grupos de enfoque, la moderadora Pat Parea plantea una situación a doce mujeres para que la consideren:

—¿Cuándo se ponen maquillaje? —les preguntó.

—Cuando vamos a trabajar o asistimos a un evento social —fue la respuesta.

—¿Cuándo *no* se ponen maquillaje?

—Cuando nos quedamos en casa. Especialmente cuando limpiamos o aspiramos, o hacemos cualquier labor de ese tipo.

—De acuerdo —continuó Pat—. Supongan que se encuentran en casa, aspirando, sin ningún maquillaje, y de pronto recuerdan que necesitan algo del supermercado. Van a la tienda sin maquillaje. De repente, al ir caminando con su carro de compra en el almacén, se encuentran a una persona muy importante que las conoce y que se aproxima a ustedes. ¿Qué harían?

Las doce mujeres se cubrieron la cara con las manos y al unísono exclamaron: "¡Oh no!"

—Daría media vuelta de inmediato y me iría a otro pasillo —dijo una.

—Me escondería —agregó otra.

—Dejaría el carro de compras ahí y saldría de la tienda —dijo una tercera.

Pat les pidió que ampliaran su explicación.

—¿Se avergüenzan de su aspecto?

—No, pero no me sentiría yo misma sin maquillaje.

—¿Quiere decir que necesita del maquillaje para sentirse completa? ¿Que sin maquillaje usted no es usted?

—No, no exactamente. *Pero sin maquillaje no soy quien yo quiero que el mundo vea.*

—¡Hmmm! —exclamé yo, que había escuchado todo tras bambalinas.

Lo que nos llevó a un cabal entendimiento de las entrevistadas fue el astuto cuestionamiento de la moderadora y también observar el lenguaje corporal del grupo.

Sobre la base de un entendimiento crítico del consumidor, pudimos desarrollar esta estrategia de mercadotecnia: *Con Maybelline, usted es la mujer que el mundo quiere que vea.*

¿Es ésta una solución sorprendente? Sí. En este caso sorprende por su simplicidad.

Existen otros aspectos en los que nos diferenciamos de nuestra competencia.

- Transformamos nuestras obervaciones en estrategias de mercado. Somos estrategas en mercadotecnia primero y luego ejecutores de esas estrategias.
- Nuestro producto creativo ¡se vende!
- Podemos ayudar a nuestros clientes no solamente a tener consumidores sino también a conservarlos.

Como ya se habrá dado cuenta, no estoy siendo reservado. Estoy vendiendo.

Es vital asegurarse de que su cliente potencial comprenda qué lo hace a usted mejor que la competencia. En muchas ocasiones, los clientes hablan con tanta gente que cuando están listos finalmente para tomar una decisión, todo lo que han escuchado les parece casi igual. Haga que lo recuerden por ser diferente. Ser diferente es ser alguien que se recuerda. No harán negocios con usted si no pueden recordarlo.

6. *Aprenda de memoria la declaración de principios de su compañía y colóquela en un sitio donde todos puedan verla.* En Sosa, Bromley, Aguilar y Noble (ahora Bromley Aguilar), cada persona tiene la filosofía de la compañía sobre su escritorio, y hay un cartel gigante con ella a la entrada. La filosofía general de la agencia es que una buena publicidad comienza con ideas sorprendentes e innovadoras, que ellas cautivan al corazón y a la mente, que somos socios de nuestros clientes, no sus sirvientes o sus clones, que llevamos a cabo nuestra labor con pasión y coraje y que somos capaces de ver al futuro más allá de lo esperado. Estamos embebidos de esa filosofía y es única a nuestra agencia. Pero un tratado de principios sólido es común en todos los negocios buenos; es una plataforma para la acción, una base de la cual es posible desviarse, pero los cambios radicales son innecesarios.

Usted es quien debe establecer esta filosofía en su compañía. Debe escribirla para enseñarla luego a su equipo de trabajo y "promocionarla" primero entre sus colegas y después entre sus clientes. El negocio deberá reflejar sus ideas y su personalidad. Esto es esencial. Recuerde que usted es un líder, y un líder tiene visión y la capacidad de transmitir esa visión a otros.

7. *Sepa cómo establecer un estilo y enseñarlo.* Todas las compañías tienen su propio estilo de trabajo y de manejo. Puede ser un estilo de trabajar caótico, en el cual los papeles vuelan en todas direcciones y los empleados entran y salen sin una destinación real; puede ser un estilo de manejo tan meticuloso que la innovación y la participación del empleado sean desalentadas; puede ser un estilo de manejo afable, pero que permita la disensión y el surgimiento de nuevas ideas y particularidades. Sea como sea, lleva tiempo el desarrollar el estilo de una compañía. Esto se irá dando mientras que su líder logra establecerse y el equipo de trabajo logra sentirse a gusto con lo que se

FILOSOFÍA DE LA AGENCIA

La Idea Extraordinaria e Innovadora.
Una solución sorprendente a un problema de mercadeo.

Primero debemos tener el talento para reconocerla,
aunque aparezca sin pulir, como un metal,
antes de que el mundo vea lo que realmente es: oro.

Para reconocer tal idea debemos escucharnos unos a otros,
escuchar a nuestros clientes y escuchar al
experto máximo: nuestro consumidor.

Debemos creer que la idea hará que la gente
muestre interés. Debemos creer que hará que la
gente responda. Así podremos
defenderla con pasión y con coraje.

La idea debe motivarnos para que produzcamos
comunicados excepcionales que surtirán efecto y
que cautivarán el corazón, la mente y la imaginación.

Somos socios de mercadeo, no fabricantes de publicidad.
Somos estrategas, no clones.

Por eso es que competiremos. Por eso es que
sorprenderemos. Por eso pensaremos en grande.
Más allá del Horizonte. Más allá de lo Esperado.

SOSA
BROMLEY
AGUILAR &
ASSOCIATES

espera de él. La mayoría de los negocios no tienen una dirección completamente clara cuando comienzan (a pesar de que se tenga un plan de trabajo). La unión aumenta a medida que el negocio crece. Sin embargo, tengo cuatro sugerencias para poder establecer un estilo sólido. Me han dado resultado y sé que a usted también le darán.

- Promueva un estilo donde haya pensadores estratégicos y gente que se sienta motivada y sepa pensar y planear por anticipado. Diríjalos, mas no les pida que obedezcan ciegamente. Enseñe a sus empleados a que se concentren en encontrar soluciones a los problemas, no solamente en identificarlos.
- Promueva la comunicación. Mantenga su puerta y su mente abiertas. Recuerde que toda la gente de su organización contribuye de manera importante a su éxito y que cuando todos se devanan los sesos, surgen ideas magníficas.
- Establezca un estilo donde existan maestros y estudiantes y usted sea el ejemplo más importante. Aliente a las personas de más edad para que enseñen a los más jóvenes.
- Fomente la confianza y la empatía. Cuantos menos celos existan, habrá menos miedo de que "alguien me quite mi trabajo", más cooperación para una causa común y su negocio será más productivo.
- Haga que todos participen en su estilo y en el proceso de toma de decisiones, aunque no lo hagan directamente en las discusiones. Al menos explique a todos, aun a los miembros más jóvenes, la razón de las decisiones que ha tomado. Por supuesto, las decisiones finales le corresponden a usted. ¡No en balde le toca la mejor parte de las ganancias! Pero cuando todo el equipo contribuye, florece la creatividad y el negocio prospera.

"Yo creía que éste era un capítulo sobre cómo promocionar mi compañía y hasta ahora no se qué me quieren decir", se dirá ahora.

Bueno, en realidad sí sabe; si lleva a cabo los ocho puntos de que se ha hablado en este capítulo (el octavo es el siguiente), podrá establecer un negocio con algo más que un producto para vender o un servicio. En realidad, se trata de que se promocione a usted mismo. Es probable que la mejor herramienta de publicidad sea promocionarse a sí mismo.

También es probable que se pregunte: "¿En qué aspecto esto no es igual entre los latinos y los angloamericanos?" La respuesta es que sí es igual. En un buen negocio, ya sea propiedad de latinos o angloamericanos, un liderazgo creará un estilo de manejo sólido. Y en esto no interfiere ningún prejuicio ni ninguna limitación étnica o racial.

8. Aprenda de "los grandes". ¡Hay tanto que aprender de los gigantes! Para propósitos de este libro, y para beneficio de nuestro propio negocio, hemos estudiado a muchos líderes de diferentes corporaciones. He llegado a la conclusión de que aunque ellos tengan millones (o tal vez miles de millones) de dólares para gastar en publicidad y que usted sólo tenga un poco de dinero para este fin, de todas maneras hay mucho que copiar de lo que hacen. Por ejemplo, han hecho de sus productos "marcas genéricas". Cuando usted piensa en comida rápida, piensa inmediatamente en McDonald's; cuando piensa en pantalones de mezclilla, de inmediato los relaciona con Levi's; al hablar de zapatos deportivos, lo primero que viene a la mente es Nike; si se trata de refrescos embotellados, pensará en una Coca-Cola. Estas marcas, famosas internacionalmente, tienen tres cosas en común.

- Primero, dedican tantos recursos (tiempo y dinero) a su *imagen* como los que dedican a mantener la calidad de sus productos o servicios. Por esto son "marcas genéricas".

Líderes del Mercado™
McDonald's
Valores familiares
Buena comida
Precios económicos
Hamburguesas
™
Coca-Cola
Armonía mundial
Refresco
Refresco embotellado
™
Nike
Logro personal
Desempeño
Zapatos deportivos
™
Kodak
Recuerdos
Color
Rollos de película, cámaras
™
Levi's
Independencia, individualidad
Informal
Pantalones de mezclilla
™
Marlboro
Aventura
Sabor
Cigarrillos
™

En una escala menor, deberá tratar de hacer que su producto o servicio sea tan familiar a *su* mercado que cuando los clientes busquen el tipo de producto que hace, de inmediato piensen en usted.

- Segundo, son especialmente buenos para diferenciarse de la competencia.
- Tercero, y tal vez lo que sea más importante, relacionan su producto o servicio con alguna emoción humana importante.

El último punto es vital. Muchas corporaciones llevan a cabo campañas publicitarias de manera diferente, según se trate de un mercado latino o angloamericano. Sin embargo, los grandes se concentran en las emociones, en lugar de en las cosas prácticas, ya sea que se dirijan a latinos o a angloamericanos.

Considere, por ejemplo, las siguientes pirámides:

Notará usted, de inmediato, que el producto real se encuentra en la base de la pirámide de comunicaciones; al centro, y siguiendo en importancia, se encuentra el beneficio del producto; el valor universal humano es el más alto. He aquí un ejemplo para ilustar lo que dice la pirámide: asistí recientemente a un partido de fútbol que jugaban estudiantes de quinto año. Después del juego, uno de los padres dijo a los jugadores del equipo ganador que los llevaría a McDonald's a celebrar y otro padre dijo a los del equipo perdedor que ¡los llevaría a McDonald's para consolarlos! ¡Esto habla de los valores familiares! McDonald's, que se encuentra en la "cúspide de la pirámide", ha convencido a los niños de que Ronald podría estar ahí y ha convencido a los adultos de que serán mejores padres (o abuelos) si llevan a sus hijos allí. ¡Fantástico!

Estas compañías, y sus productos, capturan nuestras mentes con temas universalmente *emotivos* con los que cualquiera puede identificarse. Lo hacen de manera admirable. Imagínese, ¿cómo

Lo que hacen los líderes del mercado™
❶ Dedican los recursos que más puedan tanto a la imagen de su producto como a su calidad
❷ Hacen que su marca sea diferente/mejor que la competencia
❸ Relacionan su producto con una emoción humana poderosa
Lo que representamos
VALORES
Se dirige al corazón y al alma
Lo que ofrecemos
BENEFICIOS
Lo que fabricamos/ hacemos
PRODUCTO/SERVICIO
Se dirige a la cabeza
TM

es posible que una bebida hecha con agua carbonatada, azúcar, cafeína y un jarabe pueda ser estandarte de armonía mundial, de "lo que es verdadero"? Sí. En el sentido de que la deidad es lo verdadero y más poderoso, el caso de Coca-Cola es tan impactante que incluso es difícil relacionar el producto con el mensaje. No obstante, lo hacemos.

Lo que podemos aprender de los grandes es que cuanto más distintivo pueda hacer usted su producto, serán mayores las oportunidades de venderlo, y cuanto mejor enfoque su servicio y más original sea, serán mayores las oportunidades de atraer clientes. Sin embargo, es obvio que la mayoría de nosotros no cuenta con los millones de dólares necesarios para hacer que nuestros productos o servicios se vuelvan nombres familiares o con los cuales podamos darles el aura de universalidad que comparten Coca-Cola y Nike. De hecho, en algunas ocasiones, sólo contamos con algunos dólares para gastar en mercadotecnia y en otras no contamos absolutamente con nada.

Esto no significa que usted no pueda anunciarse o que, al menos, lo intente. ¡Todo lo contrario! Millones de personas han comenzado negocios exitosos partiendo prácticamente de la nada, a la vez que millones de dólares se han "evaporado" en la mercadotecnia de negocios que jamás deberían haber existido.

La mejor estrategia de mercadotecnia, aun para los negocios más pequeños, es producir un servicio o producto que sea mejor, más barato o más rápido que la competencia. Eso es un hecho. En segundo lugar, deberá usted contar con una Propuesta de Venta Única, o sea una declaración sencilla de *por qué* el público debe escoger su producto o servicio. (Ejemplos familiares y sencillos de PVUs son "Abierto 24 Horas;"; "Entrega Gratuita a Cualquier Área de la Ciudad"; "Todo lo que Pueda Comer Por $9.95"; "Impresión a Color Total").

Como tercer estrategia tenemos que, cuando menos deberá hacer imprimir folletos o volantes que describan su producto o servicio, y enviarlos por correo o colocarlos a la vista en lugares estratégicos frecuentados por el tipo de gente que pueda necesitar lo que usted vende. También podrá valerse de ellos para dejarle saber al periódico de su localidad que ha montado una nueva empresa. Una cuarta sugerencia es que debe hablar de su negocio de manera entusiasta siempre que le sea posible, es decir, con amigos y posibles clientes y asistiendo a convenciones y a reuniones de ventas, etc.

Sin embargo, lo más importante es que debe dar una "personalidad" a lo que hace. No es coincidencia que tantos negocios (restaurantes, talleres de autos, salones de belleza, etc.) ostenten orgullosos nombres tales como Pete's Place, Chez Susan o Roberto's. Estos empresarios le están diciendo al mundo: "Yo respaldo lo que hago; puede contar conmigo. Si tiene una queja, sabe a quien presentarla, y si tiene un cumplido sabe a quien elogiar". Usted es la mejor publicidad, la mejor herramienta de mercadotecnia para su propio negocio, y si no apoya o habla a favor de lo que hace, ¿quién más lo podrá hacer?

En consecuencia, el capital no es esencial para una buena mercadotecnia, es decir, no tan esencial como una buena idea, un enfoque certero, una sonrisa encantadora y una confianza bien cimentada. Esto último sólo se logra cuando usted hace exactamente lo que dijo que haría. Yo comencé con un lápiz, una libreta para dibujar, un escritorio improvisado y una pequeña oficina de lámina (todo esto representaba una inversión de menos de $100 dólares), pero promocioné dinámicamente lo que tenía para ofrecer: mi talento. Pete Cortez compró por $50 dólares un restaurante de cinco mesas en el que servía comida de calidad y se cercioró de que la gente de la localidad supiera la calidad del servicio y los precios bajos, transformándolo así en el restaurante mexicano más grande y más popular de San Antonio, Mi Tierra.

Existen muchos ejemplos de gente que no cuenta con capital para establecer su negocio, pero que tienen el don de saber promocionarse. Suzie García, una mujer cubana que todavía no llegaba a los treinta años, ahorró algunos cientos de dólares y abrió, junto con su esposo, una pequeña cafetería en el área histórica de San Antonio llamada Espuma's. Con ese dinero alquiló y restauró una casa vieja, se encargó de servir el mejor café que se pudiera preparar y añadió una sección para que los clientes pudiesen comprar y escoger varios periódicos mientras que disfrutaban de las exhibiciones de arte de artistas locales. Es más, dio a su negocio un carácter de club de vecindario, de lugar en el que la gente pudiera hablar sobre asuntos locales, poner anuncios en una cartelera, descansar y sentirse a gusto. Su cafetería está siempre tan concurrida como el Starbuck's más concurrido, pero tiene otra cosa esencial más para ofrecer: la personalidad de Suzy.

También está el caso de Guillermo Lozano, una figura popular en la radio durante veinte años que se encontró repentinamente sin trabajo a la edad de cuarenta y cinco años. Fue luego gerente de una nueva emisora de música "romántica" en español y más tarde, cuando un nuevo dueño la transformó en una emisora de habla inglesa con "música suave", se encontró de nuevo sin trabajo. Ya no tenía un sueldo, pero se tenía a sí mismo y sus conocimientos de radio. Así fue como, armado de un lápiz y una libreta, visitó todas las agencias de publicidad de Texas. "Yo puedo traducir sus anuncios al español. Puedo *escribirlos* en español. Puedo hacer los doblajes al español. Seré el locutor". En menos de un año se había vuelto indispensable. Hoy, veinte años después, no piensa en jubilarse; es una de las personas más ocupadas y más felices en el creciente mundo de la mercadotecnia hispana.

Existe un banco en Miami cuyos dueños son hispanos. Es tan pequeño que no cuenta con ningún presupuesto para publicidad. De ninguna manera puede competir con los grandes para promocionarse en la radio o la televisión, así que se dedica a hacer lo que hace mejor: se dirige únicamente a los negocios hispanos. A través de la cámara local de comercio, sus tres ejecutivos adquirieron una lista de los negocios de propiedad de latinos en Miami. Dividieron la lista entre ellos mismos y se fijaron la meta de llamar dos negocios al día con esta simple propuesta: "¿Necesita dinero para hacer crecer su negocio? Nos gustaría ayudarle".

"Por supuesto que necesitamos dinero. ¡Venga a visitarnos!", era la respuesta de los empresarios.

Ningún banco "normal" usa esta táctica con los latinos que poseen negocios pequeños y, por supuesto, no todos los candidatos reúnen los requisitos para un préstamo. Pero de lo que se trata es de que el banco está desarrollando una óptima cartera de préstamos al hacer préstamos inteligentes a un mercado que la competencia había ignorado.

Ya he hecho énfasis en que para poder promocionar adecuadamente su incipiente compañía, usted deberá promocionarse también. Esto no significa necesariamente que se vuelva "propiedad de todos"; sin embargo, debe quedarle claro que tanto el personal de su compañía como los clientes a los que sirve deben conocerlo e identificar claramente sus ideales.

Antes de que leyera este libro, es posible que no supiese que Roberto Goizueta fuera el presidente corporativo de Coca-Cola o que Herb Kelleher fuera presidente de Southwest Airlines puesto que no hacen alarde de su posición en la compañía. (Bill Gates en una excepción importante; él *es* Microsoft). No obstante, estos dos hombres tienen personalidades enérgicas e imponentes que van de acuerdo con su visión y sus habiliades ejecutivas. En realidad, yo creo que éste es el perfil de los dirigentes de las compañías verdaderamente exitosas.

¿Qué sucede cuando los líderes carismáticos se jublian o son reemplazados? Todo depende. Si la dirección es asumida por personas que son buenas en la gerencia pero que no tienen habilidades de liderazgo (esto sucede en muchísimas ocasiones), entonces la empresa seguirá creciendo, pero a un ritmo más lento, o se estancará o comenzará a perder impulso y ventas. Cuando se da el caso de que la dirección pasa de un buen líder a otro buen líder (cuando Goizueta reemplazó a Woodruff en Coca-Cola, por ejemplo), entonces el nuevo líder hará que la compañía crezca aun más y con más vigor porque edificará sobre los cimientos de su predecesor.

Por supuesto, en muchas ocasiones la gente prefiere promocionarse a sí misma *de manera directa al público.* Esto se da especialmente en el caso de atletas, actores, escritores y artistas. Por ejemplo, "los tres tenores" son excelentes para promocionar a "los tres tenores". El propósito principal de las personas que son invitadas a los programas *The Tonight Show* u *Oprah* es promocionarse a sí mismas, mucho más que de vender los libros que han escrito o las películas en las que están a punto de aparecer. En esencia, el nombre *se convierte* en el producto. Así, mucha gente no asiste a un espectáculo de ópera; asiste a escuchar a Domingo. Otras personas no ven un partido de básquetbol, ven a Michael Jordan.

Paloma Picasso es un buen ejemplo de alguien que se promueve a sí misma para vender sus productos. *Siempre* luce perfecta. Tiene un estilo único; se mueve en el círculo social "adecuado"; ella misma es la modelo de muchos anuncios publicitarios de sus cosméticos y de su línea de joyería; además, ella es quien vende personalmente a los grandes almacenes de joyería como Tiffany's. Tiene además otros dos atributos: el nombre de su padre y su enorme talento.

Alguien que no posee un "nombre" nacional aún es la diseñadora de modas Verónica Prida. Ella espera llegar al nivel del internacional, y autopromocionado, Oscar de la Renta. Me dijo: "Quiero que lo que yo vista sea lo que yo represento. La forma cómo yo luzco es mi herramienta de publicidad. Así es que siempre desempeño muchas actividades y asisto a muchas fiestas. Soy una persona pública. Hago mucho para que mis modas sean vistas y se escriban artículos en los periódicos sobre mí.

"Llevo a cabo desfiles de moda benéficos que atraen a muchísima gente que compra vestidos caros. De vez en cuando, *regalo* a alguien una prenda diseñada por mí; así se sorprenden y hablan de mí con sus amistades. Procuro mantener buenas relaciones con la prensa. Les envío regalos, les llamo y mantengo un contacto constante con ellos. Se han vuelto mis amigos. Quiero que sepan que me intereso por ellos constantemente y no sólo cuando los necesito.

"No sólo me promuevo a mí, sino que también promuevo la *categoría* moda. Promuevo moda y estilo".

No es una fórmula errónea para cualquiera en cualquier profesión.

Es urgente que sepa promocionar su negocio cuando esté tratando de atraer nuevos negocios, de vender un producto nuevo o de ganar un cliente potencial. Toda mi vida he puesto cuidado especial en la preparación de presentaciones de negocios nuevos y concluyo este capítulo mostrándole, palabra por palabra, nuestro plan general para este tipo de presentación.

Adapte esto a su propio negocio y a su compañía. Los detalles pueden variar, pero los principios generales permanecen constantes. Utilice sabiamente esta información y habrá dado un paso gigante hacia el éxito.

Lista de detalles para tener en cuenta en la presentación (Lo que ellos deberán ver)

1. Lista de clientes
2. Lista de nuestro personal
3. Fecha, hora, lugar y oficina donde se llevará a cabo la reunión, y los materiales necesarios para ella
4. Qué nos hace diferentes
5. Propósito
6. Audiencia a quien queremos llegar
7. Mercados a los que queremos llegar
8. Resultados de la investigación
9. Pirámide de comunicación
10. Entendimiento del consumidor
11. Dirección estratégica general
12. Resumen creativo
13. Obligaciones
14. Creatividad
15. Promociones/colaterales/relaciones públicas
16. Retención del cliente
17. Medios publicitarios
18. Presupuestos
19. Límites de tiempo
20. Responsabilidades
21. Cómo medimos el éxito

Lo que le pedimos a nuestros empleados que hagan antes de la presentación

Lo que hacemos antes de la presentación es tan importante como la presentación misma. Este es el momento de conocer al cliente y de saber qué necesita.

Por esta razón es que deberá hacer tantas preguntas como le sea posible a su cliente en potencia:

- ¿Quiénes toman las decisiones?
- ¿Cuáles son sus metas?
- ¿Cuál es su historia?
- ¿Quién es su competencia?

Se asegurará de que le proporcionan mucha información. Llámelos y visítelos personalmente tan seguido como pueda. Reúna toda la información sobre investigaciones que hayan hecho. Recuerde, ellos necesitan contratar a alguien. ¿Por qué no a nosotros? Comience de una vez a establecer "vínculos".

Asegúrese de que todos en la agencia estén al tanto de la visita del cliente potencial. Un día o dos antes de la presentación, notifique al personal sobre la visita. Vístase bien y demuestre la hospitalidad que lo caracteriza y su profesionalismo.

Hable con los consumidores de su cliente. Dirija grupos de enfoque y grábelos. Entienda lo que quiere el consumidor. Esta sea, tal vez, la herramienta más valiosa que usted utilice.

En resumen, sepa más sobre el consumidor de su cliente que lo que ellos saben.

El día de la presentación

1. *Salúdelos con un letrero en el recibidor.* Asegúrese de desplegar sobre él el logotipo del cliente potencial.

2. *Tenga refrescos y bocadillos en la sala de reuniones.* Sugiera que se quiten los abrigos o las chaquetas para dar un toque de informalidad. Pónganse cómodos. Hablen de asuntos personales triviales antes de ir al grano.

3. *Pida al líder del equipo de su nueva agencia que dé la bienvenida al cliente potencial y que haga un resumen general de lo que la agencia ha hecho para prepararse para la reunión.*

4. *Presente brevemente al personal de su agencia.*

5. *Pídale al cliente que presente a la gente que lo acompaña, haciendo un pequeño resumen de quiénes son. Esto ayuda a romper el hielo, es decir, hace la atmósfera más amigable.*

6. *¡Sea osado!* Recuerde que ellos le necesitan tanto a usted como usted a ellos. Ellos quieren comprar. De por hecha la venta.

7. *¡Pase un buen rato!* Contagie su entusiasmo. En este caso, el cliente es el consumidor.

8. *Haga que su presentación gire en torno a soluciones inesperadas a sus problemas.*

9. *Asuma el liderazgo.* Sea el número uno en inteligencia, creatividad, estrategia, etc.

Ejemplos: Nosotros

- Hemos examinado la oportunidad para usted
- Hemos hablado con sus clientes
- Hemos hablado con sus proveedores (cuando esto se aplique)
- Hemos hablado con sus distribuidores
- Hemos hecho un análisis de la psicología de sus clientes
- Hemos hecho un análisis de la psicología de su competencia
- Hemos hecho un análisis estratégico para compartirlo con ustedes
- Tenemos un punto de vista sobre la oportunidad
- Hemos calculado el aumento que usted puede esperar en las ventas
- Hemos desarrollado un método para convertir todo esto en ventas.

Pero primero . . .

10. *Hága estas preguntas:*

- Si usted tuviese que describir la compañía ideal que quiere contratar, ¿que cualidades tendría ésta?

- ¿Cuáles son las cinco características principales que busca en una compañía?

11. *Fomente la conversación, no un diálogo de "presentación". Haga que hablen de ellos mismos.* ¿Qué tipos de anuncios les gusta? ¿Por qué? ¿Cuál es la agencia de publicidad que más admiran? ¿Por qué? Esta es la oportunidad para empezar a establecer confiabilidad.

12. *Mientras ellos hablan, observe y determine quién es la gente "poderosa" (tanto formal como informal), es decir, la que toma las decisiones.* ¿Qué significan sus títulos y sus cargos? ¿Quién es amigable? ¿Quién será difícil? ¿Por qué?

13. *Presente un panorama general de oportunidad:*

- La psicografía demográfica del mercado

- La categoría de crecimiento y su historia, junto con un análisis del por qué y el cómo de este crecimiento
- Uso del producto, incidencia, etc.
- Participación en el mercado y valor monetario de esta participación
- Resultados de la investigación (son excelentes los grupos de enfoque grabados y bien editados)
- Conclusiones
- Debate (fomente el diálogo en todo momento)

14. *Nunca se disculpe.* No diga "discúlpenos, no tuvimos tiempo de hacer esto o aquello". Muéstreles lo que tiene, no lo que no tiene.

15. *Presente una lista de lo que lo hace atractivo a usted.* Sugiérales: ustedes deberían contratarnos porque:

- Les gusta la forma en que nosotros pensamos
- Quieren los mejores talentos creativos
- Exigen un servicio excelente
- Quieren ver pasión en su negocio, etc.

16. *Presente una lista de lo que los hace atractivos a ellos.* Dígales: queremos hacer negocio con ustedes porque:

- Creemos en su producto
- Representan un hito en la historia de nuestra compañía
- Nos gustan los retos, etc.

17. *Déles más de lo que pidieron.* Ellos están tan interesados tanto en el análisis estratégico que usted les ha preparado como en su creatividad.

18. *Ahora, y sólo ahora, empiece a hablar.* Cite de uno a tres casos para ilustrar el talento de la agencia en la categoría de los clientes con ejemplos "sorprendentes e innovadores" de publicidad, promociones, medios publicitarios, mercadotecnia directa, etc.

19. *Muestre ejemplos del trabajo que ha realizado para otros clientes.*

20. *Cuente brevemente la historia de su compañía, de su crecimiento y de su filosofía (no más de 15 minutos).*

21. *Presente a quienes trabajarían en el negocio.* Esto muestra que "hemos pensado en quien manejaría su cuenta y se lo quere-

mos presentar, así es que estamos listos para empezar a trabajar mañana".

22. *Sea visionario.* Comparta su visión de la industria, del mercado, del producto que desea representar y de su agencia.

23. *Pida la orden.*

24. *Tenga confianza.* Hable con el cliente potencial como si hubieran sido socios durante años.

25. *Hable de los pasos a seguir y de las fechas límite.*

26. *Deje tiempo para preguntas y respuestas (30 minutos o más).*

Después de la presentación

1. *Realice un seguimiento por medio de cartas, notas, llamadas telefónicas y visitas personales.*

2. *Continúe hablando después de la presentación.* El diálogo que se lleva a cabo antes y después de la presentación formal es crítico para el éxito. Otros no toman esto en cuenta. Les agradará su tenacidad. Hable más o menos cada tercer día, hasta que sea tomada la decisión.

3. *Cuando le llamen para anunciarle que ha ganado, ¡sonría!* ¡Baile! ¡Grite! ¡Merecía ser el ganador!

CAPÍTULO 15

LA MEJOR OPORTUNIDAD ES LA DE HOY

Las cifras arrojadas por los censos más recientes, reportadas en *The New York Times*, señalan una serie de tendencias alarmantes:

- Desde 1989, el ingreso promedio por familia de los latinos ha decaído de $26,000 a $22,900, o sea catorce por ciento.
- En 1995 dicho ingreso aumentó para todos los grupos étnicos, excepto para los latinos.
- Los latinos forman el diez por ciento de la población de Estados Unidos y representan el veinticinco por ciento de los pobres de la nación.

Los científicos sociales y los estadistas aseguran que existen tres factores que determinan dichas cifras:

1. Cambios estructurales en la economía que han provocado la reducción del número de trabajos para obreros.
2. El alto índice de deserción escolar de la escuela preparatoria, aunado a una red de instituciones, a todos los niveles educativos, que no enseñan cosas prácticas.
3. Patrones que ven a los inmigrantes latinos, especialmente aquellos que hablan poco inglés, como trabajadores "desechables", capaces sólo de realizar trabajos temporales.

¿Están los latinos condenados a convertirse en una clase inferior?, se preguntan los científicos sociales y los estadistas. ¿Seremos siempre los "pobres trabajadores?"

Los investigadores no han profundizado lo suficiente. Tal vez sea cierto lo que afirman, pero si eso es todo lo que tienen que decir, entonces nos encontraríamos en un verdadero peligro. Debemos, estoy seguro, buscar bajo la superficie de las condiciones económicas y sociales para encontrar una explicación para las estadísticas. Debemos también ver —y hacer frente— a la mentalidad del latino para encontrar una respuesta. Una vez que la hayamos reconocido, podremos cambiar.

Sin duda alguna, dicho cambio todavía se encuentra en proceso.

El escritor y filósofo mexicano, Octavio Paz, habla del "mexicano enano". Hemos sido "enanizados", dice, debido a que somos los hijos de los conquistadores y las mujeres indígenas que fueron violadas sin compasión. Somos "hijos de la chingada", es decir, producto de esa violación; somos bastardos. Y, ya sea que nos guste o no, esta mentalidad —que fuera establecida hace muchas generaciones, que he descrito como nuestros "grilletes culturales"— es la que nos mantiene sumisos y nos impide alcanzar el éxito del que somos capaces.

Yo sé que no es muy popular estar de acuerdo con Paz. Sé de sobra que seré acusado de perpetuar el estereotipo y que no me creerán. Muy pocos *queremos* creer.

Usted está en todo su derecho en estar en desacuerdo conmigo; lo que Paz y yo estamos diciendo es de mucho calibre. Sé que es preferible (y más sencillo) no culparnos a nosotros mismos de nuestra falta de éxito sino culpar a la sociedad, a los demás, a los prejuicios y al sistema.

Pero esta actitud nos dice que, en efecto, "no hay nada que podamos hacer al respecto. No importa qué tanto nos esforcemos, la sociedad acabará por derrotarnos". Si me conoce un poco sabrá que mi respuesta será un rotundo ¡NO! No tenemos que permanecer atrapados para siempre en esta mentalidad; podemos elevarnos a cualquier nivel que deseemos. Depende de nosotros —única y exclusivamente de nosotros— mejorar nuestra situación y triunfar. Nadie nos va a dar nada en la mano. Algunos se encargarán de impedir que logremos el éxito. Las oportunidades empezarán a ser más y más esporádicas. Debemos aprovechar el momento en que se presenten, debemos darnos cuenta de que hoy, más que en ningún otro momento histórico, tenemos los medios para llegar a donde queramos y hacer lo que queramos.

Cuando penetré en la mercadotecnia hispana por primera vez, en los años setenta, creí que estaba sacando provecho a una "revolución" que estaba sucediendo en Estados Unidos. En convenciones, reuniones, seminarios y la radio y la televisión la misma frase era repetida: "Los ochenta serán el decenio de los hispanos". El hasta ahora "ignorado" latino sería descubierto repentinamente en todas las fases de la sociedad, desde el arte y la educación hasta los temas femeninos. En 1978, la revista *Time* publicó un número sobre los latinos en el que hablaba de su nuevo poder político y económico, y parecía crear conciencia a través de la nación sobre aquel elemento invisible de la sociedad. "¡Qué momento tan maravilloso para abordar este mercado", pensé "Estoy en la cima!"

Pues bien, *sí fue un momento maravilloso,* pero no fue el culminante. Indiscutiblemente, los ochenta fueron muy tranquilos comparados con los tormentosos noventa. Ahora, la "revolución" está en pleno. Hoy es el momento para que los hispanos conozcan el alcance de su poder y lo aprovechen.

En verdad, éste es el momento cumbre para los latinos en Estados Unidos. Me pregunto, pues, qué dirán mis hijos; posiblemente pensarán que los noventa fueron todavía el oscurantismo.

Richard Bela, que ha sido mi amigo durante quince años, es director de la Asociación Hispana de Responsabilidad Corporativa (HACR), en Washington, D.C. La filosofía de la organización es muy sencilla: "La inclusión de los hispanos en las actividades económicas de las corporaciones en Estados Unidos va en proporción directa a nuestras actividades económicas". En otras palabras, si los hispanos representan el diez por ciento del poder adquisitivo en Estados Unidos, deberán obtener el mismo diez por ciento de puestos en las grandes corporaciones del país.

¿Los obtienen? Todavía no. Pero Bela mantiene la presión y ha llegado a la conclusión de que existen tres tipos de corporaciones: compañías que "ya saben", compañías que "están despertando" y compañías que "siguen con los ojos cerrados". Tiene una categoría numérica para su clasificación y yo me he tomado la libertad de refinarlas para hacer mi propia lista con elementos que usted deberá tomar en consideración cuando —suponiendo que desee entrar al mundo de las corporaciones— busque empleo.

Compañías que "ya saben"

- Hacen todo lo posible por entender a sus clientes
- Un alto porcentaje de sus ventas —y sus ganancias— se deriva de clientes que pertenecen a minorías
- Generalmente es una empresa pública
- Entienden el valor de mantener las buenas relaciones con sus clientes y logran un alto nivel de presencia en la mente del público
- Han tratado con mercados fuera de Estados Unidos y con otras culturas alrededor del mundo durante muchos años y entienden las diferencias
- Dedican tiempo a las relaciones públicas y tratan de evitar la mala publicidad a toda costa
- Demuestran el compromiso con sus comunidades por medio de actos filantrópicos
- Valoran la buena voluntad de las minorías
- Procuran contratar a los jóvenes más talentosos, sin tomar en cuenta su raza o su pasado histórico

Estas compañías incluyen fabricantes de bebidas, tanto dc refrescos como de cervezas, compañías empacadoras especializadas, compañías de comida preparada y compañías de telecomunicaciones (AT&T cuenta con trece vicepresidentes corporativos de origen latino). En otras palabras, las compañías venden a muchos mercados y los necesitan para aumentar sus ganancias

Compañías que "están despertando"

- Hace poco que se percataron del valor del consumidor de diferente origen étnico
- Han trabajado en mercados fuera de Estados Unidos y entienden las diferencias culturales
- Están en proceso de crear una imagen pública fuerte
- Pueden ser públicas o privadas

- Han pasado vergüenza, política o socialmente, por eventos relacionados con minorías, lo que ha resultado en una imagen negativa
- Han sido boicoteadas por grupos de consumidores por su falta de sensibilidad hacia las minorías

En esta categoría los ejemplos incluyen líneas aéreas, bancos, casas de bolsa, (Corestates Financial Corporation cuenta con trece vicepresidentes de origen latino), compañías de productos electrónicos, compañías del cuidado de la salud y refinerías de petróleo. Hasta hace poco tiempo, habían puesto muy poca atención en los mercados minoritarios; hoy han "descubierto" las ganancias que se pueden lograr si se llega a ellos (en vez de suponer que las minorías usarán sus productos pase lo que pase). Ya sea por presión externa —¡bravo Bela!— o genuina buena voluntad, han cambiado su postura y están "despertando".

Compañías que "siguen con los ojos cerrados"

- Tienen muy poca o nada de confianza en las ganancias derivadas de ventas dirigidas a las minorías. (No es que el consumidor minoritario no necesite sus productos, simplemente no tiene otra alternativa)
- Sus ganancias provienen de ventas directas a los intermediarios. Tienen muy poco o ningún contacto con el consumidor final
- Generalmente son de propiedad de particulares
- No sienten la necesidad de responder a las presiones de los "de afuera"
- Tienen poco interés en las comunidades entre las que operan, pues piensan que éstas no tienes ningún impacto directo en las ventas y las ganancias
- Tienen muy pocos o ningún programa de acercamiento a la comunidad o a las minorías en general

- Tienden a emplear a personas como ellos y no se sienten a gusto con aquellos que son "diferentes"

Las compañías de servicios, de computadoras (IBM es una excepción), de ropa, y por supuesto, las casas editoriales son ejemplos . Yo creo firmemente que en el momento en que el poder adquisitivo de las minorías sea mayor, estas compañías cambiarán. Tendrán que hacerlo si no quieren fracasar.

Las compañías que "ya saben" están interesadas tanto en ganancias a largo plazo como a corto plazo. Si existe la oportunidad para llevar a cabo una venta, no importa qué tan pequeña sea, harán todo lo posible por lograrla, siempre y cuando aumenten sus ganancias. En este sentido son como los políticos, quienes hacen a un lado los prejuicios para ganar más votos. Para ellos, los votos son equivalentes a ganancias. Tomemos el caso del senador Strom Thurmond, de Carolina del Sur, que ha sido miembro del senado durante más años quc ningún otro político. En 1950 era un racista muy apasionado. Hoy en día es un ferviente promotor de los derechos civiles. El estado de Carolina del Sur ha cambiado durante los últimos cuarenta años; los ciudadanos negros han adquirido una gran importancia durante las elecciones. Debido a estos cambios, Thurmond demostró ser suficientemente inteligente para reconocerlo y cambiar y así mantener su posición .

Uno quisiera que las compañías no prestaran atención a los grupos minoritarios sólo con el fin de obtener ganancias o que haya conciencia de que son iguales y que una genuina asociación sea el resultado aunque las ganancias fueran el motivo principal. Pero me temo que las ganancias ocupan un primer lugar y que las compañías que "están despertando" lo hacen sólo con el interés de aumentar sus ganancias y sus acciones en el mercado.

Cuando una compañía está consciente de que el crecimiento futuro emergerá del mercado hispano, actúa con rapidez y toma los siguientes pasos :

1. Lleva a cabo investigaciones en diferentes campos de la población latina, tales como preferencias en sus compras, comportamiento social, composición de la familia y actitudes frente a productos específicos.
2. Emplea a hispanos para que, como parte de su personal, provean información acerca de los latinos y los conozca mejor.
3. Contrata asesores de origen hispano —publicistas, expertos en relaciones publicas, mercadotecnistas— para tener un mejor acercamiento al mercado latino.
4. Participa activamente en la comunidad latina por medio de obras de caridad, trabajo social y contribuciones a las bellas artes, a la educación y otros.
5. Lleva a cabo grupos de enfoque en los cuales hace preguntas para conocer específicamente qué se dice de sus productos o servicios.

Los gerentes angloamericanos con los que he hablado y que han participado en dichos grupos, se expresan favorablemente sobre los resultados positivos que han obtenido y de los sorprendentes efectos secundarios que son comunes entre todos ellos. No solamente han logrado aumentar sus ganancias por ventas en la comunidad latina sino que han ganado amigos, amigos de verdad. Sentirse incómodo ante lo desconocido es muy natural y se hace patente en las relaciones entre personas de diferentes grupos étnicos (especialmente cuando el color de la piel es diferente al propio), pero tiende a desaparecer. Los intereses en común, las creencias, las pasiones, aun los chistes, se convierten en algo normal. Las similitudes sobrepasan a las diferencias y el respeto mutuo crece. Más y más latinos se casan con angloamericanos. ¡A Kathy y a mí nos ha dado resultado!

Estados Unidos y Latinoamérica están uniéndose. Aunque resulta muy prematuro predecir una Unión Americana basada en el modelo de la Unión Europea, cada vez más nos convertimos en un solo continente, en una sola América formada por 450 millones de personas (de las cuales dos terceras partes son latinos) con más similitudes de las que tal vez veamos. Inevitablemente, dependeremos más y más uno del otro tanto en lo económico, social y lo cultural (hace veinte años el enorme éxito de escritores como García Márquez y Allende en Estados Unidos hubiera sido difícil de concebir).

Así pues, hoy los latinos juegan un papel cada vez más importante en las empresas estadounidenses, especialmente en aquellas que "ya saben" y en las que "están despertando", y esta tendencia será mayor en el futuro. Dicho papel, que conduce a un aumento en las ganancias, surge a partir de los nexos culturales y de negocios. Mucho más que los angloamericanos, los latinos nos desenvolvemos con mayor facilidad en los ambientes latinos y angloamericanos y no nos incomodan las costumbres que muchos angloamericanos consideran extrañas (incluyendo pasar por la aduana en el aeropuerto). Además, somos capaces de hablar con nuestros hermanos como iguales, no de manera ofensiva o autoritaria. Después de todo, somos una familia. Sabemos que lo que es bueno para un país lo puede ser para otro y que la igualdad presupone respeto. Tan sólo porque el presidente corporativo de una compañía latinoamericana prefiere no hablar inglés, ello no significa que no tiene la habilidad que su contraparte angloamericano. Yo estoy convencido de que debido a la situación geográfica, a nuestras oportunidades educativas y a nuestro creciente deseo de tener éxito en Estados Unidos, los latinos de Estados Unidos son el puente entre las Américas. Las corporaciones estarían equivocadas si no nos emplearan y muchas de éstas lo saben. ¡Nos necesitan!

A medida que los latinos se vuelven más prominentes en las corporaciones, harán que éstas lleven a cabo más negocios con proveedores hispanos. Esto es no sólo porque la corporación sienta la responsabilidad de contratar firmas minoritarias sino porque esas firmas (al igual que los ejecutivos latinos) saben lo que el mercado latino desea y pueden ayudar a estas corporaciones a alcanzarlo.

Me llama mucho la atención el joven hombre de negocios latino de hoy. Es capaz de vivir en un ambiente multicultural con una gran facilidad, algo que hace años me hubiera parecido imposible. Richard Bela describe a estos profesionales jóvenes con *apariencia* de angloamericanos (impecablemente vestidos con trajes de negocios y portafolios de marca, y difícil de distinguir de sus contrapartes angloamericanos, excepto, tal vez, por el color de la piel, que es más obscura). Actúan como los angloamericanos (hacen ejercicio, juegan golf, frecuentan los restaurantes y bares más famosos) pero, en general, sus valores permanecen diferentes a los de los angloamericanos. Los latinos colocan a la familia primero, buscan tiempo para otras actividades además de los negocios, son más religiosos y más orientados al servicio de la comunidad. Tal vez debido a que sus padres pasaron tanto tiempo guiándolos, ellos dedican tiempo a hacer lo mismo con sus propios hijos.

Por supuesto, a medida que las corporaciones se expanden alrededor del mundo, sus gerentes se percatan y se muestran más abiertos a las diferencias culturales. Reconocen que aquellos tiempos de las omnipotentes corporaciones estadounidenses ya pasaron y están adoptando la estrategia que los lleva a triunfar: ser iguales con otros países y respetar sus métodos de conducir negocios. Los gerentes a niveles más bajos, sin importar qué tan jóvenes sean, posiblemente han viajado al exterior; conozco a un abogado angloamericano de treinta años que ha estado once veces en Europa y siete en Japón. Pero la mayoría de sus relaciones han sido Oriente-Occidente y no Norte-Sur. El campo en esa dirección es todavía muy vasto y necesita de hombres de negocios que sean capaces de comunicarse con los latinoamericanos.

Así pues, los jóvenes minoritarios son valiosos. Aportan lo mismo que un joven angloamericano, además de hablar español. Y, debido a que son jóvenes, sus salarios son bajos. De este modo las oportunidades son mayores para entrar al mundo corporativo en los niveles bajos que en los altos. Los gerentes de mediana edad están celosos de sus posiciones, naturalmente, y combatirán *a cualquiera*, incluyendo a los latinos, que son los que parecen que los reemplazarán. Richard Bela ha encontrado que la resistencia y la discriminación aún prevalecen en los niveles gerenciales altos. Con el tiempo, por supuesto, tal descriminación desaparecerá a medida que los directores se retiren y que nuevos gerentes, orientados culturalmente, ocupen sus puestos.

Aunque las corporaciones están empezando a reconocer la necesidad de cultivar a las minorías, éstas han empezando a reconocer el poder que tienen contra aquellas. Cuando la cadena de restaurantes Denny's fue acusada de discriminación contra empleados negros, la protesta pública (y tácito boicot) la obligó a cambiar su política. Cuando una conversación de varios ejecutivos de Texaco en la que hacían comentarios racistas fue grabada secretamente, Peter Bijur, presidente corporativo de la compañía, se disculpó en público rápidamente, hizo frente al problema y negoció un pago de varios millones de dólares. Ahora Texaco se está haciendo más visible en las comunidades hispana y negra, para beneficio de todos. Si el diez por ciento de la población se mantiene alejado de un producto, el productor prestará atención. Si el veinte por ciento (latinos y afroamericanos) no compran, la compañía cambiará su administración hasta que la discriminación sea eliminada. El dinero habla.

Sin embargo, es mi deseo que los boicots y las protestas sean menos necesarias cada vez. Cuando las compañías empleen a más hispanos y cuando estos alcancen niveles más altos en ellas, la discriminación disminuirá. Las compañías que tienen visión están conscientes de ello. Anheuser Busch, American Bankers Insurance, Diamond Shamrock Incorporated (una compañía petrolera) y Dow Chemical, entre otras, cuentan con dos o más hispanos en las juntas directivas. Es imposible pensar que regresarán a la época en la que las minorías eran ignoradas.

Y cuantas más corporaciones interactúen con la comunidad hispana, mayor será el interés mútuo. Anheuser Busch, Coca-Cola, Ford, PepsiCo, Phillip Morris, AT&T, Chrysler, Coors, McDonald's y RJR Nabisco son las compañías más sobresalientes en cuanto a filantropía en la comunidad hispana se refiere. Todos estos son nombres familiares para latinos y angloamericanos.

~

Lo mencionado antes son los factores externos y positivos que significan mejores trabajos y mayores oportunidades para los hispanos. En resumen, "ellos" nos están facilitando las cosas puesto que nos necesitan. Y nosotros podemos facilitarnos las cosas reconociendo los factores *internos*. Cualquier obstáculo se puede sobrepasar si sabemos identificarlo y sabemos cómo se interpone en nuestro camino.

Al entender los conceptos de *El sueño americano*, los hombres de negocios de mediana edad y los empresarios pueden mejorar las posibilidades de éxito con toda seguridad. Los hombres de negocios jóvenes pueden moldear su carrera siguiendo el modelo que he descrito en los capítulos anteriores. Y, finalmente, la juventud es nuestra esperanza y debemos darle nuestro apoyo incondicional. Necesitamos hacer más por ella. Necesitamos hacerlo lo antes posible. *Ahora* mismo.

Debemos mantener presentes los siguientes puntos:

- Enseñarles a nuestros hijos su origen y su herencia cultural —en nuestros pueblos y ciudades, en nuestras escuelas— pero, más que nada, de manera personal: de padres a hijos.
- Inculcar orgullo a nuestros hijos de lo que son y enseñarles que son iguales a los demás, que no son "inferiores", ni de "segunda clase", ni "esos otros".
- Enseñarles que la raza no es importante. No se trata de que seamos "nosotros contra ellos o ellos contra nosotros". Enseñarles que el orgullo que sienten de ser latinos es igual al que siente su amigo de ser afroamericano. Enseñarles a que no convierta a otros en víctimas. Enseñarles a que tengan confianza en ellos y sientan amor universal.
- Sembrar la idea a edad muy temprana de que asistan a la universidad. Hacerles ver la importancia del papel de la educación para obtener éxito, y elogiarlos por sus logros académicos. Deje que lo oigan cuando les diga a sus familiares y amigos: "Sara es muy inteligente, va a asistir a una universidad muy prestigiosa". Es impresionante ver cómo nuestros hijos se concentran en cumplir con nuestras expectativas. Así pues, espere grandes logros. Espere alegría.

- Pase mucho tiempo con ellos, especialmente desde su nacimiento hasta los dieciocho años. Después de esta edad, querrán pasar tiempo con usted. Lo buscarán. Lea, juegue y aprenda con ellos. Diviértanse juntos. Todos nos beneficiaremos si nos concentramos en sus problemas y no en los nuestros. El cerebro humano crece del mismo modo que el cuerpo; si no se le estimula lo suficiente, no desarrollará su potencial.
- Ayúdeles con sus tareas. Asista a su escuela, a sus clubes y a sus eventos deportivos. Conozca a sus maestros, a sus amigos y a los padres de estos. Hable de sus problemas y celebre cuando los resuelvan.
- Sea riguroso con ellos cuando lleguen a la secundaria y a la preparatoria. Es aquí cuando las altas calificaciones cuentan más. Ellos pelearán por su "espacio vital", por salir con amigos o amigas y por su independencia. Pero, más que otra cosa, necesitarán estudiar, y si usted ha estado cerca de ellos durante sus primeros años, le obedecerán y harán concesiones.
- Cuando les dé consejos, sea positivo y justo. Los muchachos tienden a desviarse de vez en cuando para ver hasta dónde cede usted. Establezca metas y asegúrese de que el mensaje sea positivo cuando no las alcancen. "Tienes As y Bs en la mayoría de tus calificaciones. ¡Felicitaciones! Ahora vamos a ver que podemos hacer con esa C". Esto es más positivo que decir: "!Qué? ¿Una C? ¿No puedes obtener algo mejor?"
- Ayúdeles con sus solicitudes para las universidades y déles ánimos.
- Déles raíces y alas. Llega un momento en que debemos darles libertad. Sobrepóngase a la costumbre latina de desear que los hijos se queden en casa o que regresen. Déjelos volar. El cielo es de ellos.

¿Acaso las cifras mencionadas al principio de este capítulo me convierten en un pesimista? ¡Por supuesto que no! Mi propia vida y las historias del éxito de un número creciente de latinos me convencen de que es sólo cuestión de tiempo y de uno o dos pasos muy cortos para que esas cifras cambien. ¿El sueño americano? Sí existe, es una realidad y está para que todos lo compartamos.

ÍNDICE